KB232145

종교
근본주의

종교 근본주의

비판과 대안

구체적 문자에, 제한적 경험에 사로잡힌 근본주의를 꿰뚫고 정말 그 근본으로 도달해 갈 때, 종교 간의 갈등과 불화느 평화의 조화로 전환한다. 서로가 서로에게서 배울 때, 아니 내가 너에 대해 배우는 것을 넘어, 내가 너에 대해 배우는 열린 자세로 너로 하여금 나를 배우도록 참으로 도와줄 때가 종교가 가장 생생하게 살아날 때인 것이다. 그것이 불교를 불교 되게, 그리스도·이슬람을 그리스도교·이슬람 되게 해 주는 근본자리인 것이다.

이찬수 이길용 최대광 황용연 유영근 이은선
김대식 박현도 전병술 김종명 지음
종교문화연구원 기획

도서출판 모시는사람들

우리 시대의 근본주의, 비판과 대안

불행하게도, 근대 한국에서 종교 간 갈등 내지 종교 편향적 자세는 가톨릭과 개신교를 포함하여 한국 내 기독교*의 역사와 그 궤적을 같이 한다. 국운이 기울던 조선 후기 중국을 통해 수용된 유럽의 가톨릭은 조선의 제사 전통을 우상숭배라며 거부하다가 당시 주도 이념이었던 유교적 질서와 심각한 충돌을 벌인 바 있다. 그 뒤 백여 년이 지나 국가적 멸망을 경험할 즈음 도입된 미국의 개신교 역시 전통 종교 문화에 대해 대단히 배타적 태도를 취했다.

정상적인 사회였다면, 그 정도로 기존 문화에 도전적인 종교를 수용하기 어려웠을 테지만, 시대적 전환기, 특히 국가적 멸망기를 전후한 한국 사회

---

* '기독교' 또는 '그리스도교' 라는 말의 쓰임새부터 정리할 필요가 있다. 우리나라에서는 개신교만을 기독교라 부르고 가톨릭은 천주교라는 별도의 칭호를 사용하는 경향이 있지만, '기독교' (基督敎)라는 말은 본래 예수를 '기독' (그리스도)으로 믿는 종교 전체를 일컫는다. '기독' 은 '그리스도' 에 해당하는 중국어 '基利斯督' (찌리스뚜)의 우리말 표현인 '기리사독' 의 줄임말로서, 예수를 기독, 즉 그리스도로 믿는 종교인 가톨릭, 개신교, 정교회 모두 기독교, 즉 그리스도교이다. 일반 어법에서처럼 이 책에서도 '기독교' 라는 말은 주로 개신교를 가리킬 때가 많지만, 원칙적으로는 가톨릭, 개신교, 정교회, 영국 성공회 모두에 해당된다는 사실을 밝혀둔다.

는 도도하게 밀려오는 서양문화에 저항할 만한 힘을 갖고 있지 못했다. 그 뿐 아니라 한국인들 중 상당수가 전통 문화와 사상보다는 서양 문화에서 새로운 힘과 비전을 보았고, 서양 문화를 등에 업은 기독교적 세계관에서 명쾌함과 신선함을 느끼기도 했다. 그 와중에 한국 문화와 교육은 급격히 구미 양식으로 전환되어 갔고, 서양 문화와 구분하기 힘들었던 기독교는 한국 사회에 주류 세력으로 자리를 잡아 가기 시작한 것이다. 가톨릭이든 개신교든 국운의 쇄락과 식민 지배라는 쓰라린 경험을 한 한국인이 새로움을 찾아가는 과정에 한국 사회에 수용될 수 있었다는 말이다.

한국 사회에 기독교가 수용되게 된 배경에는 서양의 세력을 통해 조선을 개혁하려는 의지가 반영된 탓이라고도 할 수 있고, 살짝 폄하해 평가하면, 더 이상 중국에 기댈 수 없고 일본은 경계해야 하는 상황에 처하자 새로운 강대국들의 영향력에 편승하려는 사대주의적 기질 탓이라고도 할 수 있다. 특히 개신교가 한국 사회에 자리 잡게 된 배경에는 미국식 종교를 받아들여야 미국처럼 잘 살게 되리라는 당시의 민중적 요구가 제법 반영되어 있었다. 미국식 개신교는 다소 낯설었으면서도, 그럼에도 불구하고 미국에 기대고 싶었기에, 무엇보다 미국이 근대의 상징으로 보였기에, 미국 개신교가 근대적이고 정통적인 것으로 수용되고 소화되기 시작한 것이다.

그런데, 한 번 더 불행하게도, 한국에 소개된 기독교는 대단히 보수적이었고, 교리는 자기중심적 혹은 배타적이었다. 초기 가톨릭도 마찬가지였지만, 이 점에 있어서는 개신교가 두드러졌다. 그래도 가톨릭은 20세기 중반 다양한 현지 문화와 종교에 대한 포용성을 선언한 제2차 바티칸 공의회의 영향으로 배타적 자세는 완화되거나 거의 사라진 데 비해, 통일적 조직을 갖지 못하고 있는 개신교는 백여 년 전 도입되던 당시의 자기 우월적 자세가 여전히 강세를 보이고 있다. 그러한 배타적이고 자기 우월적 자세를 한 마디로 요약하자면 근본주의적 태도라고 할 수 있다.

근본주의, 특히 종교 근본주의religious fundamentalism는 낱말 뜻상으로는 근본 진리를 추구하는 구도적이면서 중립적 자세를 의미하는 것 같지만, 실제로는 모든 진리의 근본을 특정 종교 안에서만, 다른 종교나 문화에 대해서는 배타적인 특정 교리 안에서만 찾는 자세나 다름없었다.

물론 이러한 근본주의적 자세는, 비록 정도의 차이는 있지만, 어느 시대나 있어 왔다고 할 수 있다. 조선의 성리학적 질서도 다소 근본주의적이었고, 일부 이슬람에서도 그런 경향을 전형적으로 보여 주기도 한다. 하지만 여기서 말하는 근본주의는 18세기 유럽에서 세속화, 다원화 현상을 기반으로 생겨난 근대주의적 성향에 비판적으로 대응하면서 19세기 후반 미국에서 생겨난 사조를 일컫는다.

물론 유럽이나 다른 지역에도 이른바 근본주의자들이 있었고, 일부는 여전하기도 하지만, 근본주의라는 말은 19세기 후반 미국의 보수적 개신교에 기원을 두고 발생한 흐름을 반영하며 1910년대 미국에서 처음 쓰이기 시작했다.* 그리고 한국은 미국의 영향을 워낙 강력하게 받아 온 사회이다 보니, 현실적으로 한국에서 근본주의, 특히 종교 근본주의적 이미지는 대체로 개신교가 제공해 왔다는 데에 대다수 연구자들은 이구동성으로 동의한다. 이 책의 필자들이 관심을 기울이는 세부 주제가 무엇이든, 이 책의 거의 모든 글에서 개신교 근본주의의 문제를 직간접적으로 다루고 있는 것은 자연

---

* 이에 대해서는 이 책에 실린 최대광의 글을 참조할 것.

스러운 현상일 것이다.

이른바 9·11사건(2003년) 이후 이슬람 근본주의Islamic fundamentalism와 관련한 뉴스가 연일 끊이지 않던 즈음, 종교 현상의 문제점에 대해 애정과 비판 의식을 지닌 종교문화연구원의 연구자들이 미국의 정치 근본주의, 그 배경을 이루는 개신교 근본주의 등, 종교 근본주의를 종합적으로 정리해 보자는 데 동의하면서, 2007년 4월 〈우리 사회의 근본주의〉라는 제목으로 심포지엄을 열게 되었다. '근본주의'에 담긴 긍정적인 낱말 뜻과는 달리, 근본주의자들이 근본의 이름으로 제공하는 대립과 갈등의 원인들을 비판적으로 진단하고, 진정한 근본주의란 어떤 것이어야 하는지, 종교가 정말 종교답기 위해서는 어떠해야 하는지 그 처방전을 제시해 보자는 취지에서였다. 그런 의도로 종교 근본주의(이찬수, 이길용), 기독교 근본주의(최대광), 유교 근본주의(전병술), 불교 근본주의(김종명) 등이 발표되고 토론되었다.

하지만 자신의 신념만을 진리의 근본으로 삼고는 타자와의 차이를 용납하지 못하는 근본주의자들의 문제는 그 뒤에도 계속되었고, 근본주의에 대한 종합적인 이해의 필요성도 그만큼 더 커졌다. 그에 따라 기존 발표문에 이슬람 근본주의(박현도), 미국 정치의 근본주의(유영근), 근본주의 신학(황용연), 철학에서의 근본주의(김대식) 등 전문 연구자들의 글이 새로 추가 집필되었고, 최후로 이은선 교수의 관련 글이 합류하면서, 번듯한 한 권의 단행본으로 탄생하기에 이르렀다.

이 책에서는 개신교 근본주의에 관한 비평적 해설이 가장 눈에 많이 띄지만, 그래도 가능한 대로 근본주의 전반에 대한 다양한 입장들을 포괄하려고 했다. 그리고 글의 수준도 전문적 식견에 기반하되 가능한 한 대중적 눈높이에 맞추고자 했다. 그래도 여러 곳에서 필자의 개성이 묻어나는 것은 피치 못할 일일 것이다. 무엇보다 중요한 것은 많은 이들이 자기중심적 근본주의를 벗어나, 타자와의 차이를 용납할 줄 아는 진정한 근본주의를 찾아가도록 하자는, 일종의 종교적 사명감 같은 것이 반영되어 있다는 것이다. 이찬수는 그런 사명감을 "근본적 근본주의"라는 말로 표현하기도 했다.

물론 이 책이 근본주의에 대한 완결판이라고 할 수는 없지만, 중요성에 비해 아직 근본주의에 대한 체계적 정리도 이루어지지 않은 한국 학계의 현실에 비추어보면, 이 책의 의미는 적지 않다고 생각된다. 대중적 눈높이를 고려한 책은, 연구자가 들인 노고에 비해 연구 업적으로 크게 평가받지 못하는 학계의 풍토 속에서, 특별한 연구비도 없이 자발적으로 집필에 참여해준 연구자들에게 감사를 드리지 않을 수 없다.

우리 사회의 종교와 정치가 자기중심적 혹은 배타적 자세를 하루 빨리 극복하고, 호혜적이고 공존적인 문화가 확장되는 데 이 책이 일부라도 기여할 수 있다면 좋겠다. 다원화 현상이 대립과 갈등보다는 상대방을 존중하는 문화로 자리 잡아 가게 되는 데 이바지할 수 있게 된다면 좋겠다. 문자화한 교리나 관습 등에 대한 신념이 아니라, 예수나 붓다가 그랬듯이, 그리고 이슬람의 본래 정신이 그렇듯이, 사랑·자비·평화와 같은 가치가 진정한 '근본'으로 추구되고 구현되는 시절이 오기만을 바랄 뿐이다.

2011년 5월
여러 저자들을 대신하여 이찬수 삼가 씀

차례

근본적 근본주의를 향하여

이 찬 수 | 강남대 교수·종교문화연구원장

오늘을 살아가는 종교인이라면 제국주의적 근본주의 간의 충돌을 막고 정말 새로운 공간을 창조하는 일이야말로 지극히 종교적이고, 그만큼 인간적인 일이 아닐 수 없다. 그 새로운 공간이야말로 근본주의를 근본적으로 되돌아보게 만드는 종교적 공간이자, 종교적 논리의 핵심이기도 한 것이다.

근본적 근본주의를 향하여[*]

1. 변화 속에서 불변을 찾다

근본주의fundamentalism는, 넓게 얘기하면, 변화를 타락으로 간주하고서 변하지 않는 것을 찾으려는 자세에서 비롯된다. 세상은 변하지만, 그 변화 너머에 변하지 않는 것도 있으며, 그 변하지 않는 것은 세상의 기원에까지 소급되는, 가장 근본적인 것이라는 입장을 견지한다. 이러한 입장을 지닌 이들은 자연스럽게 변화하는 세상 속에서 사람들이 잃어버렸거나 놓치고 있는 그 기원적 사건을 회복하고자 한다. 이들에게 이 기원적 사건은 세상의

---

* 이 책을 위해 글을 정리하다가 한국종교교육학회에서 펴내는 『종교교육학연구』 제 35권(2011.2)에 같은 제목과 내용의 글을 먼저 게재하게 되었다. 이 글은 『종교교육 학연구』에 실린 글을 일부 수정한 것이다.

종말까지 관통할 불변의 진리이다.

그런데 세상이 변화하다 보니, 근본주의자들은 불변적인 것을 '초자연적인' 어떤 것과 쉽사리 동일시한다. 변화하는 세상 속에 개입한 신적 진리는 대단히 초자연적이며, 따라서 그 진리가 인간에게 전달되는 방식도 어느 정도 초자연적이라고 믿는다. 자연적 변화의 이치를 넘어서 세상을 관통하는 불변적, 그런 의미의 기적적 방식이 세상 안에 적용되고 있다는 것이다. 근본주의자들은 이러한 초자연적 불변성을 붙들려고 한다.

변하는 세상에서 변하지 않는 기준을 어디서 찾고 어디에다 둘 것인가. 근본주의에서는 여기에 하나의 전제를 둔다. 불변의 기준, 즉 '하늘'에서 내려온 '캐논' canon이 있다는 것이다. 이 캐논을 진리의 완벽한 잣대로 믿는다. 이 캐논 자체가 역사를 초월하며, 그 안에 초역사적 사건 내지 실재가 고스란히 담겨 있다고 전제한다. 그리고 그 전제를 믿는다. 그 전제만큼은 세상의 근본이며, 또 근본이어야 한다고 확신한다. 이 근본만 붙들면 변화하는 세상에서 흔들리지 않는 최고의 무기를 얻은 셈이나 다름없다는 것이다.

이렇게 불변적 근본을 붙들려다 보니, 변하는 역사에 대한 강조는 근본주의자에 대한 심각한 도전으로 간주된다. 실제로 오늘날 사용되는 근본주의라는 말은 18세기 계몽주의, 과학주의, 역사주의가 팽배하면서 역사 너머가 아닌 역사 내 사실을 강조하던 유럽적 분위기에 대한 반작용으로 생겨났다. 역사주의, 계몽주의, 과학적 이성의 존중 등이 이른바 근대주의modernism의 특징이라면, 근본주의는 근대주의에 대한 반작용인 셈이다.

2. 근대주의를 거부하다, 근본주의의 시작

물론 '근대' 라는 말 자체의 역사는 오래되었고, 근대라는 말의 쓰임새도 시대와 맥락에 따라 부침을 겪어 왔다. 철학적으로 근대주의란 18세기 이후 계몽주의적 가치를 중시하며 일어난 의식화 운동이라고 할 수 있지만[1], 역사적으로 근대주의 논쟁은 신학적 차원에서 주로 제기되어 왔다. 신학적인 차원에서 근대주의란 19세기 말과 20세기 초 사이에 있었던 교회 교리의 각종 위기 상황을 반영하는 말이었다.

하지만 어원적으로 '근대' modern라는 말은 본래 '이교' 로 억압받았던 옛 그리스도교에 대해 로마 제국의 종교가 된 새로운 그리스도교 시대를 나타내기 위해 사용된 긍정적인 용어였다. 따라서 로마 제국 당시 그리스도교적인 것은 새로운 것을, 이교도적인 것은 낡은 것을 뜻했다. 그러다가 고대의 전통이 잊혀져가던 중세 전성기(11-12세기)에는 '고대의' antiquus, antique라는 말이 도리어 더 소중하고 권위 있는, 긍정적인 의미를 갖게 되었다. 상대적으로 '근대' 라는 말은 부정적이고 무엇을 탓하는 의미로 쓰였다. 모든 새로운 것들, 즉 전통에 어울리게 신성화되지 않은 것들은 사람들의 의심을 자아냈다. 새로운 양식들, 근대적인 것은 그리스도교 양식을 위협하는 '이단' 을 의미하기도 했다. 종교개혁자 루터도 당시로서는 논리학과 변증법에 영향을 행세하던 오캄의 명목론 같은 것을 근대주의via moderna로 비판하였고, 루소도 1769년 유물론과 쾌락주의의 한 형태를 따르는 사람들을 근대인 modernisten이라고 비판했다. 전체적으로 근대주의는 신적인 것에 반대되는 것 내지 오류와 같은 의미로 쓰였다.[2]

그러다가 점차 근대주의는 고대보다는 당대를 더 존중하는 경향 내지는 방향성을 뜻하는 용어가 되었고, 일부 신학자들도 당연해져 가고 있는 당대의 사상과 관습을 수용하기 시작했다. 교회가 이러한 흐름을 받아들여야 사람들이 교회에 대한 충실성을 계속 유지할 수 있을 것이라 보았기 때문이다. 가톨릭에서는 19세기 중엽에 교회의 전통적인 종교들을 변화시키려는 노력이 일어났고, 또 학자들에게 학문의 자유를 부여하라는 요구로 이어졌다. 프랑스에서는 블롱델M. Blondel을 위시하여, 후기 칸트주의의 영향 하에 있었던 사람들이 이론적인 논증보다는 실천에서 도덕적 확신을 끌어내려는 움직임이 생겨났다. 종교적인 요구를 인간의 내면에서 연역해 내려 하였고, 초자연적인 은총의 원천을 자연 안에서 찾으려 하였다. 초자연적인 사건도 자연 밖에서 오는 것이 아니라고 보았다.

낭만주의, 진화론적 세계관을 따르는 슐라이에르마허, 헤겔 등의 영향을 받으면서 근대를 중시하는 이들은 불변적인 고정된 개념들을 거부하고, 끊임없이 변화하는 해석을 통해 쉼없는 흐름과 접촉해야 한다고 보았다. 독일권에서는 자연스럽게 성서도 역사비평적인 시각에서 다루게 되었다. 성서 및 초대 그리스도교 역사에 대해 의문을 제기했고, 명백하고 과학적으로 확고한 진리를 중시했다. 프랑스의 로아지Alfred Loisy 같은 이는 문자보다는 영을 중시함으로써 교의, 신조, 규정 들을 우리 시대의 정신과 조화시키려는 노력을 기울였다. 교회의 전통적인 입장과 상관없이 성서도 다른 역사적인 문헌과 동등한 차원에서 해석되어야 한다고 보았다. 교의는 하늘로부터 떨어진 진리가 아니기 때문이라는 것이었다. 영국의 티렐George Tyrrell도 역사 안에 내재하는 신은 변화하는 종교적 상징들 속에서 자신을 드러내는 것이지, 불변하는 교리를 통해서 그렇게 하는 것은 아니라고 보았다.

이러한 흐름은 이탈리아에 전해지면서 사회적 근대주의라는 것으로 이어졌다. 계급제도에 의한 통제로부터 벗어나 자유롭게 정치적·사회적 행동을 실현하기를 모색하였고, 교회를 초자연적인 구원의 성취를 위한 기관으로서보다는 세계의 문명화와 도덕적 발전의 한 요소로 보는 경향도 생겨났다. 독일에서는 교황권 지상주의를 비판하였다.

그러나 당시 교황 비오 10세는 1907년 회칙을 통해 본격적으로 근대주의를 정죄하였고, 1909년에는 모든 성직자들에게 반근대주의 서약anti-modernist oath을 하라고 요구하였다. 대부분의 성직자들은 이에 순응했지만, 독일에서는 학문의 자유를 침해한다는 반발을 사서 가톨릭대학 교수들은 서약의 강요로부터 면제되었다. 이런 식으로 가톨릭 교회의 근대주의 반대는 도리어 근대주의자들로 하여금 근대주의를 체계화, 구체화하는 계기가 되기도 했다.[3]

이러한 근대주의적 흐름은 이후 더욱 강력해져서 오늘날은 가톨릭 신자나 개신교 신자를 막론하고 자연스럽게 수용하지 않을 수 없는 상황에 이르게 되었다. 하지만 개신교 일각에서는 여전히 경계하며 정죄하는 분위기도 유지되고 있는데, 그 전형적인 사조가 근본주의이다.

이때의 근본주의를 좀 더 단순화시켜 얘기하면 18세기의 근대주의적 경향에 반대하면서 19세기 후반 생겨나기 시작한 사조를 일컫는다. 더욱이 '근본주의'라는 용어는 20세기 초에 들어 미국에서 쓰이기 시작한 정도이니, 세상의 기원에서부터 시작되었을 것 같은 근본주의도 실제의 역사는 길게 잡아야 120년 남짓한 비교적 새로운 사조이다. 근대 이전부터 존재해 왔다고 간주되는 불변의 진리를 붙들고 그것을 정통으로 내세우면서 생겨났지만, 그 자신의 역사마저 정통적이지는 않은 셈이다.

3. 초자연적 교리를 붙들다

이러한 근본주의는 진화론을 위시한 과학주의에 대한 반작용이고, 과학적 이성에 힘입은 유럽식 자유주의 신학에 대한 미국 내 기독교적 대응이며, 새로운 여성해방운동에 대한 기존 남성문화 중심적 사고방식의 고수로 요약된다. 여기서 과학적 이성은 신에 대한 도전이고, 자유주의 신학은 세속적 시류에 물든 신학이며, 여성해방 역시 전통 문화에 대한 도전이라고 간주한다. 자연스럽게 그 이전적 질서에서 세상의 기준을 찾으려고 한다. 근본주의는 근대주의에 대한 도전으로서, 근대 이전적 질서에서 근대를 극복할 단서를 찾으려는 19세기적 움직임인 것이다.

근본주의자들이 믿는 이전적 질서의 핵심에는 문자주의적 성서 무오설이 있다. 성서의 모든 문자는 한치의 오류도 없이 그 자체로 완벽한 진리이며, 세상만사를 판단하는 진리의 기준canon이자 정전正典이라는 것이다. 기독교 근본주의자에게는 성서의 권위가 제일 중요하며, 성서의 내용에 문자적으로 복종하고자 한다. 미국의 근본주의 신학자 데이빗 비일David O. Beale은 근본주의를 이렇게 규정한다.

이상적으로 말해, 기독교 근본주의자란 사랑과 연민을 가지고 사람들을 접하기를 갈망하며, 성경 전체를 절대적이고 무오하고 권위 있는 하나님 말씀으로 믿고 옹호하며, 거룩의 교리와 실천에 확고히 선 사람이다. … 근본주의는 기독교의 어떤 철학도 아니고 본질적으로 성경의 어떤 해석도 아니다. 그것은 심지어 성경의 단순한 문자적 해석도 아니다. 근본주의의 본질은 그보다 훨씬 더 깊이 나아가는 것, 즉 무조건적으로 성경을 수용하고 성

경에 복종하는 것이다.[4]

이러한 규정의 전제는 성서 무오설 내지 성서 문자주의이다. 성서의 문자가 하늘로부터 계시된 불변의 진리이자 교리이니, 여기에 복종해야 한다는 것이다. 사람에 대해 지니는 사랑과 연민이 중요한 덕목이지만, 그것은 '근본'을 가지지 못한 이에 대한 동정에 가깝다. 수평적 조화 내지 자기 낮춤으로서의 사랑과는 다소 거리가 있다.

'근본'을 지니고 있는 만큼 그에 다가서지 못한 이와의 거리감은 근본주의자들에게는 정당한 것으로 간주된다. 비일이 정리하고 있듯이, 이러한 정당성은 세상으로부터의 일정한 '분리'를 실천함으로써 유지된다. 변하는 세계로부터 거리를 두고 일정 부분 분리되어야 근본 진리의 효과가 있겠기 때문이다. 그것이 종교적 거룩을 구현하는 길이다. 그는 다시 말한다.

> 근본주의자들은 성경적인 교제의 교리를, 하나님의 절대 거룩의 교리, 즉 세상으로부터, 거짓 종교로부터 그리고 성경에 대한 모든 불순종의 행실로부터 '분리함'을 의미하는 거룩의 교리의 근본적이고 본래적인 부분으로 간주한다.[5]

이렇게 변화하는 세상에서의 '분리'를 강조하다 보니, 핵심적 교리도 자연과 분리되는, 즉 초자연적 기적과 같은 어떤 것을 강조하고 그것으로 뒷받침하는 경향이 있다. "성경의 무오성, 그리스도의 동정녀 탄생과 신성과 대리 속죄, 성경적 기적들"을 "신성하고 불가침적인 것으로 신봉"[6]하는 것이다. 이렇게 초역사를 간직하고 있는 특별한 역사에 대한 신념을 유지하면서, 역사와 변화에 휩쓸리지 않으려는 것이 종교적 근본주의의 핵심이다. 여기에다가 탈성화하고 세속화해 가는 사회를 경계하면서 금주나 금연 같은, 어느 정도 금욕적인 실천을 통해 무언가 분명하고 강력하고 일관된 어떤 자세를 견지함으로써, 사람들이 잃어버린 초월의 세계를 복구하고 간직하겠다는 다짐을 하는 것이다.

4. 과거와 영원을 혼동하다

물론 이러한 금욕적 행위 자체에 오류가 있지는 않다. 근본주의자의 근본 문제라면, 변화를 본질로 하는 인간의 삶이 어떻게 불변의 순간을 붙들고 불변하는 진리를 파악할 수 있겠는가 하는 단순하고 근본적인 질문에 대해 지성적으로 답을 하기보다는 자기 식의 전제를 고집하며 답을 회피하는 경향이 있다는 것이다. 역사적 변화에 종속되지 않는 '너머'를 추구한다지만, 실제로는 역사적 변화의 산물인 '과거'의 특정 사물이나 사건에 집착하고, 영원한 진리와 진리의 일시적 표현을 혼동한다는 것이다. 상황을 중시하는 문화신학자 폴 틸리히는 근본주의의 이러한 성향을 염려하며 강하게 비판한다.

근본주의는 현재의 상황과 접점을 갖지 못한다. 그것은 근본주의가 모든 상황을 넘어서 말하기 때문이 아니라, 과거의 상황에서 말하기 때문이다. 근본주의는 유한하고 일시적인 어떤 것을 무한하고 영원한 타당성이 있는 것인 양 고양시킨다. 이 점에서 근본주의는 악마적인 성향[7]을 가진다. 근본주의는 진리를 추구하는 겸손한 정직성을 파괴하며, 그 정직성에 대한 사려 깊은 신봉자들을 분열시키고 광적으로 몰아간다. 근본주의는 그들이 희미하게 의식하고 있는 진리의 단편들을 억지로 강요하는 탓이다.[8]

근본주의자는 자신의 입장 역시 역사적 변화에 영향 받으며 성립된다는 사실을 망각하거나 의식하지 못한다. 때로는 혹시 그렇지 않을까 의심하다가도 그 의심과 정면 승부하지 못하고 회피한다. 주체적 사유와 그 사유의 근거에 대해 설득력 있는 정당성을 확보하려 하기보다는 자신의 사유에 대한 책임을 의도적으로 무시하거나 새로운 사유의 가능성이 구체화되는 것을 거부한다. 더 나아가 두려워한다. 이것이 근본주의의 전반적인 경향성이다.

5. 불안을 권위로 포장하다

변화에 노출되는 것을 왜 회피할까? 자신이 진리의 전부가 아니라 '단편'을 쥐고 있다는 사실이 폭로되는 것을 왜 두려워할까? 독일의 사회신학자 슈테판 퓌르트너는 그 뿌리에서 심리적 불안을 본다. 불변의 진리에 대해 집착하고, 거짓으로 규정된 것으로부터 분리하고자 하며, 금욕적 생활을 강조하는 이유를 불안이라고 하는 사회심리학적인 데서 찾고 있는 것이다.

삶에 대해 불안을 느낄 정도로 자신이 무능력하고 빠져나갈 구멍이 없다는 경험이 근본주의의 본래적인 맨 밑바닥 동인이다. 따라서 근본주의는 배후의 불안에서 기인하는 도피운동이며 퇴행이다. 그 불안은 공격성으로 반전

反轉하기도 한다.[9]

급변하는 시대적 전환기, 사상적 혼돈 속에서, 무언가 불변의 지침을 확보하고 근본적인 것을 붙들려는 자세가 근본주의의 기초이다. 그 심리적 기초에는 변화에 노출되기를 꺼려하는 불안감이 놓여 있다는 것이다. 물론 무언가 굳건한 기준을 확보하려는 자세 자체가 문제는 아니다. 하지만 '자기식의 근본'을 불변이나 영원과 동일시하고 배후의 불안을 감추려는 시도가 건강한 자세가 아닌 것은 분명하다. 이와 관련하여 근본주의의 은폐된 문제가 있다면, 자기모순이 폭로될 상황에 처하게 될 경우 종종 공격적 자세로 변하기도 한다는 것이다.

근본주의자는 자기도 모르는 사이에 자기모순에 빠져 있으며, 그 '모순'이 때론 자신을 방어하는 '방패'[盾] 역할을, 때론 남을 찌르는 '창'[矛] 역할을 한다. 불안을 기반으로 하는 배후의 모순이 심리적 심층 속에 잠재해 있다가 자신이 불안이 폭로되는 순간이 오면 공격적 형태로 표출되기도 한다는 것이다.

그런 점에서 퀴르트너에 의하면 근본주의는 불안을 기반으로 하는 억제된 과격주의이다. 그리고 억제된 과격성을 권위주의적 자세로 포장한다. 근본주의에는 권위적 정서가 숨 쉬고 있다는 것이다.[10] 심층적 불안을 불변의 교리로 포장한 뒤 밖으로는 자신의 신조에 대한 권위로 포장해 내세우고 지성적 타협을 거부하는 것이 근본주의적 일반적 성향이다. 그런 점에서 불안, 억제된 과격주의, 권위주의는 동일 현상의 세 측면이라고 할 수 있다.

이런 식으로 그 실상이 분석되면서 근본주의는 정말 세상의 근본이 무엇인지 진지하고 지성적으로 탐구하는 이들에게 점점 더 외면당하고 있다. 그럼에도 불구하고, 아니 그럴수록 더욱 근본주의자들은 '불변의 근본'을 붙들려 하며, 변화하는 세계를 허망한 것으로, 그 안에서 벌어진 각종 차이들을 정복의 대상으로 간주하는 자세를 놓지 않는다. 근본이라는 권위에 순종하려는 정서가 때로 타자를 부정하는 자세로 나타나고, 타자에 대한 정복주의적 색채를 띠어 가는 것이다.

그런데 유감스러운 점은 한국 내 상당수 기독교인들이 이러한 자세에 강력한 영향을 받으며 타자와의 차이를 여전히 극복의 대상으로 간주하고 있다는 점이다. 어쩌다 그렇게 되었을까.

6. 근대주의로 착각하다, 한국 기독교 근본주의

미국식 근본주의는 유럽의 근대주의에 대한 반작용인데 비해, 한국의 기독교 근본주의는 근대주의를 제대로 경험하지 못한 채 미국으로부터 거의 일방적으로 주입되다시피 한 현상이다. 유럽에도 기독교 근본주의자들이 있지만, 한국의 기독교는 거의 미국식 근본주의 기독교에 영향을 받으며 성립되어 왔다.[11] 근대주의를 깊게 체험하지 못하고, 근대주의의 영향 속에서 생겨난 자유주의 신학도 제대로 경험해보지 못한 채, 미국식 근본주의를 정통주의라는 이름으로 수용해 왔다. 게다가 '근대화' 과정 중에 미국식 기독교의 영향을 많이 받은 탓에 근본주의가 대단히 근대적인 것인 양 거의 무비판적으로 도입되어 왔다.

이런 모순적인 일이 벌어지게 된 시초는 국가의 멸망이라는 충격적 사건을 경험한 한국인들의 위기의식 때문이라고 할 수 있다. 국가가 멸망하자 더 이상 전통에 기댈 수 없게 된 한국인들이 새로운 희망을 찾고, 개인적이고 또 사회적으로 위기를 극복하려 시도하던 당시, 미국의 기독교는 적절한 대안으로 비쳐졌던 것이다. 유럽식 근대주의가 주는 위기로 인해 미국에서 근본주의가 발흥했듯이, 한국에서는 국가의 멸망이 주는 사회적·개인적 위기 극복의 수단으로 기독교적 근본주의가 수용되기 시작한 것이다. 그런 뒤 분단과 전쟁으로 인한 이념적 갈등 속에서, 특히 남한에서는 미국식 반공주의에 영향을 받으며 한층 더 강화되어온 것이라고 할 수 있다.

한국 기독교에서는 근본주의가 근대화 과정에 '묻어서' 근대주의의 이름으로 통용되다 보니, 과학적 이성에 대한 경계와 정죄가 정통의 이름으로 쉽사리 포장되는 경향마저 있어왔다. 나아가 한국인 자신이 근본주의에 입각해 한국인 자신의 역사마저 통째로 세속적이고 무의미한 일반 역사로 내치기도 했다. 한국의 오랜 전통 문화를 우상 숭배 혹은 미신이라며 일거에 매도하기도 했다.[12] 그런 식으로 한국 역사를 극복과 대립의 상대로 간주해온 것이다. 이것은 기독교를 진리 자체와 동일시한 데서 비롯된다. 가령 한국 개신교의 보수성을 잘 대변해주고 있는 박형룡1897~1978은 이렇게 정리한 바 있다.

근본주의는 별다른 것이 아니라 정통주의요, 정통파 기독교다. 한걸음 더 나아가서 근본주의는 기독교의 역사적, 전통적, 정통적 신앙을 그대로 믿고 지키는 것, 즉 정통 신앙과 동일한 것이니만큼, 이것은 곧 기독교 자체라고 단언하는 것이 가장 정당한 정의일 것이다. 근본주의는 기독교 자체다.[13]

근대성에 대한 진지한 성찰조차 할 겨를이 없었던 20세기 초중반, 한국 그리스도인이 이른바 근대성에 반대하며 태동한 미국식 근본주의를 정통주의와 구분하지 못한 채 단순 동일시하는 현상을 잘 보여 준다. 물론 박형룡이 생존했다면, 급속히 대형화한 교회에서 담임목사를 세습하고, 자본의 논리에 따라 자기집단 중심적으로 움직이는 오늘날 제도 교회의 현상 자체까지 긍정했을 것으로 보지는 않는다. 그럼에도 불구하고 미국식 근본주의 신학을 문자 그대로의 정통주의로, 더 나아가 기독교 자체로까지 규정하는 이러한 사고방식은 한국의 다양한 종교문화는 물론 한국의 역사에 대한 배타성까지도 정당화하는 근거로 작용했던 것도 분명하다.

이러한 배타적 대립에는 타자에 의한 자기주변화를 경계하면서 끝없이 자신이 중심이 되려는 욕망이 들어 있다. 그래서 스스로 중심이라 믿는 근본주의는 타자를 용납하지 못한 채, 타자에 자신의 잣대를 들이댄다. 그런 배경 속에서 근본주의가 정치적 차원에서는 제국주의로 둔갑하는 것이다.

7. 차이를 거부하다, 제국주의적 근본주의

한국에서 벌어진 훼불 사태, 사찰 방화 사태, 단군상을 둘러싼 논쟁들, 그리고 2010년 불거진 봉은사나 동화사 '땅 밟기'와 같은, 근본주의 기독교인들의 사찰 정복적 행위들은 자기식의 초역사적 진리를 기준으로 역사를 균질화하려는 오류에서 비롯된 것이다. 유일신 종교인들이 종교의 잣대를 성서에 대한 문자주의적 이해에서 찾고, 부족신을 넘어서지 못하는 잘못된 유일신 신앙(사실상의 다신론)이나 신을 인간의 확대판처럼 간주하는 신인동형론 anthropomorphism과 같은 수준에 머문 채 세상을 판단하는 것도 그 전형적인 사례들이다. 자신이 경험하는 실재가 절대적인 것이라고 아무런 비판적 해석없이 자의적으로 동의해 버린 탓이다.

이 종교 근본주의가 권력을 가지고서 정치적 차원으로 확대되면 제국주의가 된다. 가령 2003년 있었던 미국의 이라크 침공 사건은 기본적으로 힘의 논리를 내세운 미국의 제국주의적 행태에 대한 일부 이슬람 세력의 반발이 빌미를 제공한 것이기도 하고, 또 석유 자원을 확보하면서 미국의 영향력을 중동 지역에까지 한껏 확장시키려는 제국주의적 자세의 표현이기도 하지만, 그 내면을 깊이 들여다보면 역시 종교라는 것을 자신의 구체적 경험에만 한정짓는 태도와 연결되어 있는 것도 분명하다.

여기서 사회적, 혹은 국제적 약자를 비판하고 싶은 생각은 전혀 없다. 하지만 이슬람 문화권에서 일어나고 있는 근본주의적 흐름*은 원칙적으로 이슬람의 정체성과 순수성을 지키려는 의도의 표현이자 "이슬람 부흥운동"의 일환이지만, 그 정체성을 지키는 방식에서는 이들이 비판하는 세속적 제국주의나 전체주의의 성격을 띠기도 한다. 이슬람 부흥운동가들은 타락해 가는 자본주의 사회를 벗어나 이슬람의 본래 정신을 회복하려는 사람들이지만, 이들이 주도하는 근본주의는 미국을 위시한 강대국들이 자국의 이익을 위해 중동의 특정 정권을 지지하고 그로 인해 '타락한' 물질문명과 대중

---

* 우리말로 '원리주의' 라고 번역하는 경향이 있지만, 영어로는 똑같이 fundamentalism이다. 이 글에는 전체 취지에 맞게 근본주의라는 용어를 사용하고자 한다. 이때 간과해서는 안 될 것은 '근본주의' 라는 용어와 흐름은 미국 기독교 문화권에서 생겨났으며, 우리가 흔히 사용하는 이슬람 근본주의 혹은 원리주의라는 말도 이슬람 안에서 발생한 것이 아니라, 비이슬람권, 즉 서구 기독교 문화권에서 붙여 준 용어라는 사실이다.

문화가 유입되는 데 대해 반발하면서 등장한 것이다. 제국주의적 근본주의가 키운 대항적 근본주의라는 말이다. 기독교 근본주의가 기독교의 내부적 상황 변화에 대한 대응으로 발생했다면, 이슬람 근본주의는 이슬람의 내부보다는 외부적 상황, 특히 이슬람 세계관의 변화를 추동하며 옥죄어 오는 서구 세속 사회의 도전에 대한 응전으로 생겨난 흐름인 셈이다.

8. 대항적 근본주의를 키우다, 이슬람 근본주의

그렇다면 이슬람 본래의 모습은 어디에 있는 것일까? 이런 저런 대안이 가능하겠지만, 무엇보다 유대-그리스도교의 신과 자신들의 신을 동일성 내지 연속성 차원에서 파악하던, 이슬람 초기의 유일신 신앙에 있다고 본다. 알라는 한 분이기에 다른 종교의 이름으로 숭배되는 그곳에서도 알라는 존재할 수밖에 없다고 파악했던 초기 이슬람의 정신이 오늘날 회복되어야할 정신이라는 것이다. 알라를 특정한 시공간이나 경전에 가두지 않는 이러한 개방적 자세야말로 편협한 문자주의적 근본주의를 극복하고, 서구 문명의 깊은 모습-자본주의, 물질주의, 타락한 성도덕과 같은 피상적인 문화가 아닌-을 받아들일 수 있는 이슬람적 통로가 되는 것이다.

물론 미국의 제국주의적 정복에 대한 대응은 필요하되, 이슬람 신론의 본래적 포용성을 살리며 이루어져야 한다. 타자에 대한 무력적 대응은, 그것이 무력인 한, 차이를 억압하는 제국주의적 근본주의와 본질에 있어서 다르지 않다. 정말 이슬람적이려면 원리주의라는 이름으로 벌어지는 무력적 대응도 결국은 극복의 대상이 되어야 한다. 공세를 취하려면 평화적 공세를 취해야 하는 것이다.

진정한 근본주의는 단순히 차이에 저항한다고 성립되거나 유지되는 것이 아니다. 근본주의라는 이름으로 과학주의 내지 역사주의에 대한 단순 대립으로 나타나서는 안 된다. 대립은 갈등만을 증폭시킬 뿐이기 때문이다. 더욱이 미국 근본주의가 지적 불성실로 인해 미국 지성 사회에서 소외되어 가고 있고, 한국 사회에서도 똑같은 전철을 밟고 있다는 사실은 일반적인 의미의 근본주의의 한계를 잘 보여 준다.

근본주의는 자신과 다른 것에 대한 반대가 아니라 자신의 근본에 대한 성찰을 통해 이루어져야 한다. 진정한 '근본'은 오랜 세월 여러 사람에게 다양한 경로를 통해 체득되어 온 자연스러운 것이지, 일순간 권력을 동원해 일방적으로 주장하고 주입하려 한다고 성립되는 것이 아니다. 그런 점에서 여전히 횡행하는 일방통행식 근본주의는 반드시 극복되어야 한다. 극복되되, 다양한 현상에 대한 180도적 대립이 아니라, 자신의 근본을 향한 360도적 뒤집기 차원에서 그렇게 되어야 한다.

이와 관련하여, 그리고 이러한 상황을 의식하면서 기독교권 일각에서 새로운 신관에 대한 인식의 폭이 확장되어 가고 있는데, 그러한 대안적 신관을 범재신론panentheism이라고 한다.

9. 근본주의를 넘어서다, 범재신론과 종교교육

근본주의적 기독교가 초인간 혹은 초자연적 신관을 강조하는 데 비해, 범재신론에서는 신을 인간 안에 계신 분으로 만나고자 한다. 근본주의적 신관을 가진 이들이 신을 대체로 구름 너머 특별 공간에 있는 존재처럼 상상하는 경향이 큰 데 비해, 범재신론에서는 신을 내 옆에 계신 분, 네 안에 계신 분, 나무 한 그루에도 계신 분, 기쁨과 슬픔 안에도 계시는 분으로 만나고자 한다. 신을 어디에나 계시는, 즉 무소부재의 영the Spirit으로 인식하고 체험한다는 뜻이다.[14] 그리고 어디에나 계시다는 말은 일단 공간적 편재를 의미하면서도 우리의 인식을 '초월'하는 분이라는 뜻이기도 하다. 초월하되, 단순히 밖이나 너머가 아닌, 인간의 인식 안에 갇히지 않는 분으로 이해한다는 말이다. 이렇게 신은 바로 여기에 계시지만 그렇게 인식된 분이 신의 모든 것은 아니다. 그런 입장을 범재신론이라고 한다.

범재신론은 '모든 것' pan이 '신' theos '안에 있다' en는 '입장' ism을 의미한다. 우리의 주제와 관련하여 이것은 크게 두 가지 유의미한 함축성을 지닌다. 첫째는 종교교육적 함축성이다. 모든 것이 신 안에 있다는 주장은 근본주의적 자세의 근거가 되는 심리적 불안을 해소할 수 있다. 내 안에서 신적 주체성을 보도록 함으로써, 변해 가는 사회적 불확실성 속에서 발생하는 심리적 불안을 치유하고, 그 신을 타자 안에서도 봄으로써 타자 억압적 자세를 극복할 수 있게 된다. 스스로에 대한 자존감, 타자에 대한 존중감을 근원에서부터 확보함으로써, '차이' 들을 '차별' 하지 않고 다양성을 존중하는 자세를 배우게 된다. 자신과 세상을 상호 존중 속에서 긍정적으로 변화시켜 나가는 이러한 자세야말로 교육의 핵심 과제가 아니던가. 종교교육은 더 말할 나위가 없을 것이다. 나와 이웃 안에서 신적 주체성을 볼 것을 요구하는, "하느님은 만물 위에 계시고, 만물을 통해 계시고 만물 안에 계신다." (에베소서 4,6)는 신약성서의 구절이나 "모든 것에는 불성이 있다." 一切衆生悉有佛性는 『열반경』의 선언은 이러한 종교교육적 요청의 근간이 된다. 공공연하게 자기 우월적, 타자 억압적 자세를 조장하는 근본주의적 종교교육이 타파되고, 탈근본주의적 종교교육이 이루어져야 하는 이유도 여기에 있다.[15]

둘째는 기독교 신론적 함축성이다. 모든 것이 신 안에 있으니, 신은 모든 것보다 더 큰 이가 된다. 그 '큼'을 나타내는 말이 '초월성'이다. 단순히 공간적으로 크다는 뜻이라기보다는, 인식되기는 하되, 언제나 인식된 것 이상이라는 뜻이다. 신학자 본 회퍼는 그것을 하느님은 "우리의 한가운데 있는 너머"beyond in our midst라고 표현한 바 있다.[16] 신은 경험의 대상이기도 하지만, 엄밀하게는 경험의 주체에 가깝다는 뜻이다. 경험의 대상은 일부나마 말로 표현해 볼 수 있을 텐데, 경험의 주체이기에, 그 말 안에 다 담을 수가 없는 것이다. 그래서 아우구스티누스도 하느님의 경험은 말로 할 수 없다고 말하고 있다. 『도덕경』에서는 "말할 수 있는 도道는 영원한 도가 아니라" 하고 있고, 유대인 신학자 마틴 부버는 "하느님은 이름으로 불려질 수 없고, 오직 탄성이 있을 뿐이다."라고 한다. 눈에 보이고 귀에 들리는 대상이 아니라, 도리어 그렇게 보고 듣는 주체일 정도로 가까운 분이기 때문이다. 언어는 파악된 어떤 대상의 일부를 겨우 표현하지만, 바로 그렇게 표현하는 나의 심층, 내 자신은 언어로 대상화될 수 없기 때문이다. 그런 점에서 초월자이다. 그래서 신은 "바로 여기에right here 계신 저 너머the beyond"의 존재라고 하는 것이다.[17] 이렇게 볼 때에야 자신의 입장을 절대시하는 근본주의적 자세가 교정되는 것이다.

10. 근본적 근본주의를 향하여

완전한 절대주의, 순수한 객관주의라는 것은 더 이상 받아들여지지 않는 시대이다. 진리라는 것은 '대화적'이고 '관계적'인 것일 수밖에 없다는 사실이 대다수 사람들에게 설득력 있게 다가가는 세상으로 급격하게 전환하고 있고, 이미 그렇게 전환해 있다. 저마다의 신념은 타자에 대한 긍정, 개성의 존중, 자유의 인정이라는 그물 안에서만 타당해진다.

그런데 이런 입장은 종교적 실천의 핵심이자 사랑과 자비의 다른 말이라는 사실도 분명해진다. 성서의 온갖 계명은 '하느님 사랑과 이웃 사랑'으로 요약된다고 예수가 규정했듯이,(마태 22,36-40; 마가 12,28-34; 누가 10,2-28) 종교의 핵심은 참으로 자신을 비워 이웃을 담아 내는, 이웃 존중, 생명 회복의 행위의 차원에 있는 것이다. 그것이 종교의 근본이다. 특정한 교리, 문자, 경전이라는 근본이 아닌, 근원적 관계성으로서의 사랑이라는 근본을 추구하는 것이야말로 진정한 근본주의이다. 이를 배타적 근본주의가 아닌, "근본적 근본주의"fundamental fundamentalism라는 말로 요약해 볼 수 있겠다.

그 내용을 기독교적 언어로 번역하면, '하느님은 한 분'이라는 사실을 단순한 숫자적 '하나'가 아닌, '하느님은 모든 곳에 계시는 분'이라는 차원에서 이해할 줄 아는 자세라고 할 수 있다. "너, 이스라엘아 들어라. 우리의 하느님은 야훼시다. 야훼 한 분 뿐이시다."(신명기 6,4)를 "모든 것은 그분에게서 나오고 그분으로 말미암고 그분을 위하여 있다."(로마서 11,36) 차원에서 조화시키며 알아듣는 자세이다. '하나'를 '전체'로 치환시킬 줄 아는 자세이기도 하다. 앞에서의 언어를 빌리자면, 범재신론적 세계관에 근거한 삶인 것이다. 실제로 신학적이고 철학적인 차원에서 '하나'는 단순히 여러 가지 것들 중의 일부로서보다는, '전체'에 대한 은유이자 상징으로 볼 때, 그 진정한 의미가 살아나는 것이기 때문이다.[18]

이런 식으로 진정한 근본주의는 자기중심적, 타자부정적 근본주의가 근본적으로 뒤집어지는 곳에서 이루어진다. 180도가 아닌, 360도의 뒤집기가 있어야 하는 것이다. 360도로 뒤집어 진 곳에서는 일체의 대립과 차별이 없다. 자신이 뒤집어진 곳에서는 자신이 사라진다. 불교적으로 표현하자면, 무아가 실현되는 것이다. 내가 사라지고 나면 이기적 중심이 사라진다. 그곳에서는 모두가 중심이 된다. 그럴 때 다양한 사물들多의 개성을 존중하게 된다元. 종교 다원多元주의도 이런 맥락에서 성립된다. 일체 사물에게서 중심을 보고, 모두가 저마다의 독특성을 지닌 주인임을 긍정하는 자세인 것이다. 자기중심적 근본주의가 뒤집어지는 곳에서 이렇게 다중심주의, 다원주의, '근본적 근본주의'가 성립되는 것이다.

이러한 다중심들은 대립적 중심들이 아니다. 근저에서 소통하는 무아적無我的 중심들이다. 이것은 자기가 부정[無我]됨으로써 참된 자기[眞我]로 전환하는 불교적 원리와 통한다. 깨닫는다는 것이 무아를 온몸으로 확인하는 것이고, 내세울 자신이 없기에 타자를 포용하고 남는 것이듯이, 근본적 근본주의도 자신을 비워 이웃을 자신 안에 담아 내는 지극히 종교적인 자세이다. 정말 근본에서 벌어지는 일들인 것이다. 정말 근본에서 보면 불교와 그리스도교, 그리스도교와 이슬람이라는 외형적 차이도 대립이 아니라 아름다운 조화로 전환한다. 다양성이 상보성 내지 상관성으로 번역되는 것이다.

종교적 차원에서 이러한 인식이 절실히 요청된다. 불자의 깊은 세계로 들어가면서 그곳에서 그리스도교적 가치도 발견할 줄 아는, 참으로 인간 내면의 초월적 가치를 구체화시킬 줄 아는 자세가 진정한 종교적 자세이다. 자기 자신의 고유성과 타자에 대한 이러한 개방성을 지니고서만 진정한 종교인이라 할 수 있을 것이다. 여기가 구체적 경험의 세계를 창조적으로 살려내고 문자적 근본주의를 벗어나 근본적 근본주의가 도달해야 할 지점이다.

구체적 문자에, 제한적 경험에 사로잡힌 근본주의를 꿰뚫고 정말 그 근본으로 도달할 때, 종교 간의 갈등과 불화는 평화와 조화로 전환한다. 문화, 문명의 핵심에 종교라는 것이 있다는 틸리히의 말을 받아들인다면,[19] 이렇게 내적으로 참여하는 자세 속에서 문명 간의 충돌이란 어불성설이 되고 말 것이다. 서로가 서로에게서 배울 때, 아니 내가 너에 대해 배우는 것을 넘어, 내가 너에 대해 배우는 열린 자세로 너로 하여금 나를 배우도록 참으로 도와줄 때가 종교가 생생하게 살아날 때인 것이다. 그것이 불교는 물론 그리스도교와 이슬람을 그리스도교와 이슬람 되게 해주는 근본 자리인 것이다.

그런 점에서 "종교적 근본주의와 전 세계를 훈육하기로 결심한 제국주의적 근본주의 사이에 일어나는 충돌 속에서, 두 근본주의에 대항하는 새로운 공간을 창조해야 한다."고 말한, 인도 출신 반전反戰 작가 타리크 알리의 바람과 요청은 정당하고 적절하다.[20] 그것이 비록 제국주의적 근본주의의 충돌을 목격한 뒤 제기된, 다분히 감성적 주장일 수도 있지만, 오늘을 살아가는 종교인이라면 제국주의적 근본주의 간의 충돌을 막고 정말 새로운 공간을 창조하는 일이야말로 지극히 종교적이고, 그만큼 인간적인 일이 아닐 수 없다. 그 새로운 공간이야말로 근본주의를 근본적으로 되돌아보게 만드는 종교적 공간이자, 종교적 논리의 핵심이기도 한 것이다.

근본주의와 종교

이 길 용 | 서울신학대학교 교수

근본주의 운동이 일어난 주요 원인은 종교의 '탈성화' 와 '주변화' 에 있다. 즉 근대화하고 세속화되는 사회 속에서 전통 종교가 기존의 중심부에서 밀려나는 것에 대한 자의식적이고 조직적인 저항이 근본주의적 속성의 핵심이라 할 수 있을 것이다. 따라서 근본주의는 분명하고도 의미 있는 시대적 환경에서 태동한 특정하고도 제한적인 종교 운동으로 볼 수 있다.

근본주의와 종교

1. 들어가며

최근 근본주의에 대한 이야기들이 심심치 않게 들린다. 그리고 이 는 국내에만 한정되지도 않는다. 멀게는 9·11 테러로 세계적 주목 대상이 된 이슬람 근본주의 운동에서부터, 가까이는 여전히 쉼 없이 이슈를 만들어 내는 국내 여러 종교들의 왜곡된 모습 속에서 근본주의라는 용어는 빠지지 않고 고개를 내민다.

용어 그대로만 생각하자면 근본주의는 종교적 신앙이나 신념의 뿌리를 지키자는 것이기에 부정적으로 들리지는 않는다. 하지만 우리들 일상 언어 세계에서 이 용어는 상당히 부정적이다. 이는 단어의 본디 뜻과는 달리 그 용례가 상황적이고 정치적이었음을 보여 주는 단면일 것이다.

이 글은 바로 그 근본주의와 그것의 모태가 되는 종교들을 다루고 있다.

이미 제목에서 풍기는 바와 같이 이 주제는 상당히 넓고 또 방대한 것이기도 하다. 이 난감한 주제를 접하고 어떻게 실타래를 풀어야 할지 이유 넘치는 고민이 지속적으로 필자를 괴롭히고 있는 중이다. 물론 쉽게 갈 수 있는 길도 있을 것이다. 백과사전 식으로 각 종교 전통에서 등장하는 여러 근본주의의 모습들을 나열하는 방법이 그것이다. 하지만 좋은 개론서 하나 성의 있게 들추기만 해도 해결될 수 있는 것을 구태여 이곳에서 지면을 통해 반복하는 것이 영 개운치는 않다.

그래서 찾아낸 해결책이 근본주의라는 종교 성향을 생활 언어와의 상관 속에서 고찰해 보면 어떨까 하는 것이다. 이러한 관심의 한 가운데에는 특별히 한국이라는 시·공적 상황에서 좀 더 심각하고 빈번하게 제기되는 근본주의 혹은 보수주의적 행동이 자아내는 폐해의 이유를 밝혀보고자 하는 학문적 유혹이 자리하고 있다 할 것이다. 하지만 이도 역시 쉬운 문제는 아니다. 어려움은 크게 두 번에 걸쳐 제기된다. 우선 이 논의를 깊게 끌고 갈 수 있는 학문 작업의 선례를 거의 찾아볼 수 없다는 것이 첫 번째 난관이요, 두 번째 난관은 설령 어느 정도 논의를 전개할 여력을 얻어다손 치더라도 이 담론의 중앙에 서있어야 할 필자의 언어학적 지식과 혜안이 미천하다는 사실이다.

하지만 그렇다고 주저앉아 있을 수만도 없는 법. 어떻게 해서든지 이러한 난관 속에서 작지만 뜻있는 오솔길이라도 찾아내어 길을 내려는 자세 또한 소중한 것이라 생각된다. 따라서 어느 정도 시론적 성격을 지닌 글이라는 딱지를 붙이는 것으로 학문적 면피를 하고, 일단 하고자 하는 이야기라도 꺼내는 것이 도리일 것이라 생각하고 주어진 공간을 채워 가고자 한다.

논의는 다음과 같은 순서로 흘러갈 것이다. 우선 주어진 제목의 뜻풀이와 그것에 대한 필자의 가설적 정의 부여를 언급할 것이다. 즉 '종교가 무엇인지' 그리고 '근본주의는 어찌 읽고 봐야 하는지'가 이 논의의 고갱이가 된다. 그 다음에는 논의의 중심을 이루고 있는 한국 상황에서 이 두 개의 가치, 즉 근본주의와 종교는 어떤 매개를 통하여 어떻게 작동되고 있는지를 거칠게나마 살펴볼 것이다.

2. 종교는 세계를 '보고' '살아가기' 위한 시스템

우선 종교란 말부터 따져 보기로 하자. 사실 이 문제는 참으로 어렵고 고단한 문제이기도 하다. 이미 종교학이라는 근대 학문이 등장했을 때부터, 아니 그 이전부터, 여러 사람들 입에 오르내리던 것이기도 하기 때문이다. 하여 필자는 여기 그 모든 지루한 논의의 고리를 반복할 의도는 전혀 없다. 다만 필자가 지닌 종교에 대한 생각을 단선적으로 밝힘으로 이 부분에 대한 논의를 단번에 건너뛰고자 한다.

우선 종교는 '세계 설명 체계' Welterklaerungssystem, 그리고 '삶의 문제 극복 체계' Lebensbewaeltigungssystem라는 두 개의 축으로 이해할 수 있다.[1] 사람들은 종교를 통해 자신을 둘러싸고 있는 환경, 즉 세계를 이해하고 그것을 자신의 인식 속에 받아들이게 된다. 그리고 그렇게 형성된 세계관은 실존적 삶의 정황 속에 만나게 되는 다양한 인생 문제들을 해결하기 위한 열쇠로도 사용된다. 종교는 이런 문제를 해결하기 위해 시스템적으로 작동한다. 바로 이와 같은 맥락에서 종교는 '세계관' Worldview으로 읽혀지게 된다. 이와 같은 종교 보기는 그것의 영역과 범위를 이전과는 비교도 안 될 정도로 넓고 깊게 해 준다. 우리가 익히 알고 있는 전통 종교들뿐만 아니라, 사람들에게 삶의 의미를 전해주는 특정한 '가치체계' Wertsystem도 역시 종교라는 울타리 안에 들어올 수 있기 때문이다. 물론 이와 같은 종교에 대한 이해는 지극히 '딜타이(Wilhelm Dilthey 1833-1911)적' 이라고 할 수 있다. 철학 영역에 '해석학' 이라는 분야를 의미 있게 도입하면서, 인식 과정에 '역사' 와 '경험' 의 역할을 진지하게 강조한 딜타이의 의견[2]이 바로 위와 같은 견해를 통해 십분 받아들여지고 있다 할 것이다. 물론 딜타이 스스로도 '세계관' 에 대해서 언급한다.[3] 딜타이는 칸트의 『순수이성비판』에 맞서는 『역사이성비판』을 쓰고자 했다. 그는 인간의 인식 과정을 순수 이성의 작동 기재로만 파악한 칸트의 의견에 동의할 수 없었기 때문이다. 인간은 '세계 내 존재' In-der-Welt-Sein로서 '역사' 와 '경험' 이라는 함수 속에서 자신의 인식을 형성해 가는 존재이다. 그리고 그러한 과정을 통해 이루어진 이해는 특정한 모습의 세계관을 구성하게 된다. 종교 역시 이와 같은 세계관으로서 기능한다고 볼 수 있으며, 따라서 종교를 이해한다는 것은 결국 그 종교를 가진 이의 세계관을 이해하는 것이 될 것이다. 이러한 딜타이의 시각은 니니안 스마트(Ninian Smart, 1927-2001)에게 고스란히 전해지고 있다. 그래서 스마트는 '종교학이라는 학문의 목적은 타인의 세계관을 분석'[4]하는 데 있다는 발언을 하기에 이른다. 필자 역시 그러한 스마트의 입장에서 멀리 떨어져 있지 않기에, 종교를 '세계 설명 체계' 와 '인생 문제 극복 체계' 로 바라본다.

3. 근본주의 : 주변화에 대한 참을 수 없는 저항!

이제 두 번째 여행이 시작된다. 바로 '근본주의'라는 말이다. 이 단어를 접할 때 잊지 말아야 할 것이 하나 있다. 그것은 바로 근본주의는 '근대의 부산물'이라는 것이다. 물론 근본주의적 속성이나 행동양식은 근대보다 더 오래된 시대에서도 찾아보거나 혹은 찾아낼 수 있겠지만, 우리가 지금 사용하는 '근본주의'Fundamentalism라는 용어의 출발은 그리 오래 전의 일이 아니며, 바로 지난 세기의 문제의식 속에 불거져 나온 개념이라는 것이다. 따라서 이 용어 속에는 근대 사회의 속성과 환경이 배태한 특정한 '문제의식'이 상당 부분 녹아 있다 할 것이다.

개個 종교들의 시각에서 본다면, 근대사회의 특징은 '세속화'라 할 수 있을 것이다. 종교의 핵심이랄 수 있는 '성스러움' 혹은 그에 대한 체험이 세속화 사회에서는 종교적이지 않은 요소로 치환되어 설명되어 버리며, 아울러 그런 '과학적 상식' 혹은 '탈성화脫聖化된 세계관'은 기존 신앙을 유지하고자 하는 이들로서는 극복하지 않고는 견딜 수 없는 '장애'로 인식될 것이다. 종교가 사회의 중심에서 점차 주변부로 밀려가며, 인간사人間事의 많은 부분에서 예전의 영향력을 잃어버리고 있을 때, 이러한 위기 상황을 극복하기 위한 하나의 대응으로 생겨난 것이 바로 근본주의 운동이라 할 수 있을 것이다. 다시 말해, 근대화가 부른 세속화, 이로 인해 파생된 '종교의 주변화'가 '존재의 참을 수 없는 가벼움'이 되어 그들의 절대적 신심을 흔들고 있을 때, 이에 대한 자기 방어 시스템으로 등장한 것이 바로 근본주의라 할 것이다. 따라서 근본주의자들에게 필요한 것은 무엇보다 투철하고 명백한 '자기 정체성 확립과 유지'라 할 수 있다.

그래서 근본주의자들은 구별을 시작한다. 먼저 그들은 부패하고 낙후되었다고 여기는 전통주의자들로부터 자신들을 구별해 낸다. 더 나아가 자신들은 세속화되어 종교의 본질을 상실한 근대 세속주의자들과는 확연히 다른 위치에 서 있다는 사실을 만천하에 고한다. 이렇게 근본주의자들은 전통주의와 근대주의 사이에서, 부패하거나 낙후되지 않았고, 또한 본질을 잃어버리지도 않은 참 진짜 정통주의자로서 자신들을 규정하기에 이른다. 이들은 또한 매우 구체적인 이상향도 갖게 된다. 그리고 정통주의자들과 세속주의자들에 의해 훼손되고 망가져 버린 자신들의 이상향을 지키고 복원하고자 매우 전투적인 자세를 취하기도 하고, 때로 그것은 자세에만 멈추지 않고 구체적 정치 행위로 발전하기도 한다.

이러한 성격을 지닌 근본주의는 처음에는 미국 개신교단을 중심으로 세상에 고개를 내민다. 이렇게 세속화의 한가운데에서 자신들의 정통 신앙을 헌신적으로 지키고자 하는 일단의 무리들을 '근본주의자' 라 부르기 시작했으며, 그 별칭에는 '세상의 흐름에 잘 적응하지 못하는 자들' 이라는 부정적 의미까지 들어가게 되었다. 그래서 한때 근본주의라 하면 특정 종교 전통의 일부분이 보여 주는 극단적이고도 폐쇄적인 종교 신앙 자세라 생각하기도 했다.

하지만 지금 그러한 경향은 특정 종교에만 국한되지 않는 세계적 규모로 팽창했다. 특히 서구에 대항하는 이슬람 단체들이 근본주의적 태도를 취하며 강한 정치적 응집력과 영향력을 보여 주자 이들을 근본주의라는 안경을 통해 해독하려는 다양한 시도들이 계속 확대되고 있는 중이기도 하다. 이런 점에서 힌두의 근본주의 운동도 비슷한 맥락을 지닌다. 다만 이들 비서구권의 근본주의가 미국 개신교의 그것과 다른 점은 보다 강한 '민족주의적 성향 을 지니고 있다는 것이다.

사실 이슬람 제국과 인도는 과거 정치·문화적으로 서구권에 밀릴 것이 없을 정도의 전성기와 영광의 시기를 경험한 바 있다. 하지만 그런 시기가 지나고 19세기 산업화와 자본화로 성장을 이룬 서구권의 침입에 무차별로 무릎을 꿇을 수밖에 없게 된 이슬람과 힌두권은 민족적·문화적 자존심에 깊은 상처를 입게 되었다. 이런 배경 하에 이슬람권은 1906년 〈무슬림 연맹〉Muslim League을 결성하게 된다.[5] 그들은 서구권에 무방비로 당한 이유를 다른 그 무엇보다 종교적 신심에서 찾고 있었다. 무슬림 스스로가 세속화되고 알라로부터 멀어졌기 때문에, 즉 그들 종교 전통과 신앙 유지에 실패했기에 서구의 등장이라는 어두운 현실을 맞이했다고 보는 것이다. 따라서 이 문제의 해결은 잃어버렸던 혹 잊어버렸던 과거 이슬람의 종교성과 문화를 복원·유지하는 것이라 그들은 보았고, 이러한 움직임이 근본주의 운동으로 자리를 잡게 된다.

인도의 경우도 유사하다. 앞서 언급한 〈무슬림 연맹〉의 창설에 즈음하여 인도인들은 〈힌두 마하사바〉Hindu Mahasabha를 세운다. 사바르까르Savarkar가 의장으로 있던 이 단체는 이후 힌두 근본주의의 핵심 이념이 되는 '힌두뜨와'(Hindutva, 힌두인임)와 '힌두 라슈뜨라'(Hindu Rashtra, 힌두 민족 혹은 힌두 국가)를 확립하게 된다.[6] 이후 1925년 헤드게와르Hedgewar에 의해 〈국민자원봉사자회〉Rashtriya Svayamsevak Sangh, R.S.S.가 창설되고, 이 단체가 본격적으로 힌두 근본주의를 이끌게 된다.

이들 비서구권의 근본주의 운동 역시 주변화 혹은 세속화에 대한 반발이라는 점에서 미국 개신교의 그것과 맥을 함께 하고 있지만, 중심 이동의 환경과 대상이 국가와 민족이라는 점에서 분명한 차이 역시 지니고 있다. 따라서 서구권의 근본주의가 사회적 주류로부터 주변화되는 것에 대한 반발이라면, 비서구권의 경우는 민족주의적 저항의 한 단면으로 표출된 것이라 볼 수 있는 점도 분명히 있다.

이렇게 지금의 근본주의는 이전과는 달리 많은 종교 전통들을 아우르는 포괄적 개념이 되고 있다. 그리고 그렇게 확대된 세계적 근본주의의 윤곽은 다음의 도표로 어느 정도 정리할 수 있다.[7]

그리스도교계열	·미국 개신교 ·과테말라 오순절 ·가톨릭 ·이탈리아 해방코뮌 ·남인도
유대교계열	·Haredi ·Habad ·Gush Emunim ·Ksch
이슬람계열	·이집트 jama st ·알제리 FIS ·하마스 ·이란 시아파 ·이라크 헤즈불라 ·파키스탄 Jamaat - i - Islami ·인도Tablighi Jamaat
힌두교계열	·힌두 RSS
불교계열	·실론 불교
시크교	·급진 시크교

4. 그렇다면 한국에서의 종교적 근본주의는?

앞서도 말했듯이 근본주의 운동이 일어난 주요 원인은 종교의 '탈성화'와 '주변화'에 있다. 즉 근대화하고 세속화되는 사회 속에서 전통 종교가 기존의 중심부에서 밀려나는 것에 대한 자의식적이고 조직적인 저항이 근본주의적 속성의 핵심이라 할 수 있을 것이다. 따라서 근본주의는 분명하고도 의미 있는 시대적 환경에서 태동한 특정하고도 제한적인 종교 운동으로 볼 수 있다.

하지만 근대 한국의 상황, 특히 개신교의 경우는 조금 다른 측면이 있다. 한국 개신교의 근본주의적 성향은 자발적으로 태동했다기보다는, 즉 스스로의 목적과 환경에 대한 저항 속에서 태동된 자의식적이고 능동적인 것이라기보다는 근본주의적 이념 자체가 그대로 온전한 모습으로 외부로부터 전해진 측면이 강하기 때문이다. 즉 이미 이념적으로 자리를 잡은 서구식 근본주의, 보다 좁게 보자면 미국식 근본주의 운동이 개신교에 국한되어 한국 사회에 뿌리를 내리고 있는 모습을 살필 수 있다.

이를 좀더 구체적으로 이해하기 위해서는 개신교가 어떤 통로를 통해 한국 사회에 들어오게 되었는가를 주목할 필요가 있다. 동북아시아로 파견된 선교사들 중에서 중국과 일본의 경우와는 달리 열성적 복음주의자들과 보수적 전통이 강했던 선교사들이 한반도에 발을 들여놓게 된다. 따라서 이런 과정에 의해 개신교를 소개 받은 한국은 자발적으로 근본주의 노선을 따랐다기보다는, 오히려 근본주의를 '정통'으로 수용하고 있었다고 보아야 할 것이다. 이 점에서 전통주의마저 자신들의 적으로 생각했던 미국식 근본주의와는 달리, 한국 내 개신교의 근본주의적 성향은 그것이 '정통주의화' 되고 있다는 점에서 기존 근본주의 성향과는 다른 모습을 보여 준다 할 것이다. 또한 분명한 목적의식을 가지고 근본주의적 성향을 유지하고 있는 것이라기보다는 오히려 근본주의적 이념, 혹은 교리를 정통성 있는 전통으로 인정하고 수호하려한다는 점에서, 근본주의라기보다는 '근본주의적 보수주의' 혹은 '근본주의적 정통주의'로 봐야 하지 않을까 생각한다.

이에 반해 바뀐 환경에 적응했어야 할 기존 종교들은 앞서 살펴본 개신교와는 또 상황이 달랐다. 그런 점에서 19세기 말 등장하기 시작한 많은 신종교들은 전통적인 것으로의 회귀를 주 모토로 하며 근본주의적 속성을 보여 주었다. 물론 그것이 미국 개신교의 근본주의 운동과 완벽히 비교될 만한 성질의 것은 아니지만, 이질적 세력의 등장으로 전통과 자국의 문화 가치가 주변화되는 것에 대한 저항 정신이 당시 신종교들에게 있었다는 것은 부인할 수 없는 사실이다. 그래서 전면에 민족이 등장하고, 동쪽이라는 대자적 개념이 보다 명확해지고, '척양척왜' 斥洋斥倭라는 기치가 올라가게 되었다.

여기서 주목해서 볼 만한 근본주의적 운동으로는 공자교孔子敎를 꼽을 수 있겠다. 공자교(혹은 공자교회)는 1909년 대동학회의 후신으로 이병헌(李炳憲, 1870-1940)에 의해 창설되었다. 공자교의 전신이랄 수 있는 대동학회는 친일 단체로서 같은 유교 계열의 민족주의자인 박은식·장지연 등이 '대동교'라는 반일적 유교 단체를 창설하자 이에 대한 대응으로 기존 조직을 확대 개편한 것이라 할 수 있다. 하지만 이병헌의 작업은 단순한 친일 단체 유지에만 머물지 않고, 기존 유교를 민족종교화하는 데 더 적극적이었다. 그는 자신의 문집 『오족당봉유교론』五族當奉儒敎論에서 유교를 조선의 민족종교로 삼을 것을 주장하고 있는데, 그 근거를 간략히 살펴보면 다음과 같다.

우선 유교의 창시자인 공자가 한민족과 뿌리가 같은 동이족 출신임을 강조하고 있다. 그리고 유교의 효와 모든 종교·사상·문화를 아우를 수 있는 통합적 기능이 조선의 종교가 되기에 충분하다는 것이다.[8] 이병헌의 공자교는 외세가 힘을 발휘하던 시대 상황 속에서 자국적 가치를 최고로 놓고 정신·문화적 구심점을 찾고자 했다는 점에서 앞서 살펴본 개신교 근본주의보다는 이슬람·힌두교 근본주의와 같은 맥락에 서 있다고 할 것이다. 이병헌의 이런 시도는 결국 기존 유교권으로부터 배척받게 되었다.

사실 이병헌의 공자교가 실패한 이유는 기존 조선의 성리학 자체가 닫힌 시스템으로서 자신 외의 다른 이질적 시스템을 용인하기 쉽지 않는 근본주의적 속성을 지니고 있기 때문이라 할 것이다. 기본적으로 유교, 특히 성리학은 정통을 강조하며 이단을 혁파하는 과정에서 당대 중심 세계관으로 자리를 잡았다. 이는 '도통道統 사상' 으로 요약될 수 있을 것이다. 조선의 성리학은 주자에 의해 정리된 송학이다. 주자는 자신의 사유 시스템이 갖는 권위를 요-순-공-맹으로 이어지는 도통의 계보에 두고 있었다. 그리고 이러한 '계보로 권위 잇기' 는 조선을 일으킨 유자들에게도 전해져 주자와 그를 따르는 자신들을 계보의 한 고리로 이으며 정통 유학을 주장하게 된다.[9] 이런 계보의 권위와 리理와 기氣로 세계의 구성을 설명하고 해석하는 구도는 더 이상의 이질적 혹은 왜곡된 세계 해석을 용인하기 어렵게 하였다. 조선조 성리학은 건국 이념으로서 다른 어떤 세계관보다 먼저 그 자리를 선점하게 되고, 그렇게 미리 자리 잡은 세계관은 상대가 필요없는 정통이 되고, 그 이후 그 정통성을 더욱 더 곤고히 해 나가는 성향을 보인다. 이처럼 닫힌 구조의 세계관을 지닌 조선조 성리학은 태생적으로 근본주의적 속성을 지닌다 할 것이다. 그리고 그로 인해 한국 사회는 성리학이 가지는 사상적 특성이 사회 구석구석 뿌리를 내리게 된다. 특히 성리학적 집단주의는 중앙-지방 정부의 집요한 노력을 통해 조선조 사회의 중심 에토스ethos로 자리를 잡게 된다.

5. 언어 생활에서 오는 집단주의와 근본주의

일반적으로 유교 문화는 가家 중심의 집단 문화라 본다.[10] 조선조 5백여 년 동안 한반도 구석구석을 장악한 유교 문화는 결국 한국인들의 언어 사용에도 큰 영향을 끼치게 되고, 이를 통해 유교적 집단문화적 특성이 한국어에도 전이되는 현상이 발생하게 된다. 그렇게 굳어진 언어 습관, 그리고 그를 통해 형성된 집단주의적 사고방식이 어쩌면 한국 종교의 근본주의적 특성을 반복 재생산하는 또 하나의 자양분은 아닐까.

앞서 미력하긴 하지만 한국 내 종교, 특히 개신교단에서 보이고 있는 근본주의적 성향과 행동은 근본주의라기보다는 오히려 정통주의에 대한 집착을 보이는 보수 운동에 가깝다고 보았다. 그리고 그러한 행동을 지속하는 한 요인은 한국 사회에서 통용되는 언어의 '집단주의적 속성'에 있지 않나 추론해 본다. 즉 한국어의 집단주의적 속성이 구성원들 사이의 원활한 소통을 저해하게 되고 그로 인해 익숙한 집단의 고립화가 근본주의적 행동으로 이어진 것은 아닌가 하는 물음표를 달고 싶은 것이다.

이미 적잖은 이들이 지적하고 있듯이 언어 생활은 그 사회의 사유와 문화 체계를 규정 혹은 지배한다. 언어는 그 속성상 중단 없는 반복을 하게 되고 한 사회 혹은 공동체에 줄곧 쓰이는 언어는 그에 속해 있는 이들의 사유체계를 특정한 방향으로 몰고 갈 수 있을 것이다.

그렇다면 한국어의 특징은 무엇일까? 적지 않은 사례와 특징들을 열거할 수 있을 것이다. 많은 외국인들이 손사래를 치는 매우 세밀하고 까다로운 높임말, 다시 말해 한국어 습득의 어려움을 배가시키는 존칭어 등도 그 한 예이다. 하지만 여기에서 특별히 강조하여 지적하고 싶은 것은 한국어의 '집단주의적 사용'이라는 측면이다. 이를 좀더 구체적으로 설명하기 위해 구체적인 사례 제시가 필요할 것이다. 이는 호칭 사용에서 매우 분명히 드러나는데, 한국 사회의 언어 습관에서 보통 대화의 상대자들을 자신의 집단 내로 끌어들이는 대화법이 많다. 예를 들어 친구의 어머니나 아버지를 대할 때도 한국인들은 어김없이 '어머니', '아버지'라는 호칭을 사용한다. 그리고 이러한 호칭은 그 친근함의 정도에 따라 약간의 차이가 나긴 하지만, 보통 친근하면 할수록 당연히 친구 부모의 호칭은 자신의 부모의 그것과 일치하는 것을 보게 된다. 분명 나이 든 성인 남녀를 위한 호칭들이 있는데도 구태여 가족들 사이에 통용되는 용어를 고집하는 데에는 한국인이 가지는 대화의 습관, 혹은 의지에 한 원인이 있지 않나 생각하게 해 준다. 이러한 경우는 부모 외에도 많이 있다. 혈연관계가 아닌데도 '형', '아우', '이모', '고모' 등의 호칭을 무차별로 사용하는 현장은 이 사회가 보여 주는 폐쇄적 집단성이 얼마나 철저한 것인가를 단번에 일깨워 주는 사례가 될 것이다. 이와 같은 언어 사용은 결국 '자집단自集團 중심주의'에 빠지게 하여 합리적이고 이성적인 대화와 소통의 가능성을 더욱 축소시키게 된다고 볼 수 있을 것이다. 그리고 그만큼 단절되고 제한된 소통의 기회들이 특정 집단의 고립화를 가속화시킨다. 결국 이런 언어 사용이 한국 사회 종교들의 정통주의화 혹은 보수주의화에 일조하고 있다고 볼 수도 있을 것이다.

6. 나오는 말

종교는 세계를 보는 시스템이자 눈이다. 사람들은 종교를 통해 자신을 보고, 타인을 보고, 환경을 보고, 세계를 읽으며, 더 나아가 죽음 이후도 살핀다. 하지만 다양한 학문과 자연과학의 발달로 인류는 종교 이외의 또 다른 유력한 세계를 보는 시스템과 눈을 갖게 되었다. 이를 통해 기존에 큰 영향력을 발휘하던 종교는 주변으로 밀려나거나 적어도 이전의 세력권 유지에 곤란을 느끼고 있는 것이 지금의 모습이다. 이 변화에 임하는 종교 혹은 종교인들은 세속화의 흐름을 적극 수용하거나, 아니면 그 세속화를 극복의 대상으로 보려 한다. 바로 후자의 경우에 근본주의는 고개를 든다. 쇠락하는 기존의 중심성을 다시 복원하고자 종교는 근본주의화되는 것을 보게 된다. 그것이 세속 사회에서의 영향력 유지를 위한 것인지, 아니면 서구화의 흐름에서 자민족과 문화의 자긍심을 지키기 위한 것이든 간에, 변화하는 환경에 전통적인 것으로 대응하려는 것을 우리는 근본주의라 칭할 수 있을 것이다.

하지만 한국의 경우는 엄밀한 의미에서 주변화에 대한 반발로만 설명하기 곤란한 부분들이 있다. 개신교의 경우도 여전히 한국에서 주류가 아니며, 또 과거에도 다수인 적이 없었다. 그런데도 여러 부분에서 근본주의적 성향을 드러내고 있는 이유는 무엇일까? 게다가 개신교 외에도 적지 않는 종교들이 한반도에 현역으로 활동하고 있지만, 다른 나라의 경우와 비교해 볼 때 상대적으로 보수화되어 있고, 또 근본주의화 되어 있는 이유는 또 무엇일까?

필자는 그 이유를 폐쇄적이고 집단주의적 성향이 강한 유교 문화가 배태한 언어 생활에 있지 않나 추론해 보았다. 즉 타인마저 자기 집단에 끌고 들어와 동일한 구성원으로 만들어 버리는 독특한 언어 습관은 그만큼 낯선 것, 이질적인 것들을 수용하는데 어려움을 겪게 하였고, 결국 이러한 경향은 의식 수준으로까지 확대되어 원활한 소통을 막는 장애가 되었을 것이다. 그리고 이는 한국 종교의 독특한 보수적 근본주의화의 한 축을 이루었을 것으로 볼 수 있다.

이런 점에서 한국 종교의 근본주의 연구에는 반드시 사회언어학적 접근이 병행되어야 할 것이다. 그리고 공개적이고 합리적 소통 가능한 언어 사용의 물꼬를 트지 않는 한, 한국 사회 내 종교들이 보여 주는 근본주의적 성향의 정통주의는 쉽게 해결되지 못할 것이다.

기독교 근본주의의 정의와 미국과 한국의 기독교 근본주의

최대광 | 정동제일교회 목사

근본주의가 현대적 문화에 대한 두려움으로 과거를 향한 '퇴행'적 문화의 한 현상이라고 볼 때, 신뢰를 통하여 "저마다 이미 신이 부여한 무한한 잠재 능력이 있으며, 우리가 흔히 배움이라 부르는 것은 그 잠재 능력의 자연스런 전개" 방식, 곧 '창의력'이 대안이라고 할 수 있다는 것이다. 두려움을 바탕으로 '안정'에로 퇴행하는 것이 아니고, 신뢰를 통하여 자신을 창조해 나가는 것, 바로 이것이 근본주의를 극복하는 첫 번째 열쇠가 될 것이다.

기독교 근본주의의 정의와
미국과 한국의 기독교 근본주의

1. 들어가는 말

2000년대에 들어 한국의 기독교인들은 태극기와 성조기를 들고 심심치 않게 시청앞 광장에 모습을 드러내고 있다. 노무현 정부 시절 사학법을 개정한다고 하자, 목사들은 머리를 깎고 십자가 행진을 하기도 했고, 아프카니스탄과 이라크에 장병을 파병하라고 압력을 넣기도 했다. 또한 지난 대선에서 '장로 출신' 이 대통령이 되어야 한다며 공개적인 지지를 보내기도 했으며, 2010년에는 상암 월드컵 경기장에서 열린 6·25 평화기도회에 미국의 전 대통령 조지 부시가 연사로 출현하였고, 광복 65주년 8·15 기도대성회가 시청앞 서울광장에서 개최되었다. 보수 정치 집회와 반공 집회에 기독교 목사가 연사로 초빙되는가 하면, 정치적인 플래카드가 우익 단체나 정당 앞에 걸려 있는 것이 아니고, 교회 입구에 걸려 있는 경우가 자주 눈에 띈다. 현재 한국 교회의 정치 참여는 과거 민주화 운동 당시의 정치 참여와는 달리 '근본주의적' 이라고 할 수 있다. 왜 이들의 모습이 '근본주의적' 일까?

이 글은 먼저 근본주의에 대한 정의와 기원 그리고 확산에 대해서 살펴볼 것이며, 이 과정을 통해 현재 한국 기독교의 정치 참여는 근본주의적이라는 것을 설명할 것이다. 근본주의에 대한 사회학적·심리학적 정의와 미국에서 출현한 역사적 배경 그리고 우리나라로 이식된 근본주의의 경로를 살펴볼 것이다. 결론에서는 근본주의적 심리에 대한 영성적 응답의 한 예를 들어 보면서 글을 마치고자 한다.

2. 몸말

1) 근본주의 : 정의

근본주의Fundamentalism라는 용어는 20세기 초반 프린스턴 대학교에서 발행된 팜플렛에서, 「근본: 진리를 향한 증언」The Fundamentals: A Testimony to the Truth에서 처음으로 등장하였다. 과학의 발전, 현대주의의 등장과 다원적 문화의 확장, 자유주의 신학이 활발해 논의되던 이 시대적 정신에 반발하면서, 이 팜플렛은 양보할 수 없는 다섯 가지의 기독교 교리 즉, "성서 무오설, 그리스도의 신성과 죄인을 위해 십자가에서 죽으심, 예수의 부활과 승천 그리고 심판을 위한 재림, 사탄과 비非 기독교인들의 멸망, 예수를 믿는 자들의 부활과 하늘나라에서 하나님과 영원히 사는 것"[1]을 주장하였다. 이 교리들은 움직일 수 없고 타협할 수 없는 절대 진리라는 것이다. 이들 다섯 가지

교리에 대하여 스티브 브루스는 다음과 같은 해석을 가하고 있다:

> 이는 보수적인 개신교 복음주의자들이 자유주의적이고 진보적인 시대정신
> 과 대립한 것이었고, 핵심적인 개신교 진리라고 이해한 것들이었다. 근본주
> 의라는 단어를 사용함으로써, 개신교의 반反 현대주의적 부류들이 능동적으
> 로 통합되기 시작했다. 또한 근본주의는 지구가 종말을 맞이할 것이라는 믿
> 음에 기초한 교리적 선언이었던 것이다.[2]

즉, 보수적 복음주의자들은 자유주의/진보주의자들과 분리하기 위해 "다
섯 가지 근본"을 제시하였으며, 자유주의적 시대 풍조에 대해 반反함으로
써, 과거의 교리적 틀로 회귀하려는 감정을 기초로 하고 있었다는 것이다.
마틴 마티와 스코트 애플바이가 공동으로 작업한 『근본주의와 국가』
*Fundamentalism and State*에서는 그 '반'이 나온 이유를 다음과 같이 분석하고 있
다:

> 종교적 근본주의는 20세기 초 종교 공동체 안에서 나타난 일종의 성향이나
> 정신적 습관이라고 할 수 있다. 즉, 그 운동을 통해서 공동체 구성원의 정체
> 성을 확립시켜 나가려고 했던 것이다. 이 정체성이 현대와 조우하며 흔들렸
> 을 때, 그들은 과거의 교리, 신앙, 의례를 신성화하며 정체성을 재구성하려
> 고 한다. 이를 통해, '근본'들은 정제되고, 다듬어지면서 인정 받게 된다. 이
> '근본'들은 외부의 혼합적, 반종교적, 비종교적 문화 상황에서 신자들을 위
> 협하는 외부의 침략으로부터 보호하는 성곽의 구실을 하게 되는 것이다.[3]

과학의 발전으로 말미암아, 신神이 차지하고 있던 영역은 과학 이성이 차지하게 되었다. 그렇지만, 신이 차지하고 있던 영역이 항상성을 유지하려는 '관성' 이 되고, 신적 영역이 과학 이성으로 손상되었기 때문에, '분열' 은 현대인의 독특한 경험이 되는 것이다. 마샬 버만은 이러한 분열 현상을 괴테의 『파우스트』를 통해서 간파하고 있다. 『파우스트』의 끝부분을 소개하면서 그는 다음과 같이 말하고 있다:

> 처음에 파우스트는 세상으로부터 물러서라는 위협을 받는다. 때는 부활절 주일이고 수천 명의 사람들이 짧은 시간의 햇빛을 즐기기 위해 물밀듯이 성문을 빠져나오고 있다. 파우스트는 군중―자신이 어른이 된 이후에는 철저하게 회피했던 군중―과 함께 나타나게 되며 군중의 생동감과 색조와 인간적인 다양성에 의해서 자기 자신이 활기차게 되는 것을 느끼게 된다.… 파우스트는 새로운 희망으로 하루를 시작했지만 자기 자신이 새로운 형태의 절망에 빠져들었다는 사실을 발견할 뿐이었다. 자기 자신이 이 모든 기간에 집으로부터 멀리 떨어져 표류했던 것처럼 자신을 더 이상 표류시킬 수 없다는 것을 잘 알고 있다 하더라도, 파우스트는 수도원처럼 평화로웠던 어린시절의 집으로 되돌아갈 수 없다는 사실을 알고 있다.[4]

악마에게 자신의 영혼을 팔았던 파우스트는 '부활절' 날 군중들과 함께 하나, 결코 출발했던 곳으로 되돌아 갈 수 없음을 파악한다. 이에 관한 주석은 다음과 같다:

> 고전적이고 중세적인 영역을 훨씬 능가하는 인간적인 욕망과 꿈의 영역과

깊이를 열어 놓은 문화에 파우스트는 참여하게 되고 그러한 문화를 창조할 수 있도록 도와주게 된다. 동시에 그는 중세적이고 봉건적인 사회 형태, 그 자신과 그의 아이디어를 철저하게 차단시켰던 길드를 전문화한 것과도 같은 형태에 여전히 휩싸여 있는 침체되고 폐쇄된 사회 형태의 일부분에 해당하기도 한다. 침체된 사회에서 역동적 문화의 수혜자로서 그는 내적인 삶과 외적인 삶 사이에서 분열하게 된다.[5]

고전적인 문화 혹은 종교적 체험에 참여했다가, 이와는 다른 사회 조직에 자신의 '육체'가 놓여 있다는 사실을 파악하고, 괴테는 파우스트를 통해 분열된 자기 자신을 고백하고 있다. 과거 움직이지 않는 안정감의 원천이었던 신성적 체험은 자신이 몸담고 있는 현실적 사회 구조나, 한시적인 사상^{영원철학과 반대되는}과 문화와의 체험을 만나면서 분열하게 되어 있다. 근본주의의 단초는 바로 이런 지점에서 탄생한다. 즉, 현대주의의 특징인 분열된 자아에 대한 '반'의 심리작용인 것이다. 현대적 분열에 대한 응답으로 자신을 창조적으로 재구성하는 것이 아니고, 고정된 과거로 혹은 ^{자궁으로} 회귀함으로써 과거의 혹은 ^{어릴적 혹은 유아적} 안정감에로 복귀하고자 하는 것이다.

이런 '반'의 심리 작용이 근본주의의 단초인 보수주의라면, 만개한 근본주의는 한 발 더 나아간다. 스티브 브로우어는 이에 관해 다음과 같이 주장하고 있다: "이들이 근본주의적이라고 할 수 있는 것은 그들이 사회/정치학적 운동에 관여할 경우 ^{때때로 아주 강력한 민족주의적 믿음을 가지고 있을 때}에 해당한다."[6] 그러니까, 근본주의자라면, "세속적으로 타락해 가는 사회, 삶의 가치와 인간관계가 쇄락해 가고 여기에 따라 과거 자신이 가지고 있었던 삶의 목표와 방향이 완전히 흔들리고 있다고 생각할 때, 사회를 '정화' 시켜, 과거의 '순수성'을 회복하자는 '운동'이나 '영향력'을 행사하는 사람들"이라고 볼 수 있다. 즉, 보수주의자들은 홀로 과거 전통이나 경전에로 사상과 삶의 방식을 회귀하여 자신을 시대 조류와 분리시키려고 했다면, 근본주의자들은 개혁적이거나 자유주의적인 입법과 정치적 현안 그리고 다원적 문화에 저항하며 투쟁하는 사람들이라는 것이다.

2) 미국 근본주의 출현

미국의 초창기 국부들 중 한 명인 벤자민 프랭클린은 캘빈주의가 배경인 전형적인 청교도 집안의 사람이었고, 미국 자본주의의 성립과 개신교와의 관계를 연구한 막스 베버의 고전 『기독교 윤리와 자본주의 정신』은 벤자민 프랭클린의 금욕주의를 모델로 펼쳐진 글들이다. 앤서니 기든스는 막스 베버의 책을 소개하면서 다음과 같이 밝히고 있다.

> 베버는 캘빈주의 안에 내재하는 요소들 중 특이한 부분을 추출해 내었는데, 그 중 가장 중요한 것은 선택된 사람들만이 구원받는다는 것, 하나님이 구원의 주체라는 선택 교리이다. 캘빈 스스로는 신성한 예언을 주장하면서 그의 구원을 확신했을 것이나 그의 추종자들은 아무도 확신하지 못했다. 베버에 의하면 이러한 극단적인 비인간론에서 신의 절대적 주권에 굴복하는 인간들은 단 하나의 결론에 도달하게 되는데, 이는 여태껏 경험해 보지 못한 내면의 고독이었던 것이다. 베버의 주장에 의하면, 이 고통으로부터, 자본주의가 탄생했다고 한다. 이로부터 두 가지가 발전되었다. 첫째로는 자신이 선택되었다는 것을 믿는 것이며, 이를 믿지 않는다면, 믿음이 없다고 취급받는다는 것이다. 둘째로, '선행'이라는 것이 이런 믿음을 뒷받침하고 있는 것이

다. … 맑은 정신으로 노동에 참여하여 부가 축적된다면, 하나님으로부터 윤리적 구원이 확증된다는 것이다. '부'는 무분별한 쾌락이나 중독적 삶을 살아나가지 않는다면, 모두 허용된다.[7]

기든스에 의하면, 베버의 책에서 주장하던 것이 "건전한 노동을 통한 부의 축적"이 구원을 확증하는 도구가 된다는 것이다. 자본주의 정신은 '고독' 즉 구원에 대한 '불안'에서 시작된다고 한다. 구원에 대한 '불안'은 새로운 사상과 혼돈되는 다원 사회의 가치관이 생성되면서 더더욱 가속되며, 삶과 죽음의 실존적 영역은 주관적 '노동'이라는 차원으로 전이된다. 그렇지만 노동 그 자체에 가치를 부여하는 것이 아니라, '부'에 초점을 맞추면서, 자신의 '부'가 곧 '구원'의 확증이라는 도식이 성립된다는 데에 주목해야 한다. 즉, 노동이 신성한 것이 아니라, '부'에 초점을 맞춘 '노동'이 신성하다는 방식이 등장하게 되는 것이다. 미국의 동과 서로 턱수염이 덮수록해지도록 아무 생각 없이 뛰어다니던 「포레스트검프」가 미국 최고의 부호가 되었다는 영화적 이데올로기처럼, 좌우의 산만함이 없이 부를 위한 노동에 집중하다, 결국 부호가 되면 신의 구원을 확증한 것이라는 이 개인적 구원 담론은 스티브 브로우워에 의하면 국가주의적 정체성으로 확장되었다고 한다: "하나님께서 미국과 각 개인들을 위한 계획은 힘의 지배와 끊임없는 성장과 풍요를 약속하는 것으로, 이는 미국 역사를 추진하는 동력이었다."[8] "개인적 부가 확장된다면 곧 하나님의 선택"이라는 담론이 확산되었으며, 미국에 '반'하는 존재는 하나님에 '반'하는 존재로 귀결된다는 것이다. 콜로라도주의 주지사인 윌리암 길핀은 1846년에 주지사에게 보내는 보고에서 다음과 같은 글을 썼다:

미국 국민의 운명은 이 대륙을 정복하는 데 있습니다.

세상을 하나의 사회로 통합하는 것입니다.

하나님의 계획! 불멸의 임무!

세계의 국가들이 이 문명의 질서에 편입될 때 미국은 각 국가들의 주체가 될 것이며, 전 세계를 산업으로 지배하게 될 것입니다.[9]

즉, 현대주의의 다양성과 자신의 구원에 대한 '불안'이 대중화된 캘빈주의를 낳았고, 이렇게 해석된 기독교적 가치는 미국의 민족주의와 결합하였다. 미국의 선교 정책을 민족주의와 정치운동의 확장으로 이해한 제럴드 앤더슨은 다음과 같이 주장하고 있다:

1890년에 미국이 현재의 영토를 차지했을 때, 자신들의 영토를 미국 이상으로 확대하려고 하려는 욕구가 있었다. 미국은 하나님에 의해서 선택된 나라이며 또한 역사에 있어서 하나님께서 의도하시는 방향대로 끌고 나갈 중대한 사명을 지니고 있다고 생각하게 되었다. 그들의 운명적 교리는 앵글로색슨족의 민족적 우수성에 기대고 있으며, 미국은 서쪽으로 향하는 문명의 중심에 서 있고, 미국의 정치 구도는 탁월하고, 미국의 개신교는 순수하고, 영어는 모든 인류가 배우기 원하는 언어라는 것이다.[10]

선택된 사람들은 미국을 구성하는 전체 시민이 아니라, 앵글로 색슨계 개신교도로 한정된다는 담론이 형성되었다는 것이다. 당시의 민족주의적 설교자인 조시아 스트롱(1847-1916)은 앵글로 색슨족의 우수성과 '하나님께서 선택하신 미국'이라는 담론을 기초로 미대륙 전체를 돌며 부흥회를 인도하

였다. 그의 책, 『우리나라』와 『새시대: 다가올 나라』는 "175,000권이 팔려 나
갔다."[11] 이와 비슷한 시기에, 우리에게도 낯익은 이름인 드와이트 무디의
전국적 부흥회는 선풍적 인기를 끌었는데, 그 설교의 핵심은: "미국의 우수
성과 개인적 구원과 복음주의에 초점을 맞추었고, 바로 이것이 근본주의 기
독교의 핵심이 되는 사항이었다. 이는 성서의 무오설, 반역사주의, 반과학
주의, 전 천년주의적 위기였다."[12] 무디의 설교에 핵심으로 등장했던 메시
지는 "나는 기독교인이면서 성공하지 못한 사람들은 본 사람이 없습니다."
[13]였다. 즉, 자본주의적 개인주의와 민족주의, 반현대주의가 결합된 담론이
19세기에 걸쳐 이미 형성되었다는 것이다. 특히 무디에 영향을 받은 수많은
선교사 지망생들은 미 대륙을 넘어 전 세계로 미국식 복음을 확산시키게 된
다. 마크 놀은 이에 관해서 다음과 같이 설명하고 있다:

무디의 노력으로 말미암아 기독교의 메시지를 전 세계에 전달하는 네트워
크가 성립되었으며, 이는 선교의 운동으로 확산되었다. 장로교인인 피어슨
A.T Pierson은 1880년대에 선교사 협회를 창설하였으며 약 3000명의 선교사
지망생들이 선발되었다. 피어슨은 또한 1895년에 미국에서 가장 큰 선교단
체 중 하나인 아프리카 내륙 선교협의회를 창설하였다. 보스톤의 침례교 목
사인 고든A.J Gordon은 1889년에 보스턴 선교훈련원을 창설하여, 여성 평신
도들을 선교지에 보내는 역할을 담당했다. 1890년에는 심슨A.B. Simpson이 해
외 미션 네트워크를 창설하였으며 미국 내 선교협의회들은 이를 적극적으
로 지원하였다. 존 모트 John R. Mott는 피어슨에 의해서 북미의 선교에 선발
되었고, 선교 지원의 필요성을 미 전역을 돌며 전파하기도 하였다.[14]

이렇게 발전된 사태에 따라, 미국의 국가 확장주의에 '반' 하는 이데올로기, 곧 사회주의권과 이들의 이념을 흡수한 미국 내 그리고 세계 내 진보 세력들, 기독교 확장에 걸림돌이 되는 토착종교 등은 모두 타도되어야 하는 존재로 등장할 수밖에 없게 된다. 이들을 '해결' 해야만, 개인적·국가적 '불안' 이 해소되고 미국의 청교도주의에서 파생된 "하나님의 개인적·국가적 선택" 이라는 신화적 담론에 '안정되게' 회귀할 수 있다는 논리가 성립된다. 바로 이때, 위에서 밝혔던 다섯 가지 근본이라는 근본주의의 선언이 출현하게 된 것이다.

기독교 근본주의가 보수주의와 다른 점은 그들의 신념을 정치운동화한다는 데 있다고 했다. 이 '순수한' 교리의 관철을 위해서 극복해야 할 것은 세속화된 사회와 가치관이다. 그렇기 때문에, 현 사회에 '반' 한 자신들의 가치관과 영역을 확보해야만 한다. 나아가, 이 순수성의 회복을 위해서라면 정치적 운동을 전개하거나 영향력을 행사하면서, 신화화된 미국의 패권주의를 지지하고 있는 것이다. 그렇다면, 이러한 근본주의가 한국에 이식되었던 경로를 살펴보기로 하자.

3) 한국의 근본주의

위에서 언급한 무디의 근본주의와 세계 선교의 영역이 확장될 당시에 선교사들은 결단을 내렸으며, 그들이 대거 조선으로 들어왔을 때는, 미국에서 근본주의적 분위기가 확장될 때였다. 초창기 선교사들에 대한 각론적 비평은 지면관계상 불가능하지만, 그들이 조선과 그 종교 문화에 대해 남겼던 글들은 그들의 근본주의적 신앙관을 보여 주고 있다. *Korean Repository*라는 잡지에 기고한, 이름이 알려져 있지 않은 미국의 한 선교사는 당시 조선

의 통치 이데올로기였던 유교에 대해서 다음과 같이 비판하고 있다:

1. 유교는 믿음을 쇠약하게 하고 점진적으로 파괴시킨다. 이는 불가지론적 구조를 지니고 있다. 유교에 심취한 사람이라면, 빵과 버터와 같은 물질적 세계를 넘어선 진리를 믿기 어려워진다.

2. 유교는 거만함을 키운다. 더더군다나, 유교는 사물과 (영의) 차이점을 간과하게 한다.

3. 유교는 인간보다 더 이상의 존재를 알지 못하기 때문에, 신적인 혹은 신과 같은 인간을 형성시키지 못한다. 유교의 추종자들은 윤리적일 수는 있다. 한편으로, 기독교인들은 하나님께서 믿음의 출발이며 종착역이라는 사실을 알기 때문에, 아무리 작은 사람이라고 할지라도 더 높은 가치를 추구하게 되는 것이다.

4. 유교는 이기적이거나 이기적인 요소를 키운다. 유교는 결코 능동적으로 가서 가르치지 않고, 와서 배우라는 식이다. 인간으로 이루지 못할 '중용'이라는 것을 지키기 위해서, 인간들을 쫌스럽게, 좁게, 계산적으로, 그리고 보복적으로 키워 나간다.

5. 유교는 효도를 가장 큰 덕목으로 추켜세우지만, 그리고 불효라는 것이 모든 악의 근원이라고 하지만, 모든 유교적 구조는 여성을 이차적으로 노예적으로 객화시키면서 윤리와 발전을 저해하고 있다.

6. 유교는 '율법'으로 사람이 선해진다고 한다.

7. 공자 자신이 국가에서 관료가 되기 위해서 애썼다고 하는 것이 중요한 예증이다. 나는 그의 삶의 모티브가 관료가 되기 위한 노력이라는 사실을 인정하지 않을 수 없다.[15]

물론 자의적인 글이라고 할 수 있지만, 여기서 주목해야 할 것은, 유교를 선교에 '반' 한 세력으로 여기고 있다는 사실이다. 유교를 '정복' 하지 않고는 한국의 선교가 불가능해질 것이라고 보는 것이다. 초창기 선교사 중 한 명인 빈턴C.C. Vinton은 한국의 무속을 비판하면서 다음과 같은 글을 남겼다:

> 일반적인 한국인들은 종교에 대해서 결코 무지하지 않다. 만일 국가에 종교가 존재하지 않는다면, 미신이 지배하고 있는 것이다. 모든 지역, 산, 강, 들, 나무, 바위는 신령으로 가득차 있는데, 이들은 농작과 교통, 탄생, 죽음, 결혼 등과 같은 모든 영역을 관장한다고 한다. 그 신봉자들은 만일 그 귀신들에게 의논하지 않는다면, 그들을 무시한 죄로 재앙을 당하는데, 이를 피하기 위해서는 재물을 바쳐야 한다. 정령을 숭배하는 것은 모든 땅에서 일상적으로 일어나는 중대한 일인 것이다.[16]

이 글의 제목은 "한국 선교의 방해물들" 이었다. 그러니까, 위의 선교사와 같이, 기독교에 '반' 하는 것으로 무속을 예로 들고 있는 것이다. 조선이 이렇게 '잘못된' 종교에 빠져 있기 때문에 미국과 같은 근대화를 겪지 못했고, 민중들은 가난한 삶을 면치 못하고 있다는 것이다. 그리피스는 유교와 무속을 두고 아예 "한국의 악마들"[17]이라고 명명하기도 했으며, 같은 책에서, 한국 감리교 최초의 선교사 아펜젤러가 배재학당을 세우기 위해서, 마을의 수호신격인 나무를 베어 버렸을 때, 그를 "문명의 선구자"[18]라고 추켜세웠던 것이다. 근대화된 교육은 기존에 있는 종교적 가치 체계를 완전히 '정복' 하고 미국과 같은 기독교 중심의 근대화된 자본주의적 국가를 확립 시켜야만 한다는 담론을 깔고 있는 것이다. 바로 이런 담론이 한국에 이식되었던 것이며, 그들에 의해서 자주 인용되었던 성경 구절은 갈라디아서 1장 9절: "우리가 전에 말하였거니와 내가 지금 다시 말하노니 만일 누구든지 너희가 받은 것 외에 다른 복음을 전하면 저주를 받을지어다." 였다고 한다. 미국의 민족주의와 보수적 기독교 교리가 결합된 근대주의는 유교적·무속적 분위기의 한국 봉건사회에서 '진보적' 이라는 이유로 찬양을 받았고, 자신의 과거를 초극하고 통한 미국식 기독교에 전향하는 것이 곧 '회개' 였던 것이다.

이런 전통을 타고 내려온 한국 기독교의 현대적 표상을 감신대의 이원규 교수는 「한국교회 100년 종합조사 연구」라는 기사연 자료를 통해서 다음과 같이 보고하고 있다:

"성경은 자자구구 하나님의 말씀이다"(축자영감설)라는 데 대하여 평신도의 92.3% 목회자의 84.9%가 동의함으로 축자영감적 성경관을 가지고 있는 비율이 압도적으로 높은 것으로 드러나고 있다… 한편 신학적, 교리적 입장에 있어서도 "예수님은 동정녀에게서 탄생하셨다." (동정녀 탄생)는 데 대하여 평신도의 96.3% 목회자의 98.3%가 "그렇다"고 응답하고 있다… "성경에 기록된 기적 이야기는 모두 실제로 일어난 일들이다."는 데 있어서는 평신도와 목회자의 94.6%가 각각 "그렇다"고 응답하고 있으며… 평신도의 66.9%, 목회자의 74.6%가 구원은 "개인이 구원받고 천당가는 것" 이라고 봄으로써 구원의 확신은 강하면서도 개인 영혼의 구원을 구원이라고 보는 근본주의 성향을 나타내고 있다… 타종교에 대한 태도에 있어서 평신도의 62.6% 목회자의 70.9%가 "기독교의 진리만이 참 진리"라는 배타적 입장을 보여 주고 있다. 이러한 배타주의 성향은 다른 종교들에 비해 개신교가 월등히 강하며, 보수교단의 경우, 그리고 종교성이 강할수록 더욱 두드러진 것으로 나타나

고 있다.[19]

위에서 이미 마틴 마티와 애플 바이가 근본주의자들이 "외부의 혼합적인, 반종교적인, 비종교적인 문화 상황에서 신자들을 위협하는 외부인의 침략으로부터 보호하는 성곽의 구실"을 한다고 했듯이, 한국의 기독교인들은 축자영감설을 굳건한 성곽으로 여기고 있으며, 타종교에 대한 배타주의적 성향을 강하게 유지하고 있는 것이다.

이 현상은 '과거'가 아니고 여전히 '현재'의 사건이다. 아도르노와 홀크하이머가 『계몽의 변증법』에서, 계몽주의가 출현했을 때 이에 대한 반발로 '파시즘'이 출현한 문법을 추적해 들어갔듯이, 인간 이성의 진보는 헤겔식의 역사적 혹은 총체적 진보를 만들어 내지 않는다. 계몽의 시대에 '반'의 심리는 더욱 강화되며, 이들 심리의 주체인 근본주의적 집단이 형성되고, 나아가 극우적 정치 이데올로기와 결합된다. 근본주의를 정의한 스티브 브르우워는 "미국을 제외한 전 세계의 근본주의자들이 정치세력화하는 단계까지는 미치지 못했다."[20]고 말했지만, 그의 글이 씌어진 지 10여 년이 지난 지금, 한국의 근본주의자들은 "기독교 뉴라이트"라는 이름으로 적극적 정치 참여를 하고 있다. 2007년 2월 보수적 기독교를 대표하는 한기총 상임대표는 "대선후보 검증을 하겠다"라고 말했다:

"이번 대통령선거에서는 기독교 정책을 통해 후보를 검증하고 투표의 기준을 제시할 겁니다." 개신교계 최대 교단연합체인 한국기독교총연합회(한기총) 이용규 대표회장이 이번 대선에서 개신교적 시각에서 후보들의 정책 검증 및 투표 기준을 제시하겠다고 선언해 적지 않은 파문이 예상된다. 보수적 단체인 한기총이 선거 과정에 개입할 경우 다른 교파나 종단도 선거 개입이 불가피할 것으로 보여 이례적으로 종교가 선거에 공개적으로 영향을 미치는 상황이 벌어질 가능성이 높다. 이 회장은 14일 본보와의 단독 인터뷰에서 "예전 대선에서는 (교계가) 엎드려 기도만 했지만 이번에는 한 걸음 더 나아가 기독교 정책을 마련해 이를 후보들에게 제시하고 정책을 수용하는지, 대통령이 된 뒤 정책을 실현할 수 있는지 등을 검증하는 제도적 시스템을 만들겠다"고 말했다. 그는 "이를 위해 기독교 정책을 만들고 제시하는 '기독교 정책 포럼' 을 구성하겠다"고 덧붙였다. 이 회장은 또 "우리는 절대로 어느 정당이나 후보 개인에 대해 편향적으로 지지하는 일은 없을 것"이라며 "그러나 어느 후보가 어떤 마인드를 가지고 있는지 모르는 상황에서 판단의 기초 자료를 제공하는 일은 얼마든지 가능하다"고 말했다.[21]

한국 교회는 이미 깊숙이 정치에 관여하고 있으며, 근본주의화되어 있다. 이 과정에서 '뉴라이트' 라는 우익 정치세력이 형성되고 있으며, 현재 한국의 대형교회는 이들과 긴밀하게 연결되어 있다는 것을 어렵지 않게 확인할 수 있다. 새로운 생각, 새로운 문화에 대한 '반' 의 권력인 근본주의는 이제 6·25기도회나, 8·15기도회 등의 정치적 기도회 문화를 만들어 나가고 있다. 이곳에서 이들이 부르는 찬양은 "십자가 군병들아" "십자가 군병 되어서" "믿는 사람들은 주의 군대나" "다 같이 일어나" 등 전투적이며 선동적인 것들이었다. 이런 '반' 의 심리는 당연히 '대상' 에게 공격적일 수밖에 없다. 보수주의적 신앙과 신학의 저편에 선 자유주의적 신앙이나 신학은 교회를 파괴하는 '사탄' 이고* 진보주의는 모두 다 공산주의자들이다. 천안함 사건 이후, 한기총에서 "천안함 재건조" 라는 명목의 운동과 성금이 일면서 극우적인 선동에 동참했던 것도 같은 맥락이다.

『신앙 세계』(2008년 9월호)에서는 '다원화 사회, 기독교에 대한 도전과 응전'이라는 특별 인터뷰를 실었다. 사실 이 글은 다원 사회 자체가 기독교에 대한 도전이라는 내용을 담고 있다. 역시 다원 사회에 대한 '불안'을 표현하고 있는 것이다. 교회 언론회 대변인을 맡고 있는 칼빈대의 이억주 교수와의 인터뷰 전에 『신앙세계』는 자신들의 시각을 제시하고 있다:

> SBS는 '신의 길 인간의 길'이라는 다큐 프로그램을 4차례에 걸쳐 방영했다. SBS가 제작 의도에서 밝힌 '종교 간 이해와 평화'라는 목적과는 달리 프로그램의 내용은 기독교 교리에 대한 왜곡과 폄훼로 채워졌다. 더욱이 문제되는 것은 이슬람 종교의 관점에서 기독교를 접근했다는 데 있다. 결과적으로 이 프로그램은 부정성을 부각시키며 이슬람 종교를 평화의 종교로 선전했다.…대책위 김승동 목사는 "SBS는 한국 교회의 근간을 흔든 엄청난 우를 범한 것"이라며 "한국 교회가 연합하지 못해 발생한 일인 만큼 다소 늦은 감이 있지만 지금부터 힘을 합쳐 끝까지 대응하겠다."고 말했다. 또한 전호진 박사는 "이슬람이 한국을 2020년까지 이슬람 국가로 만들기 위하여 자신들의 설계대로 착착 진행하고 있다."며 이슬람에 대한 한국 교회의 대안을 주문

* 금란교회의 김홍도 목사는 "자유주의는 사탄의 가장 큰 도구"라는 제목의 설교를 했다 그는 여기서 이렇게 선포한다: "자유주의 신학은 사탄이 주님의 몸된 교회를 파괴하는 데 가장 큰 도구입니다. 따라서 신신학을 가르치는 교수들은 사탄이 사용하는 가장 큰 종들입니다. 왜냐하면 보통 목사 한 사람이 잘못되면 그 교회 하나만 파괴되지만 교역자를 양성하는 신학교 교수가 잘못되면 수 많은 잘못된 목회자를 양성하여 다량으로 교회를 파괴할 수 있기 때문입니다"

했다.[22]

'이슬람'의 시각으로 '기독교'를 이해했다고 비판하면서, 이 모든 일이 교회가 연합하지 못해서 곧 단결된 힘을 보여 주지 못했기 때문이라고 한다. 이 기사의 인터뷰에 나온 이억주 교수는 기독교적 편견에서 이슬람을 이해하고 있다:

> 이슬람 인구가 1% 정도의 소수일 때는 평화종교로 선전하기 위해 노력하지만 5%가 넘어서면 적극적인 포교를 시작하여 10%의 비율이 되면 포교를 위해 폭력도 불사하는 것으로 알려져 있어요. 더군다나 이슬람 진리를 위한 폭력은 그들의 교리에 의해 정당화되고 있습니다. 이것이 극단적으로 나가게 되면 지하드가 되어 테러를 벌이게 되는 것이지요.[23]

이억주가 주장하는 수치의 근거가 어디에 있는지는 자세히 알 수 없다. 그는 이슬람 안의 다원성을 인정하지 않고 '전체' 이슬람을 지칭하고 있으며, 이슬람 = 폭력종교라는 오리엔탈리즘적 인식을 숨기지 않고 있다. 이슬람이라는 '타자'를 만들어 놓고 이를 옹호한 SBS와 이 방송을 보았던 사람들이 형성하는 인식에 '반'反하여 '교회'를 지켜나가겠다면서 '운동'하겠다고 한다. "이슬람 문명이 한국에 낯설고 이질적인데도 불구하고 이슬람을 거부할 수 없는 것은 그들이 가지고 있는 오일과 오일머니 때문입니다. 이것이 한국 경제에 무시 못할 영향을 주고 있어요. 이슬람은 오일머니를 통해 매일 7억 불 정도의 선교비를 쓴다고 합니다.…남침례교는 1년에 5천억 원 정도를 쓰는데…"[24] 이 발언도 어디에 기초를 두고 있는지 알 수 없다.

결국 "한국에서의 이슬람 개종자들은 이 '오일머니' 에 현혹된 사람들이며, 이 '악마' 의 종교는 어마어마한 공포의 대상이다. 그러니까, 우리는 이슬람 에 '반' 해서 기독교 전통교리에 입각해 교회를 지켜 나가야 하며, 이들과 투쟁해야 한다." 는 것이다. 이에 따라, SBS와 이슬람에 대한 옹호 발언은 곧 자신들의 '적' 으로 간주되는 것이다.

그런데 이런 '반' 의 심리를 가진 사람들은 역시 '반' 의 심리에 자신을 정체화하는 사람들을 필요로 하고 있다는 사실을 주목할 필요가 있다. 이억주가 경계했던 이슬람도 사실은 이슬람 원리주의자로 알려져 있는 근본주의자들이다. 이들 역시 현대 문화를 '기독교 문화' 라고 비판하며 이 문화가 이슬람의 정신을 빼앗고 세계를 세속화하여 파괴하는 무리들이라고 이해하고 있다. 파키스탄의 계엄사령관 자아홀 하크는 다음과 같은 말을 했다: "파키스탄은 이스라엘과 같은 하나의 이데올로기 국가다. 유대교를 빼앗아 버리면 이스라엘은 사상누각처럼 무너질 것이다. 파키스탄에게서 이슬람을 빼앗고 세속적인 국가로 만들면, 무너질 것이다. 지난 4년 동안 우리는 이 나라에 이슬람의 가치를 도입하려고 애써왔다." [25] 이렇게 볼 때 현재의 기독교와 이슬람의 대립은 사실은 기독교 근본주의와 이슬람 근본주의 대립 곧 "근본주의의 충돌" 이라는 것을 알 수 있다. 그런데, 정치가는 이런 근본주의적 문법을 애국주의와 결합하여 대중을 선동하면서도 한편으로 정치가들은 대중의 예상과는 전혀 다른 행보를 보여 왔다:

1980년대는 이라크가 이란과 쿠르드족 주민들에게 화학무기를 사용한 마지막 시기였다. 그때 이라크에 이 화학무기를 제공한 나라가 바로 미국이었으니, 당시 로널드 레이건은 현재 펜타곤을 책임지고 있는 도널드 럼스펠드 씨

를 바그다드에 특사로 파견해 백악관이 이라크의 이란 침공을 승인한다는 암시를 전한 바 있다.[26]

당시 호메이니가 이끄는 시아파 근본주의에 맞서 레이건이 이라크의 이란 침공을 지지했지만, 복음주의적 (근본주의) 기독교인들의 75%의 지지를 받은 조지 W 부시[27]는 화학 무기를 빌미로 이라크를 침공했다. '반' 의 심리를 이용해 증오심을 키워 전쟁의 명분을 만들고, 이를 통해 '국익' 에 합당한 일들, 즉 적대국의 힘을 약화시키고 중동 지역의 석유 통제권을 소유하며 전쟁으로 폐허가 된 이라크에 건설회사가 입주하여 미국 내 경기를 활성화하는 정책을 펴 나가는 것이다. 민족주의와 근본주의가 동거하고 있는 것이다.

근본주의의 확산은 대화 문화에 제동을 걸고, 비이성주의를 확산시키고, 창의적 신학을 불가능하게 하고, 때때로 폭력을 선동하기도 한다. 피부에 닿는 부정적 요소들이 너무나 많은 것이다. 정치화 이전 단계의 보수주의는 삶의 스타일이 될 수 있어도, 이들이 정치화되어 타자를 통제하고 나아가 폭력을 사용할 때, 근본주의는 신앙을 위해서나 정치적 평화를 위해서나 극복되어야 하는 것이다.

3. 나오는 말
- '반' 을 중심한 사유의 극복을 위한 영성적 대안

길르앗Gideon은 기드온Midian과 미디안이 전쟁한 살육의 장소이기도 하지만, 상처를 치유하는 향유가 나오는 장소(렘 8:22)이기도 하다. 기독교 안에서 현대주의에 '반한' 근본주의가 발생했지만, 이에 대한 치유의 재료도 그 안에 존재하는 것이다. 근본주의가 '반'이라는 중심 문법을 가지고 있다면, 그 '반'에 내재한 심리적 현상은 '두려움'이라고 밝힌 바 있다. 즉 변화하는 문화와 다원적 세계관에 대한 '두려움' 때문에 고정된 교리나 전통에 절대 가치를 두며 안주하려는 것이다. 미국의 트라피스트 수도사인 토마스 머튼은 "전쟁의 근원은 두려움"이라고 했다. '반'이 형성되는 이유는 두려움 때문이라는 것이다:

> 모든 전쟁의 뿌리에는 두려움이 있습니다. 사람들이 서로에게 갖는 두려움이라기보다는 모든 사물에 대하여 갖는 두려움, 그것은 그들이 단지 서로 믿지 않는다는 것이 아닙니다. 그들은 자기 자신도 믿지 않습니다. 누가 언제 돌아서서 그들을 죽일는지 그들이 모른다면 그들은 언제 돌아서서 자신을 죽일는지는 더 모릅니다. 그들은 아무 것도 믿을 수 없습니다. 왜냐하면 그들은 하느님을 믿기를 그쳤기 때문입니다.[28]

머튼에 의하면, 전쟁의 뿌리는 두려움이고, 그 두려움은 타자에 대한 불신, 자기 자신에 대한 불신이 지배하고 있으며, 좀 더 영성적으로 말하자면, 절대자에 대한 믿음의 상실에 그 원인이 있다고 한다. 이 두려움이라는 양분을 먹고 자라는 것이 전쟁이다. 전쟁이라는 대규모의 폭력이 아니더라도, '반'의 기초는 믿음의 상실로 인한 두려움이라는 것이다.

미국 뉴욕주의 알바니 프리스쿨 교사인 크리스 메르코글리아노는 두려움에 기초한 관변 교육에 관해 다음과 같이 쓰고 있다:

두려움이란 무서운 놈이다. 게다가 더욱 가공할 만한 것은 그것이 스스로를 증식시키는 방식이다. 오늘날 우리는 덤점 더 심각하게 두려움에 이끌려 움직이는 사회 속에서 살아간다. 이는 부인하기 어려운 슬픈 현실이다. 전쟁과 테러의 두려움, 핵무기와 경제공황에 대한 두려움·빈곤·노화·죽음의 두려움, 하나 하나 예를 들자면 몇 쪽에 이를 정도다. 보험에서부터 방범 산업에 이르기까지 우리의 국가 경제를 이루는 기초 분야는 그에 대한 방어책과 예방책 그리고 거기에 따르는 재료들과 온갖 상상력이 동원된 별별 발명품들을 우리에게 제공하며 이러한 두려움을 먹이로 삼고 있다. 두려움은 이제 성장 산업이 되었다.[29]

근본주의가 변화하는 현대사회에 '반' 하여, 두려움을 양식으로 살아나간다면, 이 두려움에 의해 형성된 보험 산업과 군수 산업은 "공포 산업"이라고 할 수 있을 것이다. 이 두려움이 종교적 영역에 이식된다면, 종교적 보수주의를 거쳐 궁극적으로는 근본주의로 진행되게 된다. 그래서 크리스 메르코글리아노는 "두려움과 배움은 최악의 댄스 파트너"[30]라고 했다. 이 두려움을 극복하는 대안으로 메르코글리아노는 '신뢰'를 말한다:

두려움을 다스리는 해독제는 신뢰다. 이 약은 불행히도 오늘날의 그 많은 약품들과 달리 캡슐에 담겨 있지 않다. 뿐만 아니라 지금까지 이 신뢰에 이르는 쉽고도 빠른 10단계 같은 자가치료용 매뉴얼 같은 것도 본 적이 없다. 돈을 들여 구할 수 있다는 보증은 물론 없다. 신뢰는 얼마만큼은 미지의 뭔가와 연관되어 있고 미지의 것은 당연히 위험을 수반한다. 그럼에도 아이들은 스스로 책임을 질 수 있다고 신념을 갖고 전폭적인 믿음을 보여 줄 때 훨씬

빨리 또 쉽게 배우고, 그 배움은 특정한 기간 안에 끝나지 않고 평생을 두고 이어진다.[31]

반에 대한 두려움은 결국 하나님과 사람에 대한 '신뢰' 곧 '믿음' 을 통해서 극복될 수 있다는 것이다. 근본주의가 현대적 문화에 대한 두려움으로 과거를 향한 '퇴행' 적 문화의 한 현상이라고 볼 때, 신뢰를 통하여 "저마다 이미 신이 부여한 무한한 잠재 능력이 있으며, 우리가 흔히 배움이라 부르는 것은 그 잠재 능력의 자연스런 전개"[32] 방식, 곧 '창의력' 이 대안이라고 할 수 있다는 것이다. 두려움을 바탕으로 '안정' 에로 퇴행하는 것이 아니고, 신뢰를 통하여 자신을 창조해 나가는 것, 바로 이것이 근본주의를 극복하는 첫 번째 열쇠가 될 것이다.

현대 사회에서 필요한 영성은 곧 '창조적' 영성이다. 태초에 하나님께서 혼돈에서 질서를 창조하셨다. 혼돈에서 출발한 질서라면, 이 사건은 과거가 아닌, 지금 이 순간의 사건이다. 혼돈된 자기 정체성, 현대적 분열 현상과 문화적 다원화의 현기증의 혼돈에서, 신뢰에 기초한 상상력과 창의력으로 새로운 문화를 만들어 나갈 때, 태초의 사건은 곧 오늘 우리의 사건이 되는 것이다. 미국의 창조 영성가 매튜 폭스는 그의 책 *Creativity*에서 다음과 같이 말하고 있다

창의력은 우리에게 가장 진정하며 즉흥적이고 온전하기 때문에 친밀한 것이다. 에크하르트가 "하나님께서는 우리가 움직이는 공간이 되신다." 라고 말했듯이, 성령께서는 가장 심오하게 우리를 통해 일하신다. 창의력은 명사도 아니고 동사도 아니며, 장소이고, 공간이고, 모임이며, 연합이고 신성한

창조적 힘과 인간의 상상력이 연합되는 곳이다. 이 둘이 같이 갈 때, 아름다움과 은총이 발생하고 폭발하는 것이다. 창의력은 친밀함 속에서 궁극성을 형성한다. 왜냐하면, 바로 그곳에서 신성과 인간이 서로 상호작용하게 되어 있기 때문이다.[33]

신뢰를 통한 창의력은 퇴행적 문화 형태에서 스스로를 정체화하는 두려움의 공간에서 해방시킬 단초가 될 수 있는 것이다. 신뢰성과 창의력이 한국 교회의 중심에서 논의되는 새로운 메시지가 되는 날을 기대해 본다.

근본주의:
닫힘과 실패의 징후에 관하여

황용연 | 미국 GTU에서 신학박사과정 중

근본주의라는 말을 쓰는 이유가 그 근본주의의 자폐성 때문에 고통받을 사람들의 고통을 드러내기 위한 것이라면, 때로는 근본주의라는 말을 씀으로써 오히려 어떤 종류의 고통을 은폐시키는 자폐성이 작동할 수 있다는 문제. 그러니 그러지 않기 위해서 우리 스스로의 성찰이 필요하다는 것. 특히 우리 모두의 삶에 자본주의 근대성과 근본주의적 종교의 피해자일 때와 수혜자일 때가 모두 존재한다면 그런 성찰은 더더욱 필요한 것이라는 문제 말이다.

근본주의 : 닫힘과 실패의 징후에 관하여

1. 들어가며 : 예수님이라면 신문에 프로복싱 기사를 안 실었을 거다?

기독교 스테디셀러 중의 하나로 『예수님이라면 어떻게 하실까?』라는 책이 있다. 1896년에 미국의 한 목사가 쓴 책인데, 이 책의 내용은 이렇다. 새로운 인쇄기의 도입으로 실직한 한 인쇄 노동자가 어느 교회의 주일 예배에 난입하여 자신의 고통을 호소하면서, 실직으로 고통받는 사람이 많은 이 세계에서 예수를 따른다는 것은 무엇인지를 묻고 싶다고 이야기한다. 이에 충격 받은 이 교회 담임목사는 교인들에게 앞으로 1년 동안 "예수님이라면 어떻게 하실까?"라는 기준으로 자신의 삶을 꾸려가 보자고 제안하게 된다. 그리하여 이 기준을 따르는 데에 성공한 사람들은, 어떤 철도회사 간부는 자신의 실직을 감수하면서도 회사의 비리를 고발하고, 기업 경영인들은 손해를 감수하고라도 정직한 기업 경영과 종업원의 복지를 최우선으로 추구하

81

며, 교회 목사와 뜻있는 교인들은 슬럼 지역의 빈민들을 위한 각종 복지 사업을 벌이고 때로는 상당한 재산까지 이 복지 사업에 투여하는 등, 개인의 삶의 향상만이 아닌 사회 개혁의 씨앗을 뿌리게 된다. 인터넷 서점에서 이 책에 붙은 서평들을 검색해 보면 거의 극찬 일색이며, "나는 신앙을 실천하며 살고 있는가."라는 자기 반성의 계기가 되었다는 말들이 꽤 많다. 한국 기독교가 개혁되어야 한다고 믿는 사람들에게도 이 책의 제목 — "예수님이라면 어떻게 하실까?" — 은 상당한 무게를 가지는 제목이기도 하다.

그런데 이 책에서 "예수님이라면 어떻게 하실까?"의 기준으로 살자는 제안이 나온 이후 가장 먼저 나오는 에피소드는 이런 것이다. 편집국장을 겸임하던 신문사 사장이, 대중의 관심을 끌던 프로복싱 경기에 관한 기사를 신문에 싣지 않기로 한 것이다. '예수님이라면 이런 프로복싱 기사를 신문에 싣지 않았을 것이다.' 라는 생각으로 말이다. 당연히 신문사 경영을 걱정한 내부의 반발과, 보고 싶던 기사를 보지 못하는 대중의 외면, 그리고 이 외면에 조응한 광고 수입의 감소 등이 이어지지만, "예수님이라면 어떻게 하실까?"의 기준으로 살기로 결심한 신문사 사장은 자신의 방침을 관철한다.

이 에피소드에서 신문사 사장의 결정에 대한 사람들의 의견은 대체로 이런 식이다. "예수님이라면 물론 프로복싱 기사를 신문에 싣지 않겠지만, 그런 기준은 이 복잡해진 세상에 맞지 않으며, 신문을 사 보는 대중들의 관심과도 맞지 않아 신문사 경영을 심각하게 곤란에 빠뜨릴 것이다." 즉, "예수님이라면 이렇게 하실 것이다."라는 기준 자체에는 동감하나 그것을 실현시키는 것은 상당히 어렵다 혹은 불가능하다는 의견인 셈이다. 그런데 이렇게 묻는 사람은 이 책 중에 한 명도 없다. "예수님이라면 프로복싱 기사를 신문에 싣지 않았을 거라는 근거는 뭐지요?"

물론 이런 질문이 나왔다면 예를 들어 "사람이 사람을 때리는 스포츠를 예수님이 좋아하셨을 리가 없잖아요?" 등등의 말이 나왔을 법 하며, 거기에 대해서 "본인이 싫어한다는 것과 그런 기사를 신문에 싣지 않는다는 것이 같은 문제입니까? 그렇다면 프로복싱 자체가 죄란 말입니까?" 등의 재반론이 나올 수도 있을 것이다. 어느 쪽이든 아무 일리도 없는 이야기는 아니기도 하고. 그런데 문제는 이런 질문 자체가 제기될 여지가, 이 책에서는 없어 보인다는 것이다. 신문사 사장이건 그에 반론하는 사람들이건 이미 "예수님이라면 프로복싱 기사를 신문에 싣지 않았을 것이다."라는 건 동의하고 있기 때문에.

『예수님이라면 어떻게 하실까?』는 사실 이 글의 주제인 근본주의와 그리 큰 연관은 없는 책이라고 할 수도 있다. 이 책은 앞에서도 적었듯이 나름 도시 빈민 문제의 해결과 사회 개혁에 관심을 보이기도 하거니와 ― 물론 그걸 해결하는 방법이 주로 '(부패세력이 운영하는) 술집 없애기' 에 치중되어 있긴 하지만 ― 책의 사회적 이데올로기도 근본주의의 특징 중 하나인 열광적인 반공주의와는 거리를 두고 있기 때문이다. 그렇지만, 위에서 인용한 프로복싱 기사 관련 에피소드는, 근본주의를 성찰할 때 가장 주목해야 할 요소를 담고 있다는 생각이 들어, 근본주의에 관한 글의 서두에 이 책을 언급해 본다. 그러면서 한 가지 더 생각이 나는 것이 있다면, 이 책의 시작은 '새로운 인쇄기의 도입으로 실직' 한 노동자의 호소였는데, 막상 그 '새로운 인쇄기의 도입' 에 관해서 이 책은 아무런 입장을 취하지 않고 있다는 것이다.

2. 근본주의의 탄생 : 미국 개신교의 경우

최근 한국에서 번역된 『의심에 대한 옹호』라는 책은 이런 에피소드를 소개하고 있다. 나폴레옹 3세가 부인 유제니 황후를 동반하여 영국을 방문했을 때, 빅토리아 여왕이 유제니 황후를 오페라 공연에 초대했다. 로열박스에 먼저 들어온 유제니 황후는 관객들의 박수에 우아하게 답한 후, 우아한 동작으로 뒤를 돌아보고, 우아하게 자리에 앉았다. 빅토리아 여왕 역시 우아하게 행동했으나 한 가지 차이가 있었는데, 여왕은 뒤를 돌아보지 않고 그냥 자리에 앉았다. 왜냐하면 의자가 그 자리에 있을 줄 알고 있었으므로.

이 책의 저자들은 이 에피소드를 두고, 근본주의자라면, "의자가 당연히 있을 것이라는 것을 믿지 못하고, 의자가 그 자리에 있어야 한다고 주장할 것"이라고 말한다. 즉, 지키고자 하는 전통이 여전히 유효하다는 것을 믿지 못한다는 것이 근본주의의 본질적인 전제조건이라는 것이다. 물론 이때 그렇게 전통의 유효성을 믿지 못하게 되는 밑바탕에는 근대성의 등장이 깔려 있다는 것은 당연하다.

그런데 이런 지적을 염두에 두고, '근본주의' fundermentalism라는 말의 시초가 된 미국의 개신교 근본주의를 바라볼 경우, 얼핏 보면 좀 이상하게 보이는 지점이 있다. 즉, 미국은 지금도 지폐에 공공연히 "In God We Trust"를 새길 지경인 나라인데, 이런 나라에서 '기독교 전통'이 언제 그 유효성을 의심할 만한 일이 있었다고, '근본주의'라는 현상이 발생하게 되었을까?

근본주의라고 지칭되는 사회–종교적 현상에 '근본주의'라는 이름이 붙여진 것은 20세기 초반이지만, 그렇게 이름이 붙여지기 전에 이미 오랫동안 근본주의의 발생으로 이어지는 여러 현상들이 19세기부터 계속 존재해 왔다. 한국 개신교 교회의 강단에서 일종의 '부흥의 원기억' 정도의 위상으로 인용되는 드와이트 무디의 부흥회 운동이나, 오늘날 한국 개신교에서는 '이단'이란 범주로 흔히 지칭되는 각종 신흥 종파 운동 등, 개인 단위로 추구되는 신앙의 순결성을 중심으로 교회 생활과 사회 생활에 대응하고자 하는 열정적 신앙 운동이 19세기에 계속 활발했고, 한편으로는 이런 열정적 신앙 운동의 결과로 미국 외부에 대한 개신교 선교 운동이 활발해지기도 했다(뒤에서 다루겠지만 그 선교 운동의 한 결과가 한국 개신교 성립이기도 하다). 그리고 이런 열정적 신앙 운동들을 가능하게 한 분위기가 '개인 단위로 추구되는 신앙의 순결성'을 중심으로 다시 한 번 응축되어 소위 '5대 신앙의 근본'만은 방어해야 한다는 입장을 형성할 때 비로소 '근본주의'라는 사회적 이름이 탄생했다.

그런데 여기서 우리는 동시에 이 19세기라는 시기가 미국 사회의 팽창기이기도 하다는 점을 짚어 볼 필요가 있다. 미국 사회에 대한 여러 연구들이 지적하는 대로, 미국은 개신교적 신앙의 순결성과 공화주의적 사회 조직 원리가 유럽에서처럼 전통적인 보수 세력이 없는 일종의 실험실과 비슷한 상태(물론 그런 상태를 만들기 위해서는 그 땅의 원래 주민들을 축출하는 것이 필요했지만)에서 전개될 수 있었던 국가이며, 그로 인해 기독교 신앙과 공화주의가 자체적인 일종의 유사 전통을 형성한 나라이기도 하다. 미국의 팽창기인 19세기는 이런 사회적 실험에서 문제가 생길 경우 계속 확장되는 새로운 영토를 새로운 실험실로 삼아 그 문제를 일시적으로라도 해소했던 역사이기도 하다.

그리고 미국의 물리적인 영토 확장이 19세기 중·후반에 마무리될 때와 맞물려, '새 영토-새 실험실'의 구조는 전 세계를 향한 것으로 확장된다. 미국의 유사 전통인 기독교 신앙과 공화주의에 대한 강력한 신뢰는, 미국을 일종의 선도 국가로 믿게 하는 자의식을 만들었고, 그 자의식의 방향이 영토 확장 과정에서는 주로 아메리카 대륙 내에 한정되었다면, 영토 확장 이후에는 전 세계를 향한 것으로 확장되었다는 것이다. 물론 이런 확장을 뒷받침한 배경은 19세기에서 20세기 초반 동안 지속된 미국 자본주의의 발전이다.

최대광 목사가 지적한 바로는 이러한 미국 사회의 팽창과 선도 국가를 자임하는 미국의 자의식은 앞에서 언급했던 개신교 근본주의 운동의 배경이 되는 흐름과도 일정하게 상응하는 모습을 보여 왔다. 앞에서 언급했던 드와이트 무디의 부흥회의 중심 메시지 중 하나는 "나는 기독교인이면서 성공하지 못한 사람들은 본 적이 없습니다."였다고 하며, 19세기의 열정적 신앙 운동의 한 결과가 미국 외부의 선교 운동으로 이어질 수 있었던 것도 그 큰 이유 중 하나는 선도 국가를 자임하는 미국적 자의식이 충분히 작용했기 때문이라고 볼 수 있는 것이다.

하지만 다른 한편으로는, 영토 팽창 과정 속에서 미국 사회에 자본주의적 근대성이 확립되는 과정에서, 어쩔 수 없이 신앙의 순결성만으로는 해명하기 힘든 문제들이 발생하게 된다. 앞에서 살펴 보았던 『예수님이라면 어떻게 하실까?』의 경우, 특히 그 시작이 된 '새로운 인쇄기 도입으로 실직한 노동자'의 상황은, 바로 이런 문제들이 발생했다는 징후라고 할 수 있다. 그리고 앞에서도 언급한 것처럼 이 책은 그 '새로운 인쇄기 도입'에 관해서는 별다른 입장을 취하지 않고 있다. 그나마 이 책의 경우 그런 문제에 대한 대응책을 내놓으면서, 흔히 개신교 근본주의와 사실상 동의어로 여겨지는 '개인 위주로 사회에 무관심한 신앙'에 의존하려 하지는 않지만, 그 대응책을 마련하는 과정이 역시나 이미 정립되어 회의의 대상이 될 여지가 없는 신앙의 순결성에 의존하는 것임은 이미 앞에서 살펴본 바이다. 그러니 이런 입장에서 한두 발자국만 더 떼었을 때, 그 신앙의 순결성 자체라도 강하게 지켜 보려는 개신교 근본주의가 나타나는 건 그리 놀랄 일이 아니다. 게다가 자본주의적 근대성 자체가 많은 사람들을 '불안'에 몰아넣는 속성이 있고, 이 '불안'이 개신교적 입장만이 아닌 모든 근본주의의 양식이 된다는 것은 이미 많이 알려진 사실 아닌가.

결국 '근본주의'라는 말이 탄생하기까지의 과정을 살펴보면, 우리는 그 말을 탄생시키게 된 미국 개신교의 전개와 자본주의적 근대성과의 묘한 이중적 관계를 볼 수 있다. 한편으로는 미국의 자본주의적 근대성은 미국 개신교가 그 뒷받침을 강하게 하는 가운데 형성되었고, 그 근대성이 성공적으로 만들어지는 과정은 미국 개신교의 열광적 신앙 운동을 더 활발하게 하기도 했다. 그러나 다른 한편으로는 그 근대성이 성공적으로 정립되었을 때, 그것은 미국 개신교가 대응하기 어려운 위기들을 낳기도 했다. 앞에서 언급한 '의자 에피소드'를 빌려온다면, 오페라 공연의 로열박스에는 당연히 의자가 없었던 적이 없었는데, 오히려 그렇게 계속 오페라 공연을 하다가 보니 의자가 없을지도 모른다는 의심이 생기기 시작했다고 말해야 하는 그런 상황이 된 것이다.

3. 그 근본주의가 한국으로 건너 왔을 때

지금까지 이야기해 온 19세기 미국 개신교의 전개는 그대로 19세기 말 한국 개신교의 성립과 연결된다. '의자 에피소드'의 시각에서 본다면, 미국 개신교의 한국 선교는, 의자가 있을지 없을지가 문제가 아니라, 아예 의자를

놓는 로열박스나 로열박스를 설치할 오페라 공연 자체가 없는 상황에서 진
행된 것이겠다. 물론 그 선교를 진행한 대부분의 사람들은 "의자가 있을지
의심하면서 의자가 있어야 한다고 주장"할 사람들이었을 확률이 높겠지만.

　『기독교 사상』(2010년 8월호)에서 박정신 교수는 한국의 초기 개신교 성립의
양상을 '유교 근본주의와 개신교 근본주의의 대결'로 그렸고, 한국에 온 미
국인 선교사 대부분은 원proto근본주의로 분류될 수 있는 사람들이기도 했
다. 그렇지만, 이 사람들이 본국 사회의 후원을 받으며 진행한 한국 선교의
핵심(적어도 대중적인 반응을 얻어낼 수 있었던 핵심)은 '근대성의 전달자', 특히 시혜자
적 입장의 전달자였다는 것임은 주지의 사실이다. 사실 앞에서 이야기했던
대로, 미국 개신교와 미국 사회의 근대성의 관계가 상호 어긋나기도 하지만
동시에 상호 촉진적이기도 했다는 점을 이해한다면 이러한 사실이 놀라운
일은 아니겠지만 말이다. 특히, 조선 사회가 19세기 말부터 자본주의적 근
대성과 조우한 양상은 결국 식민지화로 귀결될 정도로 상당히 폭력적인 것
이었음을 상기한다면, '근대 학교 설립'과 '근대 병원 설립' 등으로 대표되
는 미국 개신교의 사회적 행위는 미국 개신교를 '근대성의 시혜자' 중 거의
유일한 비폭력적이고 조선 대중에게 우호적인 존재로 보이게 하는 이유가
되었음은 짚고 넘어갈 지점일 것이다(물론 다른 한 구석에는 미국 개신교 최초 선교사 중
의 한 명이며 광혜원 설립자이기도 한 알렌이 나중에는 주한 미국공사를 맡아 '이권 쟁탈'에 직접 관여
를 했다든지, 초기 개신교 수용 지식인 중의 한 명인 윤치호가 막상 미국에 실제로 가 보고 인종 차별에
치를 떨었다든지 하는 어두운 모습이 있지만 말이다). 그리고 이런 '시혜자'의 모습 — 대
중에게 무엇인가를 베풀어 주고, 또한 베풀어 줄 만한 힘이 있는 모습 — 은
구한말 일본과 중국, 일본과 러시아라는 다른 나라 사이의 전쟁터까지 되었
던 나라에서 살던 사람들에게 안전 보장까지를 포함한 '의지할 곳'이 될 수

있으리란 가능성으로 다가왔다. 2007년에 김진호 목사, 최형묵 목사, 백찬홍 선생 등 진보적 개신교 신학자들의 공저로 출간된 『무례한 자들의 크리스마스』라는 책은, 한국 개신교 신앙의 중요한 원체험으로 손꼽히는 '1907년 대부흥운동' 이 러일전쟁의 상처를 안고 들어온 다양한 대중들을 자신들의 헤게모니에 통합하려는 선교사들 측의 시도가 열광주의적 신앙 운동으로 연결되면서 이 운동이 대중의 상처를 해소하는 한 방편이 됨으로써 일어날 수 있었다는 가설을 제시한 바 있는데, 이 가설은 방금 이야기한 '시혜자' 와 '안전보장' 의 지점을 환기할 때 그 가능성을 더 가질 수 있다.

그러나 한국 사회의 근대성 확립이 좀 더 진척되어ー물론 식민지하에서 진행된 것이므로 기본적으로 그 과정은 폭력적이었지만ー근대적 지성의 지평이 넓어졌을 때, 그리하여 선교 초기와는 달리 개신교의 영향권을 벗어난 근대적 지성들이 나타나기 시작했을 때, 역시나 그 근대적 지성들에게서 개신교는 그리 우호적인 시선을 받지 못했다. 목사라면 사람을 가르치는 직업이니 각종 근대 학문을 섭렵하고 지성을 갖춰야 할 터인데, 고작 100쪽짜리 설교학이나 익히고 나서 목사 행세 하는 것이 현실 아니냐는 이광수의 기독교 비판도 그 한 예이고, 1920년부터 본격적으로 형성되기 시작한 식민지 조선의 사회주의 운동이 개신교를 미신 취급하고 나선 것도 그 한 예일 것이다(물론 여기에는 사회주의 고유의 반종교 성향이 큰 원인이 되었겠지만). '근대성의 시혜자' 였던 시절 개신교가 조선의 전통 종교를 모두 미신 취급하면서 자신의 근대성을 자랑했음을 상기한다면, 그 개신교가 겨우 한 세대 후 거꾸로 미신 취급을 당하는 상황은 재미있는 아이러니가 아닐 수 없다.

근대적 지성이 이렇게 다양화되는 상황, 동시에 이제 개신교가 어느 정도의 사회적 힘을 갖춘 '기성 세력' 이 된 상황. 이 상황에서 한국 개신교의 길은 근본주의적 색채를 강화하는 것이었다. 그리하여 1920년대 말부터, 한국 개신교 교회에서는 심심찮게 비근본주의적인 신학적 주장을 경계하는 사건들이 벌어진다. '여자는 교회에서 잠잠하라'는 신약성서 바울 서신의 구절을 '당시의 한 지방 교회의 경우일 뿐'이라고 주장했다가 주장 철회를 강요당하는 사건이나, 초기 선교사 중의 중요 인물로 손꼽히는 사무엘 마펫 목사의 "40여 년 전에 우리가 전했던 복음을 그대로 전파하라."는 발언, 비근본주의적인 성서 주석을 번역 출판했다고 하여 문제가 야기되는 사건 등이 모두 이 시기에 발생한다.

물론 이미 앞에서 암시해 온 대로 이런 근본주의적 색채는 한국 개신교 성립의 초기 단계부터 이미 내재해 온 것이었다. 한국 개신교 선교의 초기 주체가 원근본주의자들이기도 했거니와, 앞에서 언급했던 대로 한국 개신교 신앙의 중요한 원체험인 1907년 대부흥운동이 결국 열광주의적 순결성으로 당시 조선 대중의 상처를 해소하는 신앙 운동이 되었다는 것이 근본주의적 속성의 성립과 내재에 결정적 역할을 한 것으로 보인다. 물론 이런 근본주의적 속성의 성립 과정이 개신교 선교사들과 이에 호응한 일부 한국 개신교 인사들(대체로 그 신학적 기반을 제공한 인사인 박형룡을 대표로 하여 많이 기억되는)의 헤게모니 장악 과정과 맞물린다는 것도 짚어 두고 넘어갈 일이겠다.

그리고 1930년대 후반에는 이러한 근본주의적 속성이 한층 강화되게 만드는 사태가 발생하는데, 그것은 주지하다시피 신사 참배 문제이다. 개인 중심의 신앙을 가지려 하더라도 식민지라는 사회 현실상 자연스럽게 가지게 되는 식민지 종주국에 대한 저항 감정과, 개인 중심의 신앙적 순결성의 문제를 직접 건드리는 국가 종교의 강요라는 사태가 겹쳐, 근본주의적 신앙을 가진 소수의 신도들이 죽음을 불사하고 저항하게 되고, 해방 후 이들의 저항이 한국 개신교의 또다른 신앙의 원체험/신화로 자리 잡게 된 것이다.

하지만 신사 참배 문제가 근본주의를 강화시키는 계기가 되는 방식은 단선적인 것만은 아닐 수 있다. 민중신학자 김진호 목사는 이와 관해 흥미로운 주장을 하는데, 그 주장을 요약하면 이렇다: "저항하는 데 성공한 소수의 신도들을 제외한 대다수의 신도들에게 신사 참배는 상처를 남겨 주었다. 왜냐하면 근본주의적 신앙을 포기할 수도 없고, 그렇다고 신사 참배를 안 하지도 못했기 때문이다. 그런데 그것은 아프다고 표현할 수도 없는 상처이며 오직 말할 수 있는 자는 저항한 이들뿐이다. 즉, 근본주의적 신앙은 이런 상황에서 타협한 이들에게 고통을 말할 수 있는 언어를 제공해 주지 않은 것이다. 문제는 표현되어 풀어지지 못한 고통은 반드시 다른 것으로 치환된다는 점인데, 한국 개신교의 경우 그것은 그 고통을 공산주의라는 타자에 대한 증오로 치환하는 것으로 나타났다." 이 주장을 일리 있는 것으로 받아들일 수 있다면, 여기서 이런 이야기가 가능하다. 한국 개신교의 근본주의는 자신을 강화시키는 바로 그 지점에서 자신을 약화시키며(근본주의적 주체의 자기정당성 약화), 그 약화를 피하기 위해 더더욱 근본주의적 심성을 강화함으로써 그 폐해도 강화(타자에 대한 증오의 심화)한다고 말이다.

이 지점에서 한 가지 재미있는 점을 짚을 수 있다. 한국 개신교는 신사 참배 반대의 입장과 일관된 지평에서, 해방 후 원래 시행되던 '국기 배례'를 우상 숭배의 뉘앙스가 있다는 이유로 '국기에 대한 경례'로 바꾸어 줄 것을 건의해 관철시켰다는 것을 자랑하고 있다. 문제는 '우상 숭배냐 아니냐'라는 시각에서 보면 신사 참배/국기 배례와 국기에 대한 경례가 차이가 있을지 몰라도, '국가에 대한 숭배'라는 시각에서 보면 이 둘은 별 차이가 없을 텐데, 신사 참배 관련 담론에서 이 지점을 짚는 경우는 거의 없다는 것이다.

특히나 근대 국가는 거의 대부분 '시민종교'를 요구하기 마련이라는 점까지 고려하면, '우상 숭배'라는 종교적 용어로 접근할 수 있는 여지도 없지 않을 텐데도 말이다.

물론 한국 개신교 근본주의의 입장에서는 '국기에 대한 경례'와 '우상 숭배'는 전혀 들어맞을 수 있는 용어가 아닐 것이다. 지금부터의 논의 속에서, 왜 그렇게 되는지에 대한 답도 찾을 수 있을 것이다.

4. 해방 이후 한국 : 사회의 근본주의와 개신교의 근본주의

신사 참배에 저항한 이들이 받은 상처와 저항하지 못했던 이들의 상처가 겹치는 가운데 한국인들은 해방을 맞았다. 그러나 해방 이후의 세상은 기대했던 새로운 세상의 꿈이 실현되는 공간이 아니라 전쟁까지 벌어질 정도의 폭력적인 다툼과 파괴의 세상이 되고 말았다. 식민지 지배의 상처가 치유되기도 전에 파괴와 전쟁의 상처까지 덧붙여지고 만 것이다.

개신교가 국교인 것도 아닌데 제헌의회의 시작을 기도로 시작한 국가에서 한국 개신교가 해방 후 다툼의 단순 방관자일 수만은 없었다. 대부분의 한국 개신교 인사들은 적극적으로 반공주의적/친정부적 입장을 폈고, 전쟁은 이 입장을 한층 더 강화시키는 계기가 되었다(물론 앞에서 살펴 보았듯이 이런 반공주의는 이미 신사 참배의 상처에서부터 내연된 것이기도 했다). 그리하여, 1950년대 말 장로교회의 큰 분열 이유의 하나는, 아예 대표적인 국제 개신교 협력 기구의 하나인 세계교회협의회(WCC)가 '용공'이냐 아니냐, 그리고 그 기구에 참여하는 것이 '용공'이냐 아니냐가 중요 이슈가 되었을 정도였다. 말하자면 반공을 할 거냐 아니냐가 이슈가 아니라 '그냥 반공이냐 센 반공이냐' 가 이슈가 되었다고 할 수 있겠다. 그리고 반공주의가 강화되면서 근본주의도 당연히 강화되었으며, 이 근본주의 문제는 또다른 장로교회의 큰 분열의 이슈가 되기도 했다. 물론 비근본주의적 입장을 취했다던 세력 쪽도 반공주의적/친정부적 입장은 여전해서, 그 세력에서 이승만 정부의 부통령 한 명이 나올 정도이긴 했지만 말이다.

파괴와 전쟁의 상처가 반공주의로 내연하던 1950년대를 지나서, 1960년대부터 이 반공주의는 공격적인 발전주의를 촉발하기 시작했다. 러일전쟁의 상처가 '대부흥운동' 의 열광주의 속에서 해소– '해결' 이 아니라– 되었던 것처럼, 이 발전주의 역시 전쟁과 파괴의 상처를 해소하는 하나의 계기가 되었다. 그리고 이 발전주의는 소위 '한강의 기적' 을 낳는 데에 성공했다. 물론 이 성공의 과정에서도 많은 고통과 상처가 또다시 발생했지만, 이 시기에 성공을 수확한 많은 사람들에게 그 고통과 상처는 성공을 더욱 맛나게 하는 추억거리가 되었다.

동시에 1960년대 이후는 한국 개신교가 소위 '1000만 성도' 를 말할 수 있도록 본격적으로 급격히 팽창한 시기이기도 했다. 이 시기에 한국 개신교가 급격하게 팽창할 수 있었던 이유는, 대체로 한국 개신교가 이미 발전주의를 추동한 한국 사회의 지배 권력과 밀착해 있었던 상황에서, 그 발전주의를 통해 새로운 사회적 꿈을 꾸어 보려 도시로 진출한 '뿌리 없는' 사람들에게, 그 과정에서 받는 상처까지도 어느 정도 치유 받을 수 있는 공동체로서의 감각을 제공해 준 것이 첫 번째로 손꼽힌다. 이 시기에 창립되고 성장한 한국 개신교의 대표적인 거대교회들 상당수가 열광주의적 신앙을 전면화한 교회들– '여의도순복음교회' 로 대표되는– 이었다는 점도 이런 견해를 뒷받침한다 하겠다.

　소위 '한강의 기적' 시대가 낳은 성공의 결과는 한국 사회에 새로운 물적 기반을 만들어 주었다. 근대성의 폭력적인 유입 이후 처음으로 한국 사회에 '지킬 것'이 생긴 것이다. 그리고 그와 함께 이 시대의 동원 이데올로기였던 반공주의와 발전주의는 한국 사회의 대중들의 마음에 중심되는 감수성으로 자리 잡게 되었다. 즉 물질적—정신적 차원을 모두 갖춘 한국 사회의 자생적 기성 체계가 생긴 것이고, 한국 개신교는 이 자생적 기성 체계를 뒷받침하는 가장 큰 세력 중의 하나가 되었다. 처음부터 개신교가 암묵적으로 사회의 지배적인 종교 역할을 했던 미국과는 다른 경우지만, 사회의 중심 이데올로기와 중심 감수성에 적극적으로 동조하고 그것을 재생산함으로써 적극적으로 동화되는 모습을 보였다는 점에서는 미국과 다를 바 없는 상황이 만들어진 것이다. 그런데 이 자생적 기성 체계는 1987년의 '민주화' 이후 사회적으로 강한 도전을 받게 되었다. 물론 그렇게 도전받을 수밖에 없는 업보는 자본주의적 근대의 발전 과정에서 차곡차곡 쌓은 뒤였다고, 아니, 처음부터 '이 기성 체계 자체가', '건국 과정과 한국전쟁에서의 학살'이라는 업보 위에 쌓은 체계였다고 해야겠지만. '민주화'의 의미가 과연 무엇일까 하는 점은 논란의 여지가 있을 수 있겠지만, 대체로 기성 체계이든 뭐든 기존의 권위에 의지하기보다는 자신의 욕망에 기초하여 국가/시민사회와 욕망의 거래를 해 나가는 시민 주체의 탄생이 '민주화'의 한 중요한 요소라는 데에는 의심의 여지가 없다. 특히 2002년 노무현 정부의 탄생은, 이 시민 주체의 경향이 가장 극대화된 결과라고 보여졌고, 그에 따라 기성 체계에 자기를 동일시한 사람들에게는 상당한 정체성의 위기로 다가왔다.

　현재 개신교 근본주의의 상징으로 여겨지고 있는 한국기독교총연합회(이

하 한기총)의 성립과 활동을 이 지점에서 간단히 짚어 볼 만하다. 한기총의 창립은 1989년 문익환 목사와 임수경 씨의 방북으로 한국 사회의 반공주의와 분단에 관한 논란이 최고조에 달했을 때 이루어졌으며, 한기총 스스로도 창립 과정에서 이런 배경을 의식하고 있음을 표명한 바 있다. 그 후 한기총은 구성원들의 교단/교회의 크기와 물질적 힘을 기반 삼아 기존의 한국 개신교 연합기구였던 한국기독교교회협의회KNCC의 위상을 빠르게 잠식하면서 한국 개신교의 또 하나의 대표 기구로서의 위상을 점유했으나, 본격적으로 사회적인 논란거리가 된 것은 노무현 정부의 성립 직후인 2003년의 '시청 광장 친미 기도회'였다. 이 '친미 기도회'는 한국인들이 참여하여 '애국'을 모토로 내건 기도회에 태극기와 성조기를 나란히 내건 그로테스크함 때문에 대중들의 성토 대상이 되었는데, 물론 그 광경이 그로테스크하지 않은 것은 아니지만 그것이 '그로테스크하다'고 인지되는가의 여부 자체가 미국을 한국의 사회적 기성 체계를 유지해 주는 핵심 요소(단적으로 '전쟁 때 우리 나라를 구해 준 은인')로 받아들이느냐 그런 견해에 다른 생각을 갖고 있느냐의 여부와 긴밀히 연관된다는 점을 더 중요한 것으로 짚을 수 있을 것이다.

그리고 '시청 광장 기도회'에까지는 동조하지 않았던 한국 개신교 교회들도 '민주화'의 핵심인 '자기 욕망을 주장하는 주체'와 부딪쳤을 때는 자기 방어에 급급하게 되는데, 그 대표적인 예가 '사학법 개정' 문제이다. 이 문제가 한국 개신교에 상당히 큰 현안이 되었던 이유 중 하나는 '대광고 학생 강의석 종교 자유 주장 사건'이었는데, 대광고 자체는 원래 한기총 정도로 무지막지한 집단은 아니었던 것으로 보이지만, 이 사건을 맞아서는 강의석과 제대로 된 대화를 이끌어 내지를 못한 것이다. 그리고 이 사건 이후 본격적으로 사학법 개정 반대 운동이 일어났을 때도, 사학법 개정을 반대하는 논리에는 오직 '우리 학교 뺏길지도 모른다'는 공포와 선동, 숫자로 밀어붙이기만이 존재했지 그토록 반대했던 '개방형 이사제'가 왜 문제가 되는 것인지에 대한 합리적인 근거는 거의 제시하지를 못했다.

여기서 더 깊이 짚어 볼 것은, 한국 개신교가 보여 준 이런 모습들은 한국 개신교 '만'의 모습이 아니라는 점이다. 이미 앞에서 언급한 것처럼 한국 개신교가 사실상 한국 사회의 기성 체계의 한 단단한 일원이었다면, 한국 개신교가 '민주화' 시기에 보여 준 이러저러한 한계들은 사실상 한국 사회의 기성 체계의 한계일 가능성이 높다고 보아야 할 것이다. 어쩌면 지금 이명박 정부가 보여 주는 그런 모습들이 그 하나의 예가 될 수 있을 그런 한계 말이다.

5. 근본주의는 '근본주의자' 들의 문제일 뿐일까

지금까지 개신교 근본주의에 관하여 미국에서의 탄생→미국에서 한국으로의 전파→한국에서의 활동 등으로 나누어서 살펴보았다. 이렇게 시기와 공간을 나누어서 살펴보면서, 필자는 이 세 시공간에서의 개신교 근본주의(혹은 그 前史가 될 열광적 신앙 운동)의 모습에 어떤 비슷한 패턴이 발견되지 않는가 하는 생각을 해 본다. 말하자면, 해당 사회의 근대성 성립의 관점에서 보면, 개신교 근본주의는 그 근대성이 성립되는 초기에는 그 근대성의 성립에 상당한 동력이 되면서 자기 자신의 세력도 확장하다가, 그 근대성이 성립되고 나면 반드시 자신의 세력을 확장해 온 바로 그 지점에서 문제를 노출하면서 근대성이 성립된 사회에서 제기되는 문제들에 적절한 대답을 하기보다는 자기 방어에 급급하게 된다는 것이다.

필자는 이런 패턴을 일종의 자폐성이라고 볼 수 있지 않을까 하는 생각을 한다. 이때 자폐성이란, 흔히 근본주의와 관련지어서 생각되는, '시종일관 세상에 대해서 닫혀 있는' 자폐성이라기보다는, 자기 자신이 고수해야 한다고 믿는 원칙을 계속 관철하고 그것이 성공을 거두는 것에 더더욱 확신을 얻다가, 어느 순간 바로 그 원칙을 관철하는 행동 때문에 실패를 하게 된다는 의미에서의 자폐성이다. 여기에 더해서 그럼에도 불구하고 그 원칙 자체에 대해서 질문을 던지지는 않는다는 것까지 포함될 것이다.

이런 시각에서 보면, 앞에서 시사한 바지만, 개신교 근본주의의 자폐성은 그 근본주의가 자리 잡고 있는 사회의 자폐성과 긴밀하게 얽혀 돌아간다는 생각을 하게 된다. 한국 근대 사회의 자폐성이 그대로 한국 개신교의 자폐성으로 반영되고 있음은 한기총의 경우를 들어 살펴본 바이고, 세계 선도 국가를 자임함으로써 미국 외부의 기독교 선교로 연결되었던 미국의 자의식이 오늘날 '제국 미국' 의 자폐성의 근원이 되고 이걸 가장 열심히 지지하는 세력이 미국의 개신교 근본주의라는 것도 이미 주지의 사실이니까.

그런데 자폐성이라는 시각에서 근본주의라는 단어가 쓰이는 양상을 바라보게 되면, 지금까지 이야기해 왔던 문제와는 좀 다른 문제를 제기할 수 있게 된다. 일단 하나 예를 들어 본다면, 현재 개신교 근본주의와 더불어 근본주의라는 단어가 가장 많이 쓰이는 경우인 '이슬람 근본주의' 부터가 그렇다. 이슬람 전문가인 정수일에 의하면, 이슬람 근본주의라는 단어 자체부터가, 처음 쓰일 때부터 다른 적절한 대체어가 없기도 했지만, 개신교 근본주의와 '전투성' 이라는 상사성相似性을 갖기 때문에 채택된 단어였다는 것이다. 이와 관련하여 살펴볼 만한 흥미로운 주장을 사바 마흐무드Saba

Mahmood라는 학자가 했는데, 이슬람 세계 안에 존재하는 여러 개혁 운동 중에는 서구 근대성을 추종하는 입장의 운동도 있고 이슬람 전통을 존중하면서 그 속에서 개혁의 씨앗을 찾아내려는 운동도 있는데, 서구의 미디어들은 거의 일방적으로 전자만을 조명하고 후자를 무시하면서 이슬람 세계의 대안은 전자에서 찾아야 한다는 식의 논설을 펼친다는 것이다.

물론 자폐성이라는 시각에서 본다면 현재 '이슬람 근본주의'라고 지칭되는 현상과 그 현상을 주도하는 세력에게도 자폐성이 꽤 있을 것이다. 하지만 '이슬람 근본주의'라는 말 자체가 개신교의 근본주의와 유사성에 주목하면서 생긴 것이고 현실적으로 그런 용어로 세계를 바라보는 시각 자체가 서구 미디어의 영향을 받았을 가능성이 높다면, '이슬람 근본주의'라는 단어는 그 말로 지칭되는 현상의 자폐성도 담아 내는 단어일 수 있지만, 거꾸로 그런 말을 써서 이슬람 사회의 특정 현상을 지칭하는 사람들의 자폐성도 담아 내는 단어일 수 있지 않을까(그리고 이것이 필자가 이 글에서 근본주의에 관한 이야기를 지금까지 개신교의 경우만을 두고 해 왔던 이유이기도 하다. 근본주의라는 말 자체를 제대로 쓰기 위해서는 일단은 개신교에 관한 이야기부터 먼저 정확하게 하는 것이 중요하다고 생각했기 때문이다).

근본주의라는 단어가 쓰이는 양상과 자폐성이라는 단어를 이렇게 연관 짓게 되면, 이런 연관은 비단 '이슬람 근본주의'의 경우에만 한정되는 것도 아니다. 예를 하나 든다면, 필자가 이 글에 관련된 자료를 얻을 수 있을까 해서 인터넷으로 검색을 해 보니, '공공의료 근본주의'라는 단어가 눈에 띄었다. 읽어 보니 최근 한국에 의료 관광을 오는 경우가 많은데 이걸 더욱 활성화하려면 외국인 투자가 허용되는 병원을 더 많이 지어야 하고 그런 방향으로 법이 개정되어야 하지만, 그런 병원이 많아지면 공공의료 기반이 흔들릴 것을 걱정하는 사회운동 쪽의 반대로 법 개정이 안 된다는 것이다. 그러니 '공공의료 근본주의' 때문에 의료 관광 일자리가 없어지고 있는 꼴 아니냐는 이야기다.

이 글은 '신문 사설'이었다. 필자 개인이 저런 주장에 대해 갖고 있는 찬반 입장은 둘째 치고라도(물론 필자의 입장은 저런 주장에 비판적이다), 이런 주장을 하면서 '근본주의'라는 단어를 쓸 수 있고 그것이 그냥 개인의 블로그 글 정도가 아니라 '신문 사설'이라는 것은, '근본주의'라는 단어가 자기 마음에 들지 않는 주장에 대한 딱지 정도로 쓰인다는 뜻 아니겠는가. 마치 '빨갱이'라는 단어를 그렇게 썼던 것처럼. 그렇다면 이런 용법은 '빨갱이'라는 말이 쓰인다는 그 자체로 자폐적인 말이었던 것처럼 똑같은 속성을 가질 수밖에 없을 것이다.

그러면서 또 하나의 예로 떠오르는 게 한 전직 대통령이 자신의 저서에 썼던 '진보 원리주의'라는 단어이다. 물론 '근본주의'가 아니라 '원리주의'라는 단어를 쓰긴 했지만, 당장 앞에서 이야기했던 '이슬람 근본주의'라는 단어의 경우에도 종종 '이슬람 원리주의'라고 쓰이기도 하는 것을 상기하면 '진보 원리주의'라는 단어는 '진보 근본주의'와 비슷한 뉘앙스를 갖는다고 볼 수 있겠다. 그 저서에서 '진보 원리주의'는 그 책의 저자 자신의 입장과 비슷한 것으로 보이는 '제3의 길 입장에서의 진보'와 대비되면서, '틀린 말을 하는 것은 아니지만 현실에 실현하기에는 어려운 이야기를 하는 집단' 정도를 지칭하고 있다(하긴 이건 이 전직 대통령과 그의 지지 집단이 재임 기간 내내 취했던 입장이기도 하다. 그리고 이 전직 대통령의 지지 집단은 예를 들어 '이라크 파병' 문제 같은 경우 파병을 반대하는 입장을 두고 '근본주의'라고 지칭하는 경우도 꽤 있었고).

이 전직 대통령과 그 지지 집단은, 개신교 근본주의 등이 뒷받침하던 한국 사회의 기성 체계에는 비판적이었지만 그 기성 체계가 낳은 경제적 성과 자체는 민주화와 동시에 전유하려 했던 입장이었고, 그런 입장에서 한국 사회가 지금까지 성립시켜 온 근대성 자체는 일정하게 긍정하면서 그 위에서 민주화와 경제의 두 마리 토끼를 잡아 보려던 집단이었다고 평가될 수 있다. 그것을 전제한다면, 이 집단에서 나오는 '진보 근본주의'라는 말은, 어쩌면 한국 사회의 근대성이 자기 자신에 대한 질문을 던지지 않으면서 견딜 수 있는 지점이 어디까지인가를 시사하는 말일 수도 있지 않을까. 그렇다면 여기에서 다시금 근본주의라는 단어의 사용 자체가 자폐성과 연결될 수 있다는 사실을 확인할 수 있을 것이다.

6. 맺으며 : 근본주의를 '징후'로서 읽는다면

그 발생의 맥락이 되었던 개신교의 지평에서도 그랬지만, 오늘날 일반화된 어휘로서 쓰이는 근본주의라는 단어는, 어떤 집단을 상정하고 그 집단의 행태를 가리키는 단어로 주로 쓰인다고 봐야 할 것 같다. 앞에서 필자가 근본주의의 본질적인 요소로 지적한 자폐성의 경우도 이런 지점에서는 행태를 가리키는 말로 쓰일 수 있다. 그리고 그런 자폐성 속에서 물질적·정신적 폭력이 벌어질 때, 근본주의라는 단어는 그 폭력을 규제하기 위한 단어로 많은 힘을 발휘한다. 근본주의자라고 지칭되는 사람들 치고 그 말을 좋아하는 사람이 별로 없다는 것은 그 단어의 힘을 어느 정도 보여 준다 할 것이다.

물론 이러한 용법과 시각이 틀린 것은 아니다. 분명히 근본주의라고 지칭되는 현상들은 거의 모두가 폭력적이고 그 폭력으로 인해 많은 사람들이 다치고 있다. 하지만 지금까지 근본주의에 관한 이야기를 해 오면서 조금 다른 측면의 이야기도 필요한 것 아닌가라는 생각을 해 보게 된다.

그 다른 측면의 이야기 중에 하나로 이 글에서는 근본주의를 '징후'로서 읽는다면 어떤가 하는 제안을 해 보고 싶다. 정확하게는 어떤 집단이나 행위를 지칭해서 근본주의라는 말이 사용되는 경우, 이 경우를 '징후'로서 보자는 이야기다. 앞에서 이야기했듯이, 근본주의라는 말이 사용될 경우, 그 말이 근본주의로 지칭되는 집단의 자폐성을 지적하는 말일 수도 있지만, 거꾸로 근본주의라는 말로 상대를 지칭하는 사람 그 자신의 자폐성을 부지중에 드러내는 말일 수도 있다면, 근본주의라는 말이 사용되는 것 자체가 사용하는 사람이나 대상이 되는 사람, 혹은 양쪽 모두의 자폐성의 징후가 될 수 있다는 말이기 때문이다.

어쩌면 이런 시각은 자본주의 근대성의 역사를 살펴볼 때 당연한 이야기를 새삼스럽게 반복하는 것일 수 있다. 근본주의의 출발 원인으로 손꼽히는 종교 못지않게, 자본주의 근대성 자체도 배타적이고 자폐적인 모습을 많이 보여 왔다는 것은 주지의 사실 아닌가.

그렇다면 근본주의라는 말에 얽힌 문제는 아마도 이런 것이 되지 않을까; 근본주의라는 말을 쓰는 이유가 그 근본주의의 자폐성 때문에 고통받을 사람들의 고통을 드러내기 위한 것이라면, 때로는 근본주의라는 말을 씀으로써 오히려 어떤 종류의 고통을 은폐시키는 자폐성이 작동할 수 있다는 문제. 그러니 그러지 않기 위해서 우리 스스로의 성찰이 필요하다는 것. 특히 우리 모두의 삶에 자본주의 근대성과 근본주의적 종교의 피해자일 때와 수혜자일 때가 모두 존재한다면 그런 성찰은 더더욱 필요한 것이라는 문제 말이다.

근본주의와 정치

유 영 근 | 미국변호사

정보화와 지구화의 급속한 진행으로 인해 문화 간 접촉과 이종결합異種結合이 촉진되는 오늘의 상황에서 종교적 다원주의와 관용의 가치가 확산될 것이라는 예상과는 달리, 종교적 근본주의가 도리어 강화되고 있는 양상이다. 이러한 과정에서 '정치적 올바름'은 더욱 갈 길을 잃는다. 자신이 선 교리적 입장을 절대적으로 확신하고 이와 다른 입장을 모두 부정하는 근본주의적인 사고에서 갈등과 분열 그리고 폭력이 발생할 뿐이다.

근본주의와 정치
-미국의 경우를 중심으로

1. 들어가는 말

> 이 같은 국가들–이라크, 이란, 북한–과 이들 국가들과 함께 하는 테러리스트 동맹은 세계 평화를 위협하는 악의 축axis of evil이다.

사뭇 종교적인 느낌을 주는 '악의 축' 이라는 표현까지 동원된 위 이야기는 어느 목사님의 설교 단상이 아니라, 2002년 1월 부시 미국 대통령이 미국 의회에서 의원들과 국민들을 향해 행한 연두교서에서 나온 것이다. 부시 대통령은 그의 재임 기간 동안 '악의 축' 이라는 표현을 반복적으로 사용하면서, 이라크·이란·북한 등이 세계 곳곳에서 테러를 자행하거나 지원하고 있을 뿐만 아니라 화학적·생물학적 무기와 핵무기를 개발하여 세계 평화를 위협하고 있기 때문에 평화로운 세계를 만들기 위해서는 이들 국가들, 아니 이 악의 축을 제거하거나 통제해야 한다고 결연하게 세계를 향하여 선언하였다.

그로부터 1년 후인 2003년 3월 미국은 그 선언에 대한 실천 의지를 보여주려는 듯 유엔안전보장이사회의 승인도 없이 영국 등 몇몇 국가를 동맹으로 끌어들여 악의 축의 하나인 이라크에 대한 군사 공격을 감행하였다. 명분은, 세계를 위협하는 악의 한 축인 이라크가 가지고 있는 대량살상무기를 파괴하여 세계평화에 이바지한다는 것. 작전명은, 이라크의 자유Freedom of Iraq. 방식은, 선제공격preemptive strike.*1

미국의 이라크 침공 이후 전투와 폭력 사태로 사망한 이라크 민간인이 3만여 명에 달하고 3,000여 명의 미군이 목숨을 잃었다. 그렇게 많은 목숨을 잃게 한 이라크 전쟁을 통해서 이룬 것은 무엇인가? '대량살상무기 파괴를 통해 더 큰 평화'를 이루겠다는 명분으로 이라크를 침공했지만 결국 2005년 미국 중앙정보부CIA는 이라크에 대량살상무기가 발견되지 않았다는 보고서를 내었다. 전쟁의 원인과 목표가 그럴듯하게 내세운 명분과는 다른 데 있었음을 짐작케 한다. 이에 대하여『근본주의의 충돌』의 저자인 타리크 알

* 미국의 이라크 침공으로 인하여 3,000명 이상의 민간인을 포함한 수천 명이 죽거나 영구 장애를 포함한 육체적 피해를 입었고, 수십만 명이 집을 잃었다. 그리고 유엔 안전 보장 이사회의 승인 없이 타국에 대하여 군사적 공격을 가한 것은 국제법에 대한 심대한 도전이며 국제 질서를 위협케 하는 행위였다. 프린스턴 대학의 생물윤리학 교수인 Peter Singer는 미국이 이라크를 공격한 것은 미국 대통령이 미국 역사상 가장 심각하게 미국 국민과 의회뿐만 아니라 전 세계를 속인 경우라고 하였다.
Peter Singer, The President of Good and Evil - The Ethics of George W. Bush, (Dutton, 2004) 참고.

리Tariq. Ali는 석유를 둘러싼 제국주의적 근본주의와 시오니즘과 기독교에 바탕한 종교적 근본주의가 혼합된 새로운 형태의 비극이라고 하였다.[2]

이 글에서는 특히 부시 행정부의 등장과 9·11 테러 이후 부시행정부의 여러 정책과 정치영역, 특히 대외정책의 종교적 근본주의 경향에 대해서 검토하고, 그로 인한 미국 사회에서 노골적으로 드러난 종교적 근본주의의 모습들을 살펴보고자 한다.

2. 근본주의, 그리고 정치적 근본주의

근본주의fundamentalism라 함은 사전적으로 어떤 사상이나 원칙 혹은 이념에 대한 엄격한 고수를 의미한다. 그런데 그것은 다분히 종교적 의미를 갖는 것으로서 그 맥락에 따라 다양하게 정의되곤 한다. 기독교, 특히 개신교와 관련하여서 근본주의는 성경의 무오류성에 기초하여 성경을 문자 그대로 믿으며, 역사적으로는 자유주의적 신학·진화론 등 성경에 엄격히 구속된 전통적 신앙과 교리에 도전하는 여러 흐름에 대항하는 일단의 종교 운동으로 그 모습을 드러내었다.**

근본주의자들은 진실이 진실이 되기 위해서는 그것이 절대적으로 자명

** 특히 이들은 하나님에 의한 세상의 창조(창조론), 동정녀 마리아와 예수의 탄생(동정녀 탄생론), 인간의 죄를 차벼대속하기 위한 예수의 죽음, 예수의 육체적 부활, 예수의 재림을 역사적으로 실재했던(실재할) 사건으로 믿으며 이러한 것들에 대한 한 점 의심 없는 믿음을 신앙의 기초로 한다.

해야 한다고 믿는다. 따라서 종교적 근본주의자들은 앞에서 언급한 것처럼 자신들이 믿음의 근거로 삼는 경전에 담긴 내용들을 상징이나 은유, 시적 이미지나 신화로 읽는 것이 아니라 글자 그대로 믿는 문자주의를 따르는 것이다.* 이러한 문자주의는 세상을 선善한 편과 악惡한 편, 성聖의 영역과 속俗의 영역으로 단순하게 나누고 자기가 속한 편을 무조건 선한 편, 성聖의 영역이라고 여긴다. 그리고 경전에 나타나는 피안의 세계, 영원한 생명도 경전에서 묘사하는 대로 실제로 존재한다고 믿는다.**3 그래서 근본주의자들은 자신들이 경전에 분명하게 씌어 있는 것처럼 (혹은, 경전에 분명하게 씌어 있기에) 절대적 확실성을 소유한다고 믿는다. 뿐만 아니라 궁극적 실재이며 전지전능한 신이 현세에 직접 개입할 것으로 믿는다. 따라서 이들은 성경과 같은 종교적 텍스트의 권위를 강조하며 그것을 그들의 행위 근거로 삼는다.

자신들이 절대적 확실성을 소유하고 있다고 믿는 사람들은 나 혹은 우리와 타자를 쉽사리 구분한다. 일종의 이항 대립 구조를 만들어 나가는 것이다. 그러한 구분은 단순한 구분에 그치지 않고 도덕적 우월감에 기초한 차별화 체계를 마련한다. 이러한 차별화 체계는 금지와 분할, 배제를 만들어 내고 배제 영역에 존재하는 타자들이 그러한 금지, 분할, 배제에 도전하려는 욕망이 있음을 전제한다. 따라서 그러한 도전의 욕망으로부터 나와 우리를 보호하는 작업이 언제나 필요한 것으로 여겨진다.

그리고, 종교적 언어로 이야기 하면, 나와 우리가 소유하고 믿는 절대 진

* 아우구스티누스 등 위대한 종교사상가들은 문자주의에 부정적이었다.
** 데이비슨 뢰어는 '영원한 생명'을 신자들을 오도하기 위한 장치요 미신으로 보았다.

리에 따르지 않는 사람들을 '정죄'하고, 그들에게 '회개'를 요구하며, 그들이 '회심'할 것을 기대한다. '회심'에 대한 기대에도 불구하고 '타자'들이 그 절대적 진리에 따르지 않을 때 '미션'을 수행한다. 그 미션은 다양한 방식으로 진행되는데, 종종 적대감을 밑바탕에 깔고 공격적·폭력적 미션을 감행하기도 한다. 그 공격적이고 폭력적인 미션 과정에서 발생하는 희생은 더 큰 미션 성취를 위한 불가피한 희생 정도로만 여겨진다. 오히려 그러한 희생이 있어야 그들의 미션이 더 효과적으로 수행될 수 있다고 믿는다. 그러한 미션 전략은 사실 효과적이다. 그래서 그들은 미션을 효과적으로 수행하기 위하여 희생양을 찾아내고, 마녀를 지목해서 그 뒤를 쫓는다. 이른바 '희생양 만들기', '마녀 사냥' 전략이다.

근본주의를 기본적으로 종교 영역에 한정하여 이야기하는 경우가 많으나, 그것은 종교 영역에만 국한된 것은 아니다. 오늘날 근본주의는 종교 영역에서만이 아니라 정치, 경제, 사회문화와 국제관계에 이르기까지 다양한 양태로 그 지배력을 확장하고 있다. 근본주의자들은 그들이 믿는 종교의 경전 속에 도덕적 믿음의 근거뿐만 아니라 정치·사회적 원리의 근거들이 들어 있다고 보고 현실 관계에서 경전 속의 원리들이 실천되어야 한다고 믿으며 주장한다.

종교적 근본주의가 그렇듯이, 다양한 영역에서 나타나고 있는 근본주의는 하나의 원리로만 세상을 해석하고, 이해하려 하며 그 원리에 따라 세상을 구성하려고 한다. 인간 존재가 기본적으로 모순적이며 복합적인데, 그리고 그러한 인간들로 구성된 사회가 매우 불투명하고 복잡다단함에도 불구하고 하나의 원리로만 해석·이해·구성하려고 하는 근본주의는 의도하든 혹은 의도하지 않든 사회적 해악을 낳은 경우가 많다.[4]

사실 미국의 기독교 근본주의는 오히려 오랜 기간 비정치적이었다. 1910에서 1915년 동안 기독교 근본주의의 교의를 정리한 『근본 교리』라는 12권의 책이 발간되었는데, 이 책은 오히려 기성 주류 교회가 정치에 지나치게 관여한다고 비판하였다.[5] 그런데 오늘날 미국 사회에서 근본주의는 여러 가지 기제를 통해서 정치 영역에 침투하여 국내외 정치와 구체적인 정책 형성에 영향을 미친다.* 이른바 근본주의의 정치화 혹은 정치적 근본주의의 세 확장이다.

미국의 경우, 기독교 근본주의는 대내적으로 소위 '가정의 가치' family value를 내세우며 그에 반하는 사회적·법적 제도와 기제들을 차단하기 위한 다양한 수단을 동원하는 미션 전략을 구사하였다. 대외적으로는, 배타적 애국주의와 기독교를 동일한 것으로 이해하면서 미국의 이득에 반하는 모든 세력을 '악'으로 규정함을 외교 정책의 기본으로 하고 있다. 이들에게 있어서 미국에 반하는 외부 세력은 하나님에게 반하는 세력으로 쉽게 등치된다. 그래서 사회주의권과 이들의 이념을 흡수한 진보 세력들, 기독교 확장에 걸림돌이 되는 토착 종교 등은 모두 타도되어야 하는 존재로 여겨졌다. 이러한 점에서 볼 때, 근본주의 담론은 종교적인 것이기만 한 것이 아니라 하나의 정치적 주제이다.

실제로 기독교 근본주의 세력은 미국 정치사에서 최근만 해도 레이건 행정부와 부시(아버지 부시를 포함하여) 행정부를 탄생시키는데 그 배후에서 막강

---

* 롤스는 서로 다양한 신념을 가진 사람들이 공존할 수 있는 첫 번째 조건은 개인들이 종교적, 도덕적, 철학적 신념을 정치의 장에서는 주장하지 않는 것이라고 하였다. 존 롤스 지음, 장동진 옮김, 『정치적 자유주의』, 동명사, 1999.

한 영향력을 행사하였다. 뿐만 아니라 자신들과 정치적 신념을 같이 할 만한, 혹은 자신들의 정치적 신념을 관철시키는 데 도움이 될 만한 상·하의원과 법관의 선출에도 영향을 미쳐 미국의 국내외 정치에 강력한 영향을 미치고 있다. 종교적 근본주의에 기댄 혹은 종교적 근본주의에 의한 정치적 우파의 탄생이며, 양자의 결탁이다.**

특히 아들 부시 행정부가 등장한 이후 워싱턴 정가에서는 종교적 근본주의에 기댄 정치적 신념이 백악관의 오벌 오피스Oval Office와 의회Congress에서 권력을 독점하고 있다는 말까지 나왔다. 정치적 근본주의가 배후와 외곽에서 영향력을 발휘하는 것이 아니라 권력의 중심으로 들어왔다는 진단이었다. 21세기가 미국 역사상 가장 강력하게 이념과 종교가 혼합체가 되어 권력을 획득한 시기가 된 것이다.

스스로 복음주의 기독교임을 내세우는 카터 대통령 역시 부시 행정부의 잠재적 적국에 대한 선제공격 등을 실시한 대외군사 정책, 감세 등을 통한 부자를 위한 경제 정책, 환경 규제 완화 정책 등의 바탕에는 종교적 근본주의가 있음을 지적하였다. 카터 대통령은 그러한 종교적 근본주의에 기댄 정책들이 결코 미국에게 이롭지 못함을 강조하였다.[6]

종교적이든 정치적이든, 근본주의는 일종의 파시즘적 성격을 갖는다. 미국에서 근본주의적 목사로서 유명한 팻 로버트슨Pat Robertson, 제리 폴웰Jerry

---

** 그러나 종교적으로 근본주의적 입장에 서 있다고 해서 항상 정치적 근본주의 입장에 서는 것은 아니다. 신앙에 있어서는 근본주의자이지만 정치적으로는 자유주의자가 될 수 있다는 이야기이다. 근본주의적 기독교인이 전쟁, 인종 차별, 계급 격차, 노동권, 금주법, 제국주의와 같은 사회 문제와 관련해 근본주의적 오류를 벗어나 올바른 편에 설 수도 있는 것이다.

Falwell은 9·11 테러 직후 테러리스트들을 추적해 "주님의 이름으로 사살해야 한다."고 공언했다. 로버트슨 목사는 평소에도 이슬람 교도들을 나찌에 비유하며 이슬람에 대하여 적대감을 강하게 표현했다. 폴웰 목사 역시 무하마드를 테러리스트에 비유하곤 했다.

특히 로버트슨 목사는 미국이 기독교 재건주의자들 통제하의 신정神政 국가가 되어야 한다고 공공연히 주장했다. 이들은 부자들에 대한 과세, 사회복지 프로그램을 비난하는가 하면 여성은 남성에게 순종하는 종으로서 집에 틀어박혀 있어야 하며, 기독교인을 제외한 무신론자와 이교도들뿐만 아니라 장로교인을 포함한 여타 기독교인까지도 그리스도의 적이란 입장을 취했다.

『아메리카, 파시즘 그리고 하나님』이라는 책을 쓴 데이비슨 뢰어는 이런 근본주의는 탐욕, 잔인성 그리고 전쟁과 자연스런 동맹자로 나타난다고 지적한다. 그리고 이들을 관통하는 것이 파시즘이라 주장한다. 근본주의는 종교적 파시즘이고 파시즘은 정치적 근본주의라는 것이다.[7] 데이비슨 뢰어는 특히 미국 사회를 파시즘으로 몰아가는 세 가지 사조가 있다고 지적하며 그것을 기업과 부자들의 이익을 옹호하는 금권 정치, 새로운 미국의 세기를 위한 프로젝트PNAC라는 제국주의적 꿈, 그리고 기독교 근본주의자들이 꿈꾸는 신정 국가 건설이라고 하였다.[8]

아래에서는 종교적 근본주의에 기댄 정치적 근본주의가 미국의 대외 정책과 대내 정책에서 어떻게 나타나는지를 좀 더 구체적으로 살펴보고자 한다.

3. 9·11과 미국 대외 정책의 근본주의적 경향 강화

하나의 역사적 사건으로서 9·11은 이전의 여러 세계사적 사건들만큼이나 미국의 정치와 사회뿐만 아니라 전 세계적으로도 큰 분수령을 이룬 사건이라 할 수 있을 것 같다. 9·11 당시 그리고 9·11을 전후하여 수 년간 미국에 있었던 필자로서도 '9·11 이전의 미국'과 '9·11 이후의 미국'의 변화를 여러 가지 형태로 체험할 수 있었다. 우선 공항 검색대가 달라지고 이민법과 관련하여 여러 가지가 외국인들에게 불편하게 바뀌었다. 신문에는 종종 이슬람권에서 온 미국인 혹은 외국인에 대한 부당한 인권 침해, 증오 범죄에 가까운 공격 행위들이 보도되곤 했다.

9·11의 원인에 대해서는 여러 가지가 이야기되곤 있지만, '공식적인' 원인은 미군의 사우디 주둔, 미국의 이스라엘 지원 그리고 미국의 이라크 제재에 대한 이슬람 근본주의자들의 분노인 것으로 이야기된다.* 그들의 분노는 비단 정치적인 분노가 아니라 일종의 종교적 분노였다. 미국의 중동지역에 대한 지배라는 정치적 의미를 넘어서 기독교 세력의 이슬람 지배에 대한 보다 근원적인 분노라고 할 수 있다.**[9]

두 차례에 걸친 세계 대전을 치르면서도 미국 본토는 전장戰場이었던 적

* 이슬람 근본주의자들 역시 이슬람 지도자들의 명령에 완전히 복종해야 한다고 믿는다. 특히 이슬람 근본주의자들 중 일부는 이슬람의 원칙에 반대하는 세력에 대해서 자살 폭탄 테러를 포함한 테러를 행해야 할 의무가 있다고 주장한다.
** 파리고등정치학교의 아랍-이슬람 전문가인 질 케펠Gille Kepel 교수는 이슬람 근본주의에 대한 이슬람 대중의 인기가 줄어들고 있던 시점에 알카에다가 9·11을 일으킨 것이라고 하였다.

이 없다. 그런데 미국 본토 그것도 미국의 심장부라고 할 수 있는 뉴욕, 심장부 중의 심장부라 할 수 있는 월스트리트의 위용 높은 100층짜리 세계무역센터 두 동과 수도인 워싱턴 근교에 위치한 국방성 건물펜타곤이 직접적인 공격을—그것도 영화에서나 나올 수 있을 법한 극적인 방식으로—받았다는 것은 미국인들에게 커다란 충격이 아닐 수 없었다.* 그 충격은 발빠르게 대책 마련으로 이어졌다. 오사마 빈 라덴과 그가 이끄는 알카에다가 9·11을 일으킨 것으로 지목되고 그들이 세계 평화를 위협하는 세계의 공적公敵으로 선포되면서 그들을 향한 '테러와의 전쟁' 이 시작된 것이다. 그 테러와의 전쟁은 어느 면에서 과잉 반응이라는 비판과 함께 그 방식이 제국주의적이라는 비판을 일으키기도 하였다. 하지만 결국 테러와의 전쟁에 빌미를 제공한 '악의 집단' 들이 나쁜 것이지 그것을 제거하기 위한 방식은 그다지 문제가 되지 않았다.

미국 역사상 최대의 행정조직인 국토안보부Department of Homeland Security가 새로이 만들어졌으며 테러리즘과 연관 범죄를 효과적으로 다루기 위한다는 명목하에 그 이름도 비장한 소위 애국법안Patriot Act이 법안을 만드는 과정에서 의례히 있어 왔던 공청회 등의 절차도 거치지 않고 미국 의회를 신속하게 통과하였다. 이 과정에서 미국 정치의 배후에서 영향력을 발휘하고 있던 기독교 근본주의자들이 그들의 입김을 더욱 강화할 계기를 마련하였다. 미국의 기독교 근본주의자들은 그들을 결속할 무언가가 필요했다. 외부의 적이 있을 때 결속력은 급격하게 강해진다. 따라서 이슬람 근본주의자들의

---

* 세계무역센터와 펜타곤은 미국, 더 넓게 이야기하여 서구의 경제와 군사를 상징하는 건물이다.

도발은 그들에게 기회였던 것이다. 기독교 근본주의자들은 테러와의 전쟁과 그 와중에 여러 형태로 일어난 이들에 대한 공격을 신학적으로 지지하는 근거 논리를 과장하여 열심히 제공하였다. 그런데 사실상 이슬람은 미국에 대한 강력한 적이 되지 못한다. 원래 테러리즘 자체가 약자의 무기이지 않은가? 따라서 오히려 테러리즘을 구사하는 이슬람 세력들의 힘과 그들의 위협을 과장하는 것이 근본주의자들에게는 올바른 전략으로 보인다.

9·11이 일어난 지 닷새 만에 부시 대통령은 테러와의 전쟁을 비장하게 선포하면서 그것을 테러리즘에 대한 '십자군 전쟁'이라고 언급하였다. 그리고 비공식적인 석상에서 그는 이슬람 테러리스트들이 기독교, 유대교 그리고 그들과 다른 것은 모두 증오한다고 이야기하곤 하였다. 그가 주관하는 백악관 전쟁위원회에는 항상 기독교식 예배로 시작하는 것으로 알려졌다.**[10] 뿐만 아니라 백악관에 성경 모임이 있어 많은 백악관 직원들이 여기에 참가하였는데, 이들 중 많은 수가 근본주의적 성향의 기독교인으로 알려져 있다.

비록 테러와의 전쟁이 모든 이슬람인들을 겨냥한 것은 아니었지만 거의 전적으로 이슬람인들을 향해 있는 것이 분명했다. 미국 국무부가 작성한 테러리스트 목록에 포함된 36개 조직 가운데 24개가 이슬람 조직이었다. 나머지는 남미에서 활동하는 좌파 조직과 북아일랜드 무장단체 등이었다. 힌두계 테러리스트나 기독교계 테러리스트들은 그 목록에 오르지 않았다.[11]

따라서 테러와의 전쟁은, 미국에 대한 중동 지역 이슬람인들의 분노가 그

** 마이클 만 지음, 이규성 옮김, 『분별없는 제국』, 심산, 2005, 278쪽. 그리고 이러한 상황을 두고 '현대판 복음주의'가 백악관에 침투해 있다고 묘사되기도 하였다.

랬던 것처럼, 단순히 정치적인 의미만을 갖는 것은 아니었다. 특히 미국의 근본주의자들은 종교와 애국심 사이에 어떤 갈등을 느끼지 않고 그것을 일체화하며 이슬람권에 대한 견제와 증오감을 미국 사회에 확산시켜 왔는데 9·11은 그들의 이슬람에 대한 불신을 다시금 확인하고 확대재생산하는 계기가 되었고, 테러와의 전쟁에 강한 정당성을 부여하였다.*[12]

미국인들의 조상이라고 할 수 있는 청교도인puritan들이 그랬듯이 미국의 근본주의자들은 미국과 이스라엘을 그들이 하나님의 법을 지키는 한 하나님이 그들에게 약속한 땅으로 동일시하였다. 팻 로버트슨 목사는 텔레비전 설교를 통해서 그의 근본주의적 신앙을 나름 성공적으로 미국인들에게 전파하였는데, 그는 매번 설교를 통하여 미국과 이스라엘이 동일체임을 강조하였고 많은 사람들이 그의 영향을 받았다.** 미국의 대 중동 정책이 편향적으로 친이스라엘적인 데에는 이러한 배경이 있다. 그들은 '평화' Shalom를 가르친 예수의 가르침을 따르는 것이 아니라 오히려 중동에 평화가 깃들기를 원하지 않는다. 중동 땅에 유대 국가 이스라엘의 건국이 목표일 뿐이다.

9·11 이후 부시 대통령이 구사한 정치적 수사는 청교도인들이 그들의 2, 3 세대를 교회에 헌신하게 하기 위해 사용한 표현이나 어법과 유사했다. 청교도인들은 종교의 자유를 찾아온 조상들의 믿음을 교회에 헌신함으로써 지켜내야 한다고 그들의 후세를 가르쳤다. 부시 대통령은 2차 대전 동안 자

---

* 테러와 그에 뒤이은 복수 전쟁은 이제까지 철학자들과 사회과학자들이 '근대성' 이라는 개념으로 통칭해 온 현상들의 목록에서 발견하기 어려운 두 현상을 그 핵심에 두고 있다. 그것은 바로 '종교' 와 '폭력' 이라고 하였다.

** 팻 로버트슨 목사는 자신이 직접 1987년 공화당 대통령 후보에 도전장을 내기도 하였다.

신을 희생하여 나라를 지킨 선대 미국인들의 정신을 테러와의 전쟁을 지지함으로써 되살리자고 젊은이들에게 호소하였다. 과거 조상들의 믿음과 정신을 오늘에 되살리자고 한 것이다.

잘 알려져 있듯이 부시 대통령은 텍사스 출신으로 이른바 '성경 벨트'라고 불리는 미국 남부 지역(텍사스, 캔사스, 사우스캐롤라이나, 앨라바마, 조지아, 뉴올리안즈 등)을 배경으로 한 기독교 우파 세력을 등에 업고 있었다.***

부시 대통령의 여러 가지 정치 행위를 보면 그 개인의 종교적 신념이 공적 행위의 근거가 되는 경우가 많았다. 종교적 신념에 근거하여 공적인 행위를 행하면 그 공적 행위의 타당성을 검증하는 절차를 갖지 않아도 좋다. 종교적 신념은 그런 검증 절차를 요구하지 않는 믿음의 영역이기 때문이다. 강한 믿음만이 요구될 뿐이다. 부시 대통령은 대통령직을 수행하는데 기독교인으로서의 모습을 너무 드러내지 않느냐는 항간의 비판에 대해서 그다지 신경을 쓰지 않는 모습이었다. 오히려 자신이 중생한born-again 기독교인임을 여러 차례 공식석상에서도 강조하였다.****

부시 대통령과 근본주의적 신앙을 가지고 있는 미국인들에게는 미국은 하나님이 그들에게 약속한 땅이기 때문에 지금 현 상태로서도 세계에서 가장 자유로운 국가라는 믿음이 있다. 따라서 부시 대통령과 그 정권이 보기

*** 우파와 기독교 우파, 그리고 기독교 근본주의자들을 완전히 등치시킬 수는 없으나 많은 부분이 겹치는 것이 사실이다.
**** 부시 대통령이 기독교 신앙을 갖게 된 데에는 빌리 그래함Billy Graham 목사의 영향이 큰 것으로 알려졌다. 빌리 그래함 목사의 아들인 프랭클린 그래함Franklin Graham 목사가 부시 대통령의 취임식에 대표 기도를 하였다. 그런데 프랭클린 그래함은 이슬람교에 대해서 강한 적대감을 가지고 있는 목사로 알려져 있다.

에 미국과 같은 '좋은 나라'가 다른 나라들에 대하여 군사적 공격을 가하는 것은 '나쁜 나라'들이 행하는 군사적 행위와는 다른 것이다. 명시적으로 표현하지는 않지만 미국의 군사적 행위는 악의 세력으로부터 '해방'과 '자유'를 가져다 주는 일종의 성스러운 전쟁聖戰으로 여겨진다.*[13] 악의 세력을 물리치고 종국적으로 미국 민주주의를 전파하는 것이 미국이 수행해야 할 도덕적 의무로 여겨지는 것이다. 따라서 어느 특정한 세력이나 나라를 지목하기보다는 뭉뚱그려 '테러와의 전쟁'이라고 이름 붙인 것도 좋은 나라 미국이 세상 곳곳에 암약하는 '악의 세력' 테러리스트 집단을 제거한다는 것을 보여주기 위한 수사로 보인다. 그러한 수사 속에 미국이 행하는 전쟁은 모두 정의로운 것이 된다.

앞서 이야기한 것처럼 남부 성경 벨트를 배경으로 한 부시 정권은 기독교 근본주의와 신보수주의가 이데올로기적으로 결합한 것으로 볼 수 있다. 실제로 부시 행정부 내의 주요 정책을 결정하는 인사들의 면모를 보면 그러한 특징히 여실히 드러난다. 이는 부시 1기 내각뿐만 아니라 2기 내각에서도 마찬가지이다. 1기 내각 구성 시 부시 대통령은 "다양성이 강한 내각을 구성한다."고 천명하며 다양한 배경의 인사들로 내각을 구성한다고 하였으나 이념적인 측면에서는 대부분 기독교에 바탕한 보수주의자들이었다. 15명의 장관 가운데 9명을 교체한 2기 내각에서도 마찬가지였다. 1, 2기를 통틀

---

* 이는 이슬람 근본주의자들도 마찬가지이다. 이슬람에서는 지하드가 성전이라는 말로도 해석되는데, 이슬람 근본주의자들은 이러한 지하드의 개념을 원용하여 폭력 사용을 정당화하고, 서구와 피억압된 민족들간의 정치·군사적 권력을 바꿀 수 있다면 테러리즘이나 핵 전쟁 같은 극단적 방법도 사용할 수 있다고 생각한다.

어 그야말로 부시 내각은 '보수주의의 MVP 집단'이라고 불려도 손색 없는 구성이었다.

우선 부시 행정부 내에서 기독교 근본주의를 대변하고 있는 이는 2001년부터 2005년까지 법무장관직을 수행한 존 애쉬크로프트John Ashcroft 법무장관이었다. 애쉬크로프트는 오순절교회 목사의 아들로 태어나, 미주리 주 법무장관과 상원의원을 역임한 인물로 빌 클린턴 대통령의 탄핵을 가장 목청 높여 외쳤던 사람이다. 그 역시 테러와의 전쟁은 악의 세력에 대한 싸움이며 하나님이 미국 편이라는 믿음을 굳건히 하였던 것으로 이야기되고 있다. 그는 9·11 이후 애국법안Patriot Act을 만드는 데 중심적인 역할을 하였으며, 애국법안의 몇몇 규정들이 시민권을 지나치게 제한한다고 하는 비판의 목소리를 몇몇 공식석상에서 '히스테리'라고 일축하기도 하였다. 뿐만 아니라 백악관에서 그랬던 것처럼 법무부 내에서도 성경 공부 모임이 있었는데 애쉬크로포트가 그 모임을 주도한 것으로 알려졌다.

부시 행정부 내 신보수주의자의 대표는 2001부터 2006년까지 국방부 부장관을 역임한 폴 월포위츠Paul Wolfowitz이다.** 그는 1983년부터 1986년까지 국무부 동아시아태평양 담당 차관보, 1986년부터 89년까지 스하르토가 집권하던 인도네시아 대사, 1989년부터 93년까지 딕 체니Dick Cheney 국방부 장관 아래서 국방부 정책 담당 차관. 1993년 국방대학의 국가안보전략 교수 등을 역임하였다. 월포위츠는 미국은 제2의 가나안이고, 제2차 세계대전 때에는 나치 독일과, 냉전시대에는 소련과, 그리고 오늘날에는 이슬람권과 싸

** 사실상 미국 정치권에서 신보수주의와 기독교 근본주의는 둘이면서 하나였다.

우는 것이 미국의 소명이라고 여겼다.[14]

미국의 기독교 근본주의자들에게 있어서 신에게 부합하는 문화 규범을 갖춘 미국이 세계 민족들 사이에서 승리를 차지하는 것은 필연인 것이다. 그리고 그들은 국제 사회를 서구와 비서구로 구분하고 서구가 월등한 문화적 가치를 지녔으므로 그 가치관을 전 세계적으로 함양해야 한다고 믿는다. 따라서 그들은 테러와의 전쟁, 그리고 이라크 전쟁은 이슬람 세계로 들어갈 기회를 제공하는 복음Good News이었던 것이다. 미군이 들어가는 곳에 항상 선교사를 파견한 역사를 가진 미국 기독교인들에게 테러와의 전쟁, 그리고 이라크 전쟁은 그것 자체가 복음이었으며 복음을 전파할 기회였다.*[15]

4. 미국 사회의 문화 전쟁과 근본주의

종교적 근본주의자들은 문화적 가치 혹은 전통보다 종교적 가르침에서 도덕성을 도출해 낸다. 미국 사회에서 종교적 근본주의자들은 종교적 가르침의 원칙에 근거하여 낙태권, 동성애 권리, 학교에서 진화론을 '과학적 진리'로 가르치는 문제 등을 둘러싼 소위 문화 전쟁에서 극단의 위치에 선다. 이들은 이 문화 전쟁이 하나님을 중심에 둔 가치관과 하나님을 거부하는 가

* 역사적으로 미국의 국제정치적 정책을 형성하는 데 있어서 선교사의 역할은 매우 중요했다. 특히 그들이 보내온 정보는 그 지역에 대한 이미지를 형성하는 데 결정적이었다. 또한 그들의 정보는 정치인들이 정책을 형성하는 데 근거 자료로 적극적으로 활용되었다. 따라서 편견에 기초한 근본주의자들의 순진한 정보는 미국의 국제정치를 수립하는 데 원자료로 활용되었던 것이다.

치관 사이의 전쟁이라고 본다. 그들은 비록 그러한 문제를 미국 사회에서 법적으로 다루는 방식이 복잡하지만 그 문제들에 대한 하나님의 명령은 자명한 것으로 주장한다. 그래서 기독교인들이 가정과 학교, 교회를 중심으로 모여 하나님의 가치를 멀리하고 세속화되는 미국 문화를 지켜 나가자고 결의를 다지곤 하였다.

근본주의자들은 미국이 세계 최대 강국으로 오랜 기간 그 지위를 유지해 왔던 것은 그나마 기독교 신앙의 유산을 가지고 있었기 때문이라고 믿는다. 따라서 그들에게는 미국 사회에 성경에 기초한 문화를 만들고 지켜 나가며 그것이 여러 가지 세속적 가치에 의하여 침투되는 것을 막는 것이 시급하고도 중요한 것이다. 근본주의자들은 여러 단체를 만들어 조직적으로 문화 전쟁의 전선에 임했다. 1926년 만들어진 '십자군 용사' Bible Crusaders of America는 그들의 미션을 "근대주의, 진화론, 불가지론, 무신론에 대하여 전쟁을 하는 것"이라고 분명히 하였다. 이에 앞서 만들어진 '기독교 근본주의자 연합' Christian Fundamentalist Association, '기독교 신앙의 수호자들' Defenders of the Christian Faith과 같은 단체들도 그들이 근대주의와 진화론에 대항하여 끊임없는 싸움을 할 것이라고 천명하였다. 이들은 근대주의 전반에 대하여 비판하며 근대주의자는 기독교인이 아니라고 하였다. 이들은 그러한 입장에서 자유주의적인 기독교인들도 크게 비난하였다.[16]

종교적 근본주의자들은 운동 movement 차원에서뿐 아니라 '도덕적 다수' Moral Majority 등과 같은 정치 로비 단체를 만들어 신정 보수주의의 이념을 미국 사회에 전파하고 성서적 가르침에 근거한 도덕과 문화가 미국 사회에서 침해되지 않도록 적극적으로 정치에 개입하려고 하였다. 실제로 이들은 각종 공직 선거 배후에서 그들과 신념을 같이 할 만한 사람들을 지지하고 지원하였다. 부시 대통령은 물론이고 앤토니 스캘리아 전 대법관,* 샘 브라운백 상원의원 등이 이들의 영향을 받은 대표적인 주요 인물로 많이 거론된다.

가족의 가치를 매우 중시하는 근본주의자들은 특히 전통적인 가족의 해체, 가부장적 권위의 상실, 전통적인 성 역할의 동요, 성윤리의 파탄, 동성애의 수용, 다양한 가족 형태의 발달 등 가족을 둘러싼 변화를 심각한 위기로 보고 이를 치유하기 위해서 문화 전쟁에 나설 것을 촉구한다. 이들은 미국 사회의 전통적인 가족 가치가 흔들리는 것은 그 밑바탕에 하나님을 거부하고 성경을 받아들이지 않는 세속적 휴머니즘이 있다고 본다.

근본주의자들은 미국인들에게 혼란과 위기의식, 불안감을 없애기 위해서는 흔들리지 않는 가족관이 있어야 한다고 강조하면서, 많은 사람들을 그들 편에 서게 하는 강력한 사회문화적 응집력과 정치적 역량을 발휘하였다. 이들은 시민들에게 삶의 도덕적 목표를 심어 주려 하였고, 그들이 믿는 바 근본주의적 종교 가치를 미국 사회에 전파하고 미국인들이 지지하게 하는 방안을 다양하게 모색한다.

사회문화적으로 볼 때, 미국 사회에서 기독교 근본주의는 1960년대 반전 운동, 흑인민권운동, 여성해방운동, 히피운동에 대한 역사적 반동으로도 볼 수 있다. 이들은 특히 1960년대 이후 공립학교에서의 성경 읽기와 기도의 자유, 마약·동성애·낙태 반대, 남녀평등법안 폐기 등을 강력하게 주장하고

---

* 1986년 레이건 대통령에 의하여 임명된 스캘리아 대법관은 자신을 originalist로 규정하며 헌법의 원래 정신이 미국 연방 대법원 판결에 구현되어야 한다는 일관된 주장을 피력하였다. 그는 낙태 등은 헌법의 원래 정신으로 볼 때 헌법적 권리가 될 수 없다고 주장하며 전 사회적 이슈가 된 여러 가지 사안에 대하여 매우 보수적인 입장에서 판결을 하였다. 그는 매우 독실한 가톨릭 신자였다.

나섰다. 이들에게 있어서 가장 음흉하고 위험천만한 적은 사회 안정, 기독교적 삶 그리고 개인적 성취의 주요 원천인 '가족'의 토대를 잠식하는 페미니스트와 동성애자들이다. 이들은 여성운동과 동성애자 운동에서 제기하는 반가부장주의에 대해 반대한다.**[17] 이들은 미국의 가부장주의적 가족이 흔들리는 것은 사회 근간을 흔드는 위기로 본다. 이혼, 별거, 만혼, 축소되는 모성, 독신 생활 방식, 동성애자 커플, 가부장 권위에 대한 거부 등에 직면하여 자신들의 특권을 지키기 위한 남성들의 반동적인 움직임도 근본주의자들의 신학적 정당성과 결합하였다.

근본주의자들은 특히 1973년 낙태 문제를 둘러싼 로 대 웨이드 사건Roe v. Wade 사건에 대한 판결을 계기로 미국 사회의 여러 가지 쟁점에 대하여 더욱 큰 목소리를 내기 시작하였다.***[18] 미국 연방 대법원이 로 대 웨이드 사건을 통해 여성에게 낙태 권리가 있다고 판결한 후 근본주의자들은 전국 단위

** 기독교 근본주의는 많은 경우 성속聖俗과 선악善惡의 이분법에 따라 세계를 보기에 자기와 다른 것에 대해 적대적 태도를 취하고, 비판적 사고와 담론 능력을 마비시켜 권위에 대한 맹종을 부추긴다고 알려져 있으며, 특히 가부장제의 급진적 활성화를 통해 사회문화적 변동에 저항한다고 지적된다. 이런 점에서 기독교 근본주의는 탈권위주의와 양성 평등을 지향하는 시대의 흐름을 거스른다고 평가되기도 한다. 이러한 의식과 태도는 근본주의적 사고방식의 내면화나 근본주의적 가치관의 사회화에서 비롯된 것으로 간주되기도 한다.

*** 1969년 텍사스에 사는 노르마 맥코비Norma L. McCorby라는 여인이 세 번째 아이를 가졌다. 낙태를 원했던 그녀는 텍사스 주법에 의하여 낙태를 할 수 없자 거짓으로 강간으로 인하여 임신을 하게 된 것이라고 하며 낙태를 하려다 그 거짓이 발각되었다. 이 사건은 결국 대법원으로 올라가 낙태가 헌법에서 보장하는 기본권에 해당하는 문제인가를 둘러싸고 논란이 벌어졌다. 오랜 기간의 심리를 통해서 결국 낙태는 헌법에서 보장하는 기본권이라는 판결이 내려졌다.

의 대중 선거에서 대중을 동원하여 백악관과 연방의회에 자신들과 입장을 같이 하는 사람들을 더 많이 진출시키기 위하여 애썼다. 이를 계기로 근본 주의자들은 전국 차원의 정치에 점점 더 관여하고자 하였던 것이다.

물론 미국의 기독교 근본주의자들 중에서 신정 국가를 건설하겠다는 데 에까지 나아가는 사람들은 많은 것은 아니다. 하지만 이들은 앞서 간략히 본 것 처럼 정치·사회 문제에 다양한 방식으로 개입하며 그들의 목소리를 높이고 있다. 예를 들어 미국 대법원이 앨라배마 주정부 소유의 시설에 기 독교의 십계명이 새겨진 기념물을 정교 분리의 원칙에 입각하여 제거하라 고 명령했음에도 불구하고 그 명령을 무시했던 로이 무어라는 판사의 사례 가 있다. 앨러배마 주 정부의 대법원장이었던 무어는 이 일로 인하여 앨라 배마 주 대법원장직에서 해임되었지만 이 사건은 기독교 근본주의적 신정 체제를 미국에 건설하려는 일부 대중의 십자군적인 움직임을 결속하는 계 기가 되었다. 이를 계기로 기독교 근본주의자들이 워싱턴을 비롯한 전국 곳 곳에 집결하여 무어 판사의 해임에 반대하는 크고 작은 시위를 벌였다. 이 들은 십계명이 미국 사회의 기초이자 모든 도덕의 근거라고 하며 법원을 비 롯한 공공장소에 이미 설치되어 있는 십계명 조형물을 제거하라고 하는 명 령은 미국의 미래와 생존을 위협하는 것이라고까지 하였다.

뿐만 아니라 미국에서 기독교 근본주의자들은 공립학교에서 '지적 설계 론'을 가르치게 하는 법을 제정할 것을 주장하였다. 지적 설계론이란 인간 이 진화를 통해서 오늘의 모습을 갖춘 것이 아니라 전지전능한 신, 즉 하나 님의 지성적 설계에 의하여 만들어졌다는 주장이다.

1925년 테네시 주에서는 고등학교에서 진화론을 가르친 존 스콥스John Scopes라는 생물교사가 이른바 반 진화론 법anti-evolution law를 위반하였다고 하

여 벌금 100달러를 내어야 한다는 판결이 있었다.* 1920년대 진보 기독교
계에서는 진화론을 받아들였는데, 이에 대해 근본주의적 기독교인들이 진
화론을 가르친 고등학교 생물학 선생 스콥스를 법정에 세움으로써 대항한
것이다.

이 사건은 학교에서의 교육을 둘러싼 종교적 근본주의자들과 이에 반대
하는 사람들 사이의 문화 전쟁의 발단일 뿐이었다. 이후에도 유사한 사건이
여러 차례 일어났다. 예들 들면 1974년 웨스트 버지니아의 한 공립학교에서
근본주의적 기독교 목사의 부인이 공립학교에서 사용하려고 결정한 교과
서의 내용이 반 기독교적이고 세속적이라고 하면서 그 교과서 사용 채택에
문제를 제기하였다. 그러나 학교 위원회에서 원래 계획대로 그것을 채택하
자 대규모 시위가 발생하였고 일부 근본주의적 기독교인들은 학교에 자녀
들을 보내지 않겠다고 하며 심지어 교실에 화염병을 투척하는 일까지 발생
하였다. 이는 결국 공립학교에서도 그들의 종교적 믿음을 공식적으로 가르
쳐야 한다고 하는 종교 근본주의자들의 적극적인 개입이다. 그들은 학교 교
육, 특히 초중등학교 교육은 학생들이 가치관을 형성하는 단계이므로 그들
이 개입하여 그들의 종교적 믿음을 학생들에게 교육하는 것이 매우 중요하
다고 생각한다. 이 밖에도 학교에서 기도를 허용하는 일, 종교 교육에 세금
을 사용하는 일** 등을 둘러싸고 종교 근본주의자들은 그들의 뜻을 관철시

---

* 이 재판은 인간이 원숭이로부터 진화했다고 가르쳤다고 해서 일명 '원숭이 재판' 으
　로 불렸다.
** 이 문제는 특정한 종교가치를 내세우는 초중등학교뿐만 아니라 대학과 관련하여
　서도 이슈가 되곤 하였다. 기독교 근본주의자들이 세운 Bob Jones University가 1980

키기 위하여 문화 전쟁의 전선에 나가는 것을 서슴치 않는다. 근본주의자들은 미국 대법원이 학교에서 기도하는 것을 금지함으로써 하나님을 모욕했다고 여겼다. 그리고 그러한 '하나님을 모욕하는 행위' 들로 인하여 미국 역사에서의 비극―대통령의 암살, 베트남 전쟁에서의 패배, 심지어는 재정적 자―등이 발생한 것이라고 주장하였다.

종교 근본주의자들은 앞서 이야기한 것처럼 동성애 문제 역시 동성애자 개인뿐만 아니라 미국 사회를 하나님의 은혜로부터 벗어나게 하는 죄로 이해한다. 2004년 매사추세츠 주와 캘리포니아 주에서는 주 대법원 판사들이 주법과 지방자치단체 조례에서 금지했음에도 불구하고 동성애자들의 동성 결합과 심지어 법적 혼인 권리를 부여하였다. 근본주의자들은 이러한 판결에 경악하며 이른바 '사법 적극주의' 를 우려한다고 하면서 대법원 판사를 비롯한 각급 법원에 자신들과 신념을 같이하는 판사들이 선출되도록 보다 적극적인 로비 활동을 하였다.

이들 근본주의 기독교인들은 2004년 조지 부시의 재선에 결정적인 이바지를 했고, 동성애 반대 운동을 하며 정치에 보다 적극적으로 개입했으며, 이를 통해 자신들의 반동성애 신념을 정치적으로 관철시켜 나갔다.

최근에 미국 종교 근본주의자들은 미국 헌법 첫 번째 수정 조항의 '표현의 자유' 가 대중 매체를 통해서 '음란한 표현' 의 자유로 확대되는 것을 예의주시하고 있으며, 이와 더불어 줄기세포, 생명체 복제 문제 등을 중심으

년대에 서로 다른 인종간 데이트를 금하자 연방정부에서 이 학교에 제공하였던 기금을 더 이상 제공하지 않겠다고 한 일로 종교근본주의자들이 크게 반발한 역사가 있다.

로 다시 힘을 모으고 있는 것으로 보인다.

결국 이들 근본주의자들은 기독교 원리에 깊이 공감할 때 사회가 안정될 수 있으나 여러 가지 가치들이 혼재하면서 사회를 혼란케 하고 있으므로 기독교 원리에 기초하지 않은 여러 가지 문화 현상에 대해 문화 전쟁을 벌여 나가야 한다고 생각한다. 신이 정한 도덕률에 입각한 문화를 만들고 그것에 따라 살아가는 것이 올바른 삶이다. 이러한 문화 전쟁에서 승리하면 대다수 미국인들을 선량하고 올바른 삶으로 인도할 수 있을 것으로 믿는다. 따라서 그들이 지지하는 문화적 가치를 강화할 수 있는 정치적 조치를 지지한다.

이들이 주장하는 인간론은 '도덕적 공동체 내에 뿌리를 둔 존재' 이다. 그런데 그 도덕은 경험 속에서 구축되는 것이 아니라 경전 속에서 구축되는 것이다.[19] 이들은 국가가 종교에 대하여 중립적인 태도를 취하지 말고 미국의 정체성의 핵심을 이루는 도덕적 문화를 옹호하는 기독교회를 지지해야 한다고 믿는다.[20] 이들은 기독교적 도덕률을 충실히 따른 과거의 경건했던 사회를 그리워하는데, 그들은 바로 미국 건국 직후를 그러한 모습이 가장 잘 구현되었던 시대로 그리고 그리워한다. 따라서 이들은 문화적 일치, 도덕적 확실성이 지배하던 흘러간 시대에 대한 향수가 짙다.[21]

5. 정치적 근본주의를 넘어선 정치적 올바름

정치적 올바름Political Correctness이라는 말은 인종·민족·종교·성차별 등 편견이 포함되지 않도록 하자는 주장을 나타낼 때 쓰는 말이다. 특히 다민족 국가인 미국에서 그것은 정치적political인 관점에서 차별·편견을 없애는 것이 올바르다correct고 하는 의미에서 사용되고 있다.

그런데 미국 사회에서 근본주의자들은 성서를 문자주의적으로 해석하면서 그것을 그들의 정치적 신념의 근거로 삼고 그들과 믿음의 방식과 내용을 달리 하는 사람들을 구별하며 편견을 강화한다. 그 편견은 종교를 기준으로 하는 것뿐만 아니라 민족, 인종, 성별, 성적 지향 등 인간을 구성하는 여러 요소들로까지 확산된다. 그리고 이들은 종교에 대한 근본주의적 믿음을 근거로 다양한 사회 현상을 재단하며 정치에도 개입한다.

그리고 이들은 편견에 기초하여 항상 적을 만들어 내는데, 이러한 근본주의자들이야말로 사회 내부의 화해와 소통을 가로막는다.

근본주의자들은 오직 신만이 모든 정치적 권위의 정당한 원천이며, 신의 뜻에 어긋나는 정부 활동이나 정책은 모두 불법이라고 주장한다. 이들은 다원적 사회 내에 내재되어 있는 도덕적 타락에 맞서기 위해서는 신법을 제정하고 집행하는 권위 있는 정부가 필요하다고 본다. 이는 이슬람 근본주의나 기독교 근본주의 모두 마찬가지이다. 이슬람 근본주의와 기독교 근본주의는 둘다, 성스러운 경전의 해석에 따라 특정한 도덕을 법으로 정하고 동성애와 같은 죄스러운 행동을 법으로 처벌하는 신성국가를 결국 모색하게 된다.[22]

정보화와 지구화의 급속한 진행으로 인해 문화 간 접촉과 이종결합異種結合이 촉진되는 오늘의 상황에서 종교적 다원주의와 관용의 가치가 확산될 것이라는 예상과는 달리, 종교적 근본주의가 도리어 강화되고 있는 양상이다. 이러한 과정에서 '정치적 올바름'은 더욱 갈 길을 잃는다. 자신이 선 교리적 입장을 절대적으로 확신하고 이와 다른 입장을 모두 부정하는 근본주의적인 사고에서 갈등과 분열 그리고 폭력이 발생할 뿐이다.

전쟁과
기독교 근본주의

이 은 선 | 세종대학교 교육학과 교수

우리의 지성과 더불어 욕구와 충동의 절제에서도 우리 자신이 되어야 하고, 그렇게 될 때 그 인간적인 힘과 어우러진 우리의 신앙이 폭력적인 근본주의가 아니라 진정으로 우리 삶에서의 나침반과 같은 역할을 할 수 있을 것이다. '다양성에 자신을 내어놓는 것', '쉽지 않은 논의와 토론과 연구에 시간을 내는 것', '자신의 경험을 계속해서 해석해 내고자 하는 것', 이것이 오늘 전쟁의 위기 앞에서 신앙의 근본주의를 깨기 위해서 여성들도 짊어져야 하는 한 과제가 아닐까 생각한다.

전쟁과 기독교 근본주의[*]

1. 이라크 전쟁 – 이미 엎질러진 물

전쟁이 시작되기 전에 많은 논란이 있었고, 시작된 후에도 여러 가지 논의를 불러일으키며 온 세계의 시선을 집중시켰던 이라크 전쟁이 3주 만에 끝이 났다. 미국과 영국의 연합군이 '승리'를 거두었다고 하고, 요즈음은

---

[*] 이 글은 원래 2003년 이라크 전쟁이 발발한 직후에 〈한국여신학자협의회〉 창립 23주년 기념강연을 위해서 쓰여진 글이고, 『한국여성신학』 제53호에 실렸다. 약 10년이 지났지만 오늘 한반도의 상황은 바로 또 다른 전쟁의 위험 속에서 매우 유사하게 전개되는 것을 보면서 큰 수정 없이 싣는다. 당시 '기독교 근본주의'로 무장하여 '전쟁'을 일으킨 미국의 상황이 지금 어떻게 전개되고 있는지는 우리 모두가 경험하는 바이고, 거기서 더욱 심각해진 이라크의 비극과 비참은 그 끝을 모르고 진행되고 있다. 이것으로 인한 인류 전체의 불행이 점점 더 가중되는 상황이 오늘 인류의 정황이다. 여기에 한반도의 정치적·종교적 근본주의는 다시 또 다른 전쟁을 보태려고 한다.

한국도 그 와중에서 군대를 보내게 되어서 많은 나라들과 함께 전쟁 후의 떡과 고물에 대한 논의로 분주하다.

어떻게 이런 일이 일어날 수 있었는가? 그렇게 많은 사람들이 눈을 크게 뜨고 주시하고 있는 21세기의 오늘에도 이처럼 많은 무고한 사람들이 국가 간의 '무력'의 싸움으로 죽어야만 하는가? 인류는 이미 오래 전에 개인적으로나 집단적으로 어느 한 개인이나 국가의 자유에 간섭할 유일한 목적은 '자기방어'일 뿐이라고 천명해 왔다.[1] 아니 그보다 더 멀리는 서구 문명의 초기에 소크라테스가 온 몸을 바쳐서 대항했던 명제가 바로 '정의란 강자의 이익이다.'라는 것이었는데, 그렇다면 인류는, 특히 서구 문명은 그 후 2500여 년을 지내면서도, 더군다나 세계 제 1·2차 대전을 치렀으면서도 여전히 배우지 못했고 성장하지 못했단 말인가? 물론 부시로 대표되는 미국 정부는 2001년의 9·11사건 이후 미국의 자기 방어가 크게 위협받고 있으며 그것이 특히 이라크의 후세인 정권 때문이라고 주장하여 왔다. 그러나 이번 전쟁에서도 그 확실한 증거는 찾지 못했고, 대신 미국은 자신들을 이라크 국민의 해방자로 그리고 있다.

동서 어느 곳을 막론하고 인류는 지금까지 자라나는 세대들에게 자신의 것이 아닌 것을 힘으로 빼앗아서는 안 되며, 그것은 정의롭지 못한 일이라고 가르쳐 왔다. 그러나 이번 이라크 전쟁을 통해서 어른들이, 그것도 지금까지 어느 누구보다도 '자유'와 '민주주의'를 신봉하며 '아름다운' 美 어른들로 그려져 왔던 미국에 의해서 일이 벌어졌으니, '정의란 강자의 이익일 뿐'이라는 명제가 다시 한번 온 천하에 증거되어 더 이상 학생들에게 무엇을 어떻게 가르쳐야 하는지에 대한 탄식이 절로 나온다.

이렇게 해서, 많은 사람들이 인류 문명 21세기의 벽두가 '불의한' 전쟁으로 시작되는 것을 원치 않았지만, 그것은 이미 엎질러진 물이 되고 말았다. 이것으로써 전쟁에 의해서 번식된 이념이 전쟁 자체보다 인류의 도덕 교육을 위해서 더 심각한 문제를 가지고 있다는 지적이 두고두고 증명될 판이다.[2] 더군다나 전쟁이 발발하기 전에는 정의롭지 못하고 명분이 없는 전쟁이라고 반대하던 독일과 프랑스까지도 다시 물질적 이익이 눈앞에 걸리게 되자 전혀 다른 모습을 보이고 있다. '경제' 가, 오늘날 전쟁과 관련해서도 인간 행위의 가장 강력한 동인이 된다는 것을 다시 알 수 있고, 하나같이 세계의 부자들로 이루어진 미국 각료팀이고 보니 겉으로의 공공의 이익보다는 사적인 이익이 그들의 실질적인 관심사가 되었으리라는 것은 쉽게 짐작할 수 있다.

2. 종교적 신념과 이라크 전쟁

그러나 여기서 우리를 더욱 더 경악케 하고 고통스럽게 하는 것은 이 전쟁이 단지 '경제' 만의 이유가 아니고 그 안에 더 깊은 형이상학적인 이유가 동원된 것이라는 지적이다. 즉 전쟁 당사자들의 종교적 신념에 관한 것이다. 이번 전쟁이 발발하자 매스컴은 종종 부시 대통령과 그 각료들의 신앙생활에 관한 보도를 내보냈다. 미국 시사주간지 『뉴스위크』는 '부시와 하나님' 이라는 제목 하에서 그의 기독교 신앙을 특집으로 다루기도 했는데, 이러한 것들을 보면 이번 전쟁에서 종교 신앙의 문제가 매우 중요한 역할을 하고 있음을 알 수 있다.

아침에 일어나자마자 신문보다는 기도서를 먼저 손에 들고, 매일 매일의 긴급한 전시 상황에서 대통령으로서의 결정을 내리기 위해서 신뢰하는 성직자의 기도를 받으면서 행한다는 보도는 곧 구약 시대의 신들의 전쟁을 상기시킨다. 이미 이 전쟁이 일어나기 전에 부시와 그 참모들은 '악의 축'이라는 신화적인 개념을 써서 세계 정치를 규명하였고, 이번 전쟁에서 '제2의 십자군 전쟁'이라는 개념도 언급되었다고 하니, 세계는 과거 이란이나 후세인 정권이 드러내는 '이슬람 근본주의'에 이어서 '기독교 근본주의'의 위험에 노출되어 있는 것이 분명하다.

우리 나라에서도 이 전쟁에 대한 입장이 기독교인들 사이에서도 큰 차이를 보였다. 한편에서는 기독교인의 이름으로 한반도에서의 미군 철수를 반대하고 이라크 파병을 찬성하는 데모를 하는가 하면, 또 다른 한편에서는 이 전쟁을 수행하는 부시와 마찬가지로 자신이 기독교인이라는 사실이 부끄러워서 참회한다고 침묵시위를 벌였다. 본인이 아는 어떤 기독자 교수는 "인간적으로 보면 이 전쟁에 반대해야 하지만, '하나님의 편에서 보면' 이번 전쟁은 치러야 하는 것이 아니냐."고 묻는다. 여기서 우리는 21세기 세속화와 다원화의 시대를 살아가면서도 인류는 여전히 과거처럼 종교적 신념의 차이로 전쟁까지도 불사해야 하는 모습에서 크게 변하지 않은 것을 알 수 있다.

주지하다시피 이미 지난 90년대 미국의 정치학자인 사무엘 헌팅턴은 동서 냉전 종식 이후 세계 정치의 성격을, 종교가 그 1차적 구분요인이 되는 '문명의 충돌' The Clash of Civilization로 규명하였다. 여기에 많은 종교학자들의 비판이 있었다. 특히 그가 '화합'이 아닌 '충돌'에 초점을 맞추었고, 또한 그 문명권의 구분에 있어서도 납득하기 어려운 점들이 많아서 비판을 많이 했지만, 오늘의 이라크전을 보면 그의 발상이 더욱 설득력을 얻어 가는 것처럼 보인다. 헌팅턴은 결론으로는 미국을 위시한 서구 기독교 문명권으로 하여금 더 이상 자신의 독주를 당연시하거나 주장하지 말고 중국을 중심으로 한 유교 문명권, 이슬람 문명권, 힌두 문명권, 아프리카 문명권 등과 공존하면서 다원성의 세계를 인정해야 한다고 주장한다.[3] 하지만 오늘의 부시 미국은 이 마지막 메시지는 듣지 않은 것 같다.

3. 21세기와 종교 근본주의

오늘날 '근본주의'에 대한 논의가 활발하다. 인간 게놈의 지도가 완성되었다고까지 선언되는 과학의 시대·합리성의 시대에 종교가 다시 부흥하고 있으며, '영적인 것'에 대한 추구가 증대하고, 온갖 비의적인 것에 대한 관심이 고조되고 있다는 점과 맥락을 같이하여 근본주의가 다시 힘을 얻고 있는 것이다. 물론 '근본주의'가 무엇이냐 하는 점에 대해서는 매우 다양한 답을 할 수 있다. 단지 종교에서만의 근본주의뿐 아니라 정치적 근본주의, 문화적 근본주의에 대해서도 말할 수 있고, 또한 기독교 내에서의 근본주의만이 아니라 각 종교에서도 나름의 근본주의를 말할 수 있다. 그러나 범위를 축소해서 보면 근본주의는 일반적으로 20세기 초반 미국의 개신교 내에서 19세기 자유주의 신앙과 진화론의 현대 사상에 대항하여 기독교 신앙에서 '근본적인 것들' The Fundamentals을 사수하려는 일련의 보수적 종교 운동에서 시작된 것이다. 이들 미국 개신교 근본주의가 사수하려고 했던 것은 성경의 무오와 권위, 그리스도의 동정녀 탄생과 신성, 초자연적 이적 행사와 대속적인 속죄의 죽음, 육체적 부활과 승천 등이었다. 또한 이들은 매우 엄격한 가부장적 도덕주의를 표방해서 주류 판매를 금지했고 사회악의 통제와 극기를 철저히 옹호했다.

아무튼 근본주의는 '현대적인 것'과의 갈등을 매우 첨예하게 느끼면서, 전통을 중시하고, 보다 확실한 것, 보다 안정적인 것을 추구한다는 점에서 보수주의적 성격을 가진다. 여기서 전통과 가장 밀접한 것이 종교이기 때문에 근본주의는 본래적으로 종교적인 현상으로 이해되어야 하며,[4] 또한 인류 현대 문명에 대한 실망과 갈등의 토양에서 생긴 것이기 때문에 근본주의는 '현대에 대한 저항'으로서 지적된다.[5] 헌팅턴이 21세기 세계 정치의 성격을 종교가 제1차적 구분 요인이 되는 문명권들의 충돌로 본 것도 그 자체가 현대 근본주의의 한 표현이라고 지적되기도 한다. 이 헌팅턴의 프로젝트가 세계의 정치 상황을 얼마나 단순화시켜 놓은 것이냐 하는 것에 대한 끊임없는 비판이 제기되었는데, 근본주의는 그렇게 세계와 현실을 몇 가지의 '근본들'로 환원시켜서 정리하기를 원하고, 그래서 '안정'을 추구하며, 불안에서 벗어나기를 원한다.

4. 근본주의의 특징들

물론 삶에서 '안정'을 찾으려고 하는 것 자체가 잘못된 것은 아니다. 아니 더 나아가서 인간 삶의 조건이란 일정한 한도의 자연적·문화적 안정이 없이는 지속될 수 없는 것이다. 더군다나 오늘날과 같이 모든 것이 빠르게 변하고, 무수히 다양한 가치관들이 교차되는 상황에서는 삶에서의 베이스 캠프와 같은 원칙들이 더욱 요청되기도 한다.

그러나 문제는 이 원칙들이 세워지는데 있어서 한 번의 세움으로 '영원'을 보장받으려는 것이고, 몇몇의 단순화된 원리들로 삶의 '전체'와 문화와 종교의 모든 다양성을 규정하고, 가치 서열화시키고, 더 나아가서 거기에 위배되는 것으로 여겨지는 모든 것에 대해서는 그 존재 자체를 부정해 버리려는 태도인 것이다. 이 '전체주의'와 '환원주의'의 폭력성이 종교신앙적이고 형이상학적인 신념으로 근거지어질 때에는 더 무서운 힘을 발휘하게 되고, 오늘 우리가 모든 면에서 다양성이 한껏 발휘되는 21세기에서조차 도처에서 만나는 것도 바로 이러한 종교 근본주의이다.

오늘날 이라크 전쟁에서 기독교 근본주의의 한 표현을 뚜렷이 보는데, 그 근본주의의 기본 특징들이 다음과 같이 정리될 수 있다.[6] 첫째, 그것은 세계를 선과 악이라는 도덕적 이원주의로 간단히 구분해서 판단하는 것이다. 이와 유사한 지적을 헌팅턴의 '문명의 충돌' 대신에 '문명의 공존' Das Zusammenleben der Kulturen을 이야기하는 독일의 한 정치학자도 하고 있다. 그는 헌팅턴의 정치학을 '마니교 정치학'이라고 명명한다. 즉 고대 마니교가 세상을 빛과 어둠, 선과 악의 서로 대립되는 두 진영으로 나누어 보면서 그 둘 사이의 싸움을 세계사라고 본 것과 마찬가지로 헌팅턴의 문명의 충돌이 바로 종교 근본주의라고 한다.[7]

세계를 이렇게 선과 악으로 갈라 놓는 근본주의의 두 번째 특징은 자기는 항상 선이고 상대는 항상 악이라고 단호하게 규정하는 것이다. 거의 자신의 무오류성을 주장하는 것인데, 여기서 한쪽의 판단력은 절대적인 것이 된다.

세 번째 특징은 두 번째 특징의 필연적 결과로서 그 악의 축인 상대방을 어떻게든 결단 내야 한다는 믿음이다. 그래서 어떤 수단과 방법을 써서라도 악의 존재를 축출하려고 노력한다. 앞의 독일학자 뮐러에 의하면 이 방법은

바로 히틀러 국가 사회주의 이론가 칼 슈미트나 마르크스-레닌주의의 것과
도 유사한 모습이라고 하는데, 미국의 시사지 『타임』은 이라크의 후세인을
히틀러와 같은 인물로 선정했지만, 후세인의 파트너인 부시의 모습에서도
같은 것을 읽어 내는 사람들이 많다.

　네 번째 특징은 이 단순한 선악의 편가름과 도식화는 다시 주변을 계속해
서 편가름의 분열로 몰아 넣는다는 것이다. '내 편을 들지 않으면 모두 나의
적' 이 되므로 여기서의 편가름은 계속된다. 전 세계를 동서의 두 진영으로
나누던 냉전 시대의 논리도 이와 다르지 않고, 이번 이라크전 참전과 관련하
여 전통적으로 친구였던 나라들이 분열되어 가던 모습 속에서 이 근본주의
의 폐해를 다시 보게 된다. 20세기 초 미국 선교적 근본주의의 기독교를 받
아들인 한국의 교회도 이 근본주의 분열의 갈등을 어느 누구보다도 깊게 경
험하였다. 항상 '근본' 을 어떤 고립된 '실체' 로 파악하여 여기에 문자적으
로 집착하면서, 어떤 절대적인 것으로 설정된 권위에 대한 신념에서 일탈된
모든 것을 제외시키려 하기 때문에 분열이 계속될 수밖에 없는 것이다.

　러시아 사상가 N. 베르자이에프는 러시아에서 볼셰비키 혁명을 겪었고,
세계 1·2차 대전의 무서움을 겪은 후 이제 인류는 어떠한 경우에도 전쟁의
정당성을 말할 수 없는 시기에 돌입했다고 선언했다. 그래서 새로운 전쟁의
가능성을 막는 투쟁을 벌인다는 것은 우리들의 도덕적 의무가 되었다고 강
조하였다.[8] 그에 따르면 악의 존재를 용납하지 않는 절대적 선이란 신神의
나라에서만 가능하다. 그러므로 신의 나라 밖에서 악의 존재를 허용하지 않
는 자유나 사랑이나 절대적인 선은 항상 하나의 전제주의적인 것이 되어 그
나라는 대심문관의 나라와 적그리스도의 나라가 된다고 한다.[9] 또한 그는
이 세상에서 선의 이름으로 싸우는 전쟁은 참다운 삶의 표현, 곧 '근원적 삶

의 표현'이 되지 못한다고 지적한다. 그것은 참생명을 꽃피우는 "창조성의 윤리"가 아닌 "법의 윤리"의 차원에서 행하는 것뿐으로 '설사 세계가 망하더라도 정의를 행하라.'라고 하는 명제를 따르는 것이다.[10]

이러한 지적들은 우리가 오늘 이라크 전쟁과 관련하여 종교 근본주의에 대해서 생각해 보고 있는 데도 중요한 시사점을 던져 준다. 여기에 대해서 베르자이에프는 다시 기독교 가르침이 담지하고 있는 진정한 독창성을 다음의 세 가지로 든다. 첫째, 해가 선인과 악인에게 동일하게 뜬다는 것이고, 둘째, 처음된 자가 나중 된다는 것이며, 셋째, 의의 법이 반드시 구원하지 못한다는 것이다.[11] 지금까지 우리가 살펴본 근본주의의 폐해와는 지극히 다른 모습의 기독교를 지시하고 있다.

5. 근본주의에 대항하는 지적 사고력, 담화의 활성화와 경험의 '해석'

그러나 이러한 근본주의는 이슬람이나 기독교, 후세인이나 부시 등 어느 특정한 시기에, 어느 특정한 누군가만 빠질 수 있는 해악이 아니다. 우리 모두 언제든지 거기에 노출되어 있는 위험인 것이다. 이것은 앞에서도 지적했듯이 단순하게 한꺼번에 모든 안정을 보장받으려는 태도이고, 또한 그 목적을 위해서 현재·여기에서의 개별적인 과정들을 철저히 희생시키는 태도이다. 그래서 "근본주의의 퇴행성은 절대적인 것으로 설정된 거점들 앞에서 모든 질문을 중지하고 그것에 안주하는 데서 그 절정기에 이른다."고 지적된다.[12]

우리는 이러한 극단적인 목적론적인 견해가 얼마나 창조적인 존재로서의 인간을 노예화하는지를 잘 알고 있다. 또한 근본주의의 실체론적인 사고는 '도덕적 선' 이라고 하는 것이 목적이 아니라 내부로부터 우리의 생활에 비치는 내적인 '힘' 이라는 사실을 알지 못한다. 이러한 실체론적 사고는 악에 대한 생각에서도 마찬가지로 전통적인 경직성을 그대로 드러내어서 악이라고 하는 것이 인간의 내면과 관계되는 것이지 어떤 전체로서의 우주 안에 있는 것이 아니라는 사실을 인지하지 못하고 있다.

오늘날 많은 한국 교회와 기독교 신자들이 빠져 있는 이러한 근본주의적 실체론적 사고는 기독교 신앙의 근본들이라고 여겨지는 성경의 문자, 그리스도의 동정녀 탄생과 신성, 부활 등의 이해에서도 그대로 적용된다. 그것들이 구원의 '보증수표' 가 되고, 그래서 그러한 보증수표와 '근본' 에 대한 확신을 가지고 있어서 자신들의 삶은 안정되어 있다고 여기므로 더 이상 '고난' 이나 '죽음' 과는 거리가 멀고, 갈등 없음과 논의 없음, 권위와 질서에 순응하면서 살아가는 모습이다. 한국 교회는 그리하여 매우 가부장적이며, 보수적이고, 배타적이다. 하지만 그러한 모습은 예수의 본래 메시지와도 맞지 않는 것이다. 예수는 40일간의 광야 생활 후 유혹에 걸려 넘어지지 않았지만, 우리는 넘어진 모습이고, '성령은 불고 싶은 대로 분다.' 는 의미대로 매순간 진과 선과 미를 새롭게 창조하는 '자유' 와 '성령' 의 사람으로 살아가도록 불려진 것이 우리 신앙생활의 모습인데, 이와는 달리 '과거' 에만 집착하거나 아니면 '미래' 의 목적과 결과에만 주목하면서 생명력 없이 살아간다면 그것은 참으로 불신과 무신앙의 삶인 것이다.

스스로가 유태인으로서 20세기 나치의 정치적 전체주의의 폭력을 톡톡히 경험한 한나 아렌트에 따르면 그러한 끔찍한 전체주의적이고 근본주의적인 악도 바로 인간의 '사유하지 않음' , '사고력의 결여' 에서 나오는 것이다. 1960년 그녀는 악명 높았던 나치 전범 아이히만A. Eichmann의 전범 재판 과정을 추적하여 『예루살렘의 아이히만』이라는 재판보고서를 써 냈다. 거기서 그녀는 너무나 놀랍게도 "악의 평범성the banality of evil"을 이야기하며, 그와 같은 종족 말살이라는 반인륜적 범죄도 바로 "사고력의 결여"와 "생각하지 않음"이 원인이라고 밝힌다. 즉 아이히만이 원래부터 악마적인 존재로 태어났던 것이 아니라 우리와 같은 평범한 사람으로서, 그러나 히틀러의 전체주의적이고 근본주의적인 사고의 폭력성에 대해서 생각 없이 따르면서 반인륜적 범죄의 하수인이 되었다는 것이다.[13] 이렇게 보면 오늘 우리도 유사한 악을 저지르고 있다. 생각 없이 근본을 되뇌이며, 그것이 근본이고 진리이기에 거기에 반하는 것이라면 전쟁과 폭력의 수단을 써서라도 없애 버려야 한다고 주장하고, 그래서 온 세계를 그 근본으로 전체적으로 환원시켜야 한다고 주장하는 것이다. 오늘날 한국 교회의 선교 정책이나, 이슬람이나 다른 종교 문화 전통에 대한 입장이 이런 것이 아닌지 생각해 보아야 한다.

오늘 우리의 상황은 교회 안에 토론이 없고, 우리 신앙의 근거가 계속적으로 논의됨이 없이 그저 받아들여지는 것만이 요구된다. 신앙의 근거가 이해됨이 없이 그저 수용되거나 강요될 때 우리는 생각 없음에 빠지는 것이고, 그 생각 없음이 끔찍한 악을 불러올 수 있다는 것이다. 일찍이 『자유론』과 서구 여성해방사에서 기념비적인 작품인 『여성의 예종』을 쓴 J. S. 밀은 "사람들로 하여금 그들 의견의 근거를 배우도록 하라."는 명제에 주목하였다. 그러면서 그는 당시 기독교인들의 모습을 "항상 존경되기만 했지 한번도 토론되지 않은 것을 세상 사람들이 믿는 것과 마찬가지 방식으로 기독교인들도 자신의 신앙을 믿는" 모습으로 그려 주고 있는데[14] 오늘 우리 한국 교회의 신앙인들에게도 잘 적용되는 지적이다.

그러나 이렇게 존경되기만 하고, 근본으로 받아들여지기만 하고 한번도 논의되거나 토론되지 않은 진리란 쉽사리 독단에 빠진다. 또한 그것은 비록 진리라 하더라도 살아 있는 진리로서가 아니라 죽은 독단으로 지지되어서 진정한 생활력과 실천력을 주지 못하고 선을 창출해 내지 못한다. '결정이 난 견해는 깊은 잠에 빠진다.' 는 것은 우리 신앙의 진리에서도 그대로 적용된다. 주지하다시피 인간의 윤리적 명제와 종교적 신조는 처음 그 창시자들이 어려움 속에서 그것을 세상에 변증하고 논의할 때에는 큰 실천력을 갖다가, 나중에 추종자들이 그것을 단지 "상속할 뿐이지 선택한 것이 아닐 때" 에는 하나의 굳어진 원리나 교리가 되어 실천력을 잃어 간다. 왜냐하면 그 추종자들은 되도록 자신들의 신조에 반대되는 논의는 들으려고 하지 않고, 그것들을 해석해 내지도 않으면서 근본주의에 빠지기 때문이다. 그렇게 될 때 그 근원과 신앙은 존재의 내면적 생활과 연결되는 것을 멈추고 단지 정신의 외각에 존재하는 것처럼 되어서 정신에 외피를 덮어 씌워 우리 본성에 미치는 일체의 다른 영향을 차단시킨다는 것이다. 그럼으로써 우리의 감정과 행동력은 점점 말라 가는데,[15] 바로 근본주의의 폐해를 잘 지적한 것이다.

그러므로 한국 기독교도 신앙의 영역에서 자유토론과 의견의 다양성의 부재가 가져오는 지적 해악에 더욱 주목해야 한다. 보통 신앙의 영역에서 '경험' 을 많이 강조하지만, 그러나 그 경험만으로는 자신의 한계와 오류를 바로잡을 수 없다. 왜냐하면 인간은 어느 누구도 무오를 주장할 수 없고, 사실 중에서 그것이 가지는 '의미에 대한 해석' 이 없이 이야기될 수 있는 것은 거의 없기 때문이다. 즉 해석되지 않는 경험이란 독단에 빠질 수 있고, 그래서 "경험이 해석되는 방법을 보여 주기 위한 토론" 이 반드시 필요한 것이다.

6. 한국 교회여성들의 기독교 근본주의 극복을 위하여

오늘 우리 교회 현실의 대부분은 신앙의 문제에 있어서 초등학교 수준의 지성도 허용하지 않는 수준이다. 그래서 교회에 들어오면 모든 지성을 내려놓고 오직 존경의 대상이기만 한 근본적인 교리들을 되뇌며 생각 없이 지내기 쉽다. 아니면 어떠한 해석도 거치지 않은 '경험' 만을 내세우며 오직 자신들이 선과 진리의 담지자임을 주장한다.

여기에 우리들도 지금까지 생각 없이 휩쓸려 왔다. 우리 신앙의 근거에 대한 성실한 이해도 없이, 또한 그것을 타인에게, 더 나아가서 반대자에게 이해시키려는 노력도 없이 그래서 우리는 매우 안전하다고 느끼면서 지내왔다. 그러나 우리의 이 생각 없음으로 인해서 전쟁이 다시 일어났으며, 우리는 어쩔 수 없이 다시 파병을 했고, 지금 또 우리는 북한과의 관계에서도 더 큰 위험 앞에 노출되어 있다. 다만 그것을 그렇게 첨예하게, 긴급하게, 전체적인 전망 속에서 느끼지 못할 뿐이다.

이러한 상황에서 오늘 우리는 여신학자로서 전쟁과 기독교 근본주의에 대해서 생각해 보려고 모였다. 그래서 이 예배와 기념이 단지 하나의 일회적인 퍼포먼스로 끝나는 것이 아니라 교회 안에서 더욱 더 신앙의 근거에 대한 토론을 활성화하고, 사고력을 증진하며, 다양한 것들에 대한 열려진 마음을 가능토록 하는 계기를 마련해 주기를 희망한다. 지금까지 많은 경우처럼 단지 '여성은 생명을 사랑하고, 여성은 평화를 사랑하며, 여성신학은 생명신학이다.' 라고 되뇌는 것으로 만족하지 말고, 더욱 더 정치한 논의를 찾아 내고, 실천의 방법을 찾아 내어서 같이 씨름하기를 원한다.[16]

우리 교회에 여선교회를 비롯한 여성들의 모임에서 더욱 더 독서와 토론

모임이 활성화되고, 치열하게 토론해서 논의를 끌어내는 경험이 있어야 하며, 다양한 것들이 경험되어서 생각할 수 있는 기회와 거리가 제공되어야 한다. 오늘 한국 교회가 근본주의에 빠져서 자기 속에서 안주하고, 선과 악을 실체론으로 가르고, 자유토론과 개별성과 의견의 다양성을 인정하지 않는다면 이것에 맞서기 위해서 우리가 시급히 해야 할 일은 우리 삶에서 다시 담화와 토론을 활성화시키는 일이다. 그래서 다양한 것들을 받아들이고, 그 다양한 것에 대해서 개방적 자세를 취하면서 지금까지 단지 받아들이기만 했던 근본에 반대되는 의견을 경청하면서 다른 것을 경험하고 만나는 일이다. 그 만남에서 우리의 판단은 더욱 진정성 있는 모습으로 거듭날 수 있는 기회를 얻게 되며, 자신의 한계와 조건을 배우게 되면서 보다 더 인간적인 모습의 공동체를 함께 이루어나갈 수 있게 되는 것이다.

이것은 쉽지 않은 일이다. 그러나 오늘 여성기독교인들이 꼭 이루어 내야 하는 일이라고 여긴다. 오늘 기독교인이면서도 그 가르침의 핵심인 고난을 모두 잊어버리고, 대신에 죽음 후의 세계까지 보장 받는 보증수표로 여겨지는 기독교 신앙, 이것과는 달리 자신과 다른 것에 대해서 열어 놓고, 다른 세계관의 체계를 보여 주는 다른 종교들을 경청하며, 진리를 이루는 무수한 다양한 요소들을 향해서 열어 놓고서 이러한 것들을 한 의미 체계로 꿰어 보려는 노력이 긴요하다. 이것이 무척 어렵고, 불안을 가져다 주고, 갈등과 고민과 절망을 주지만 기꺼이 이 어려움에 모든 여성들이 동참하기를 원한다. 이렇게 신앙의 영역에서도 자신의 고유성을 독자적으로 전개시킨 여성들이 많아질 때 교회는 쉽게 가부장주의 근본주의에 빠지지 않으며, 그러한 교회 공동체들이 포진되어 있는 사회에서는 전체주의의 폭력이 쉽게 묵과되거나 허용되지 않을 것이다.

앞에서 이야기한 밀J.S.은 한 사회가 개별성이 뛰어난 천재를 무시함으로써 얼마나 손해를 보고 있는지 모른다고 했다. 왜냐하면 천재들이란 보다 탁월한 개별성과 다양성의 경험 속에서 인간이 지금의 방식과는 다른 방식으로도 살 수 있다는 것을 가르쳐 주는 선구자들이기 때문이다. 즉 예를 들어, 지금의 종교적 갈등 대신에 화합 속에서 살 수 있다는 것을, 인간이 경제와 물질로만이 아니라 얼마든지 창조적으로 지금의 에너지 수준을 줄이고도 행복할 수 있다는 것을 독창적인 사고와 실험으로 가르쳐 준다는 것이다. 그러므로 이러한 천재들이 자라날 수 있도록 보다 많은 자유를 허용해 주고 환경의 다양성을 보장해 주는 일이야말로 복지의 한 요소라고 지적한다.[17]

오늘 한국의 여성들도 모두 이러한 신앙적·창조적 천재들이 되기를 희망한다. 그러기 위해서는 우리의 지성과 더불어 욕구와 충동의 절제에서도 우리 자신이 되어야 하고, 그렇게 될 때 그 인간적인 힘과 어우러진 우리의 신앙이 폭력적인 근본주의가 아니라 진정으로 우리 삶에서의 나침반과 같은 역할을 할 수 있을 것이다. '다양성에 자신을 내어놓는 것', '쉽지 않은 논의와 토론과 연구에 시간을 내는 것', '자신의 경험을 계속해서 해석해 내고자 하는 것', 이것이 오늘 전쟁의 위기 앞에서 신앙의 근본주의를 깨기 위해서 여성들도 짊어져야 하는 한 과제가 아닐까 생각한다.

현상학을 통한 '근본주의'에 대한 보다 더 '근본'적인 사유

김 대 식 | 대구가톨릭대학교 대학원 종교학과 강사

현재 우리 앞에 놓여 있는 정치, 경제, 사회, 문화, 언어, 지리, 종교, 환경에 대한 근본주의적 태도가 우리의 정신에 편견과 잘못된 지혜로 작용하기 전에 현상학적 환원을 통해 순수한 자아를 회복할 일이다. 그것이 키에르케고르가 말했던 지금까지와는 전혀 다른 개종, 예전과는 완전히 다른 바라봄이라 말할 수 있을 것이다. 그것이 지금 당장 우리에게 필요하다고 여기지 않는가?

현상학을 통한 '근본주의'에 대한 보다 더 '근본'적인 사유

1. 들어가는 말: 근본의 근본을 물음

'근본주의' fundamentalism라는 용어는 종교·정치적으로 볼 때 '보수주의'라는 말과 매우 밀접한 연관성을 지닌 뉘앙스를 풍긴다. 그러나 철학적으로 볼 때 근본적이라는 말은 더 근원적인 어떤 본질을 추구하고자 하는 '엄밀한strenge 학으로서의 철학' 적 정신을 나타내곤 한다. 근본을 추구한다는 말은 도그마나 원리 원칙으로 되돌아가서 그것을 마치 절대 불변의 진리인 양 주장한다는 것으로 호도될 수 있는 여지가 있다. 그래서 근본주의자가 되지 않는다고 하면 최초의 것, 불변의 것, 원본적인 것을 버린 변절자로 낙인이 찍히는 것이다.

그러나 그렇게 근본이라는 말을 사용할 때는 그 근본의 잣대는 무엇이며,

근본이라 주장할 수 있는 전거는 어디에 있는가를 물어야 한다. 다시 말해서 근본의 근본을 먼저 물어 보아야 한다는 말이다. 이를테면 종교적 근본주의는 자신의 주장의 근거가 되는 것을 경전 혹은 전통이라 할 것이고, 정치적 근본주의는 정치적 계보와 정당의 입장을 대변하는 것을 의미할 것이다. 문화적 근본주의―이렇게 말할 수 있다면―는 그 문화의 뿌리가 되는 지리, 역사, 사회, 언어 등을 물어야 할 것이다. 그런데 정작 물어야 하는 주체인 인간은 근본을 묻는 순간 자신의 지식과 판단, 그리고 상황이 이미 변하고 있으며, 일정한 시공간을 반영하고 있다는 것을 알게 된다. 다시 말해서 가변적 시공간 안에서 묻는다는 것은 근본주의를 정의내리고 개념화하는 것이 늘 변할 수 있다는 것을 이야기하는 것이다.

그래서 필자는 근본주의를 문제 삼기 위해서는 우선 근본주의 자체를 물어야 하며, 그래야 근본주의를 더 근원적으로 파헤칠 수 있다고 생각한다. 따라서 필자는 먼저 근본이라는 말을 다시 살펴볼 것이다. 또한 근본이라는 말, 그 개념과 성격을 보다 엄밀하게 분석하기 위해서 후설E.Husserl의 현상학적 접근을 시도하고자 한다. 그런 다음에 오늘날 논해지고 있는 근본주의라는 현상의 성격과 문제점을 논하고 그것을 극복할 수 있는 길을 함께 모색할 것이다.

2. 근본과 근본주의라는 말의 의미를 캐냄 Ergründen

'근본'. 근본根本의 한자어는 뿌리 '근' 根과 근본 '본' 本으로 이루어졌다. 그러니까 근본이라는 말은 시원, 기원, 근원이라는 말과 거의 일맥상통한다고 볼 수 있다. 이렇게 사태의 시원, 의식의 시원, 현상의 시원을 끊임없이 추구하여 그 본질에 다가가려는 철학적 노력이 '현상학'이다. 그러한 인식의 명증성을 위한 현상학의 중요한 방법 중의 하나가 바로 '에포케'이다. 현상학의 창시자 에드문트 후설은 그 에포케를 이렇게 말한다.

> 인식 비판이 수행해야 하는 판단 중지$\varepsilon\pi\alpha\eta$는 다음과 같은 것을 의미하지는 않는다. 즉 판단 중지는 모든 인식을 의문시해서 인식 비판 자신의 인식도 의문시하고 어떠한 소여성도 타당한 것으로 하지 않으며, 따라서 그 자신이 확립한 그런 소여성까지도 타당한 것으로 하지 않는 작업을 단순히 시작만 하고 마는 것이 아니라, 이런 작업 속에 계속하여 머물러 있다는 그러한 것을 뜻하지는 않는다. 만일 인식 비판이 어떠한 것도 미리 주어진 것으로서 전제해서는 안 된다고 한다면, 그것은 다른 곳에서 아무런 검증도 없이 받아들인 것이 아니라, 오히려 그 스스로 제기하고 최초의 것으로 정립한 인식, 그것이 어떤 종류의 것이든 그런 인식으로부터 출발해야만 한다.[1]

후설의 논지는 "스스로 제기하고 최초의 것으로 정립한 인식"이 에포케의 중요한 목적이라는 점을 분명히 하고 있다. 그런 의미에서 근본을 캐묻는다, 혹은 근본주의란 바로 스스로 반성적으로 성찰한 그 최초의 인식에서 출발하고 있느냐가 중요한 관건이 되어야 한다. 다시 말해서 종교, 철학, 정치 등의 모든 현상들이 종래 우리가 갖고 있는 어떤 편견과 가정들 속에서 이루어지는 판단과 실천이 되어서는 안 된다.

사실 근본주의라는 것은 보수주의와 마찬가지로 어떤 편견에 사로 잡혀 있는 것이라고 볼 수 있다. 그런 인간의 편견에 대해서 긍정적인 입장을 취하는 보수주의의 대표자들 중에 에드먼드 버크E. Burke가 있다. 그에 의하면 편견이란 지성 혹은 오성에 선행하는 인간의 지혜와도 같은 구실을 한다. 다시 말해서 편견은 인간이 삶의 위기에 봉착했을 때 그것을 극복해 나가는 수단이 된다는 것이다. 따라서 그런 위기의 상황에서 편견은 인간의 지혜, 덕성의 원천으로 기능하기 때문에 삶의 긍정적인 힘이 되며, 또한 어떤 결정적 순간에 망설이지 않고, 의심을 하거나 당혹스러워하지 않을 뿐만 아니라 우유부단하지 않도록 만들어 준다. 그것이 더 발전되어서 나중에는 인간의 지식, 상식, 양식good sense이 된다고 주장한다. 그뿐만 아니라 그들은 종교에 있어서도 정통의 교리로부터 유리되면 공동체의 혼란과 평형이 깨진다는 의식이 팽배해 있다.[2]

그러나 이러한 의식의 밑바탕에는 인간의 개별적 존재와 각기 다른 공동체 혹은 민족들에 대해서 심각한 '전체주의적 사고'가 짙게 깔려 있다는 것이 문제다. 이에 대해서 프랑스 현상학자 레비나스E. Levinas는 인간 사유의 '전체성'totality이 가지고 온 폐해가 바로 제2차 세계 대전과 같은 참담한 결과라고 주장한다. 그래서 그의 윤리학은 엄밀한 현상학에 토대를 둔 제일철학으로 기능한다. 동시에 그가 '윤리적'이라고 말할 때 그 윤리는 선의식先意識적인 데에서 비롯한 타자와의 관계에서 발생한다. 타자와의 관계에서 정의와 심판은 인간의 인식과 이성의 산물인데, 이때 가장 이상적 정의는 자비와 연민이 혼합된 형태로서 그 책임성은 곧 사랑의 행위로서 드러난다고 본다. 그러므로 그의 정의는 전체성을 넘어선 행위가 되는 것이다.[3] 타자를 나의 소유나 나의 판단의 대상으로서 규정지으려는 태도를 지양하고 그 고유의 타자를 인정하고자 하는 레비나스의 입장은 바로 모든 것을 획일화시키려 하는 보편주의와 전체주의(혹은 전체성)를 극복하기 위한 현상학적 윤리학인 셈이다.

　이러한 접근을 통하여 우리는 근본주의가 모든 인간의 종교, 경제, 정치, 언어, 문화 등을 보편화시키고 그 고유의 특수성을 인정하려 하지 않는 전체성의 위험에 빠져 있다는 것을 알 수 있다. 다시 말해서 지금 편견에 사로잡힌 근본주의 – 그것이 종교근본주의이든 정치적 근본주의이든 상관없이 – 는 어떤 일정한 이념과 도그마로 굳어져서 절대적 인식이 되었다는 데에 문제가 있다. 진정한 근본주의라면 자신의 근본에 대해서 끊임없이 되묻고 그 근본과 본질을 지향·환원하려고 하는 노력이 필요하다. 그러나 근본주의가 한 사람의 권력자나 종교적 이데올로기에 의해서 그 본질이나 근본 자체가 호도된다는 것은 근본주의가 근본을 묻는 것이 아니라, 근본을 가장한 주관적 태도와 신념, 그리고 편견이 작용하고 있다는 것을 의미한다.

　따라서 근본주의는 오히려 근본에 대한 근본적인 물음을 물어야 하는 것이다. 종교사회학자 이원규는 근본주의의 위험성과 공격성의 특징들을 잘 설명해 주고 있는데, 그것은 보수성, 자유주의에 대한 반대, 자신의 신념에 찬 종교이자 독특한 방식 및 생활과 믿음을 가진 종교라고 말한다. 그런데 이러한 근본주의는 자신의 내부 세계와 외부 세계를 강력하게 구분/구별하면서 타인의 세계에 대해서 매우 권위적이며 배타적이다. 그러한 이념에 사로잡힌 공동체는 자기 우월감을 드러내는 사회의 역기능적 요소를 가지고 있다고 말한다.[4]

　그러나 근본주의에 대한 보다 더 근본적인 비판을 제기한 학자도 있다. 김진석은 국가의 폭력이나 파시즘에 대한 폭력에 대해 비폭력적으로 맞서야 한다고 주장하는 일련의 학자들 – 임지현, 박노자 등 – 을 향해 비판하면서 그 비폭력이라는 것도 역시 (종교적) 근본주의와 다르지 않다고 말한다. 더 나아가서 앞에서 말한 것처럼 폭력에 대항하는 비폭력주의는 다른 어느 방법과 실천보다도 우월한 도덕적 행위로 인식될 수 있다는 것이다. 다시 말해 폭력주의를 근절해야 한다는 것은 또 다른 무책임성을 드러내는 것이며, 이러한 지나친 도덕적 근본주의조차도 종교적 근본주의라고 호되게 비판하고 있는 것이다. 그러면서 그가 원하는 근본주의에 대한 철학적 태도는 '혁명'이 아니라 '개혁'이라고 주장한다.[5] 필자는 그의 저서에서 암시하듯 근본주의에 대한 입장, 즉 양 극단을 극복하면서 민주사회가 지향하는 곳으로 나아가야 한다는 점에 대해서는 이의를 제기하고 싶지 않다. 그럼에도 불구하고 그 개혁의 힘은 어디서 나오는가를 다시 물을 수밖에 없다. 필자는 그 근본주의를 근본에서부터 물을 수 있는 것은 이성의 힘, 이성적 성찰이어야 한다고 본다.

인간의 본질과 진리에 대해서 보다 더 근원적으로 사유하고자 하는 마르틴 하이데거M. Heidegger는 세계 내의 인간 존재의 해방에 대해서 단순히 밀쳐냄이나 뒤로 밀어냄이 아니라고 말한다. 그러면서 그는 다음과 같이 해방에 대해서 설명한다. "전통으로부터의 해방이란 곧, 전통에서 다시 인식되는 힘들을 언제나 새롭게 자기 것으로 만듦이다. … 이 위대한 발걸음을 내딛어야 하는 과제는 오직 현존재 자신의 한 변화를 바탕으로 해서만 가능하다."[6] 정치, 경제, 종교, 언어, 문화 등에 대해서 위협으로 다가오는 모든 현상의 근원에는 전통 혹은 정통성을 고수하려는 태도가 있다고 해도 과언은 아닐 것이다. 그러나 하이데거가 말한 것처럼, 전통은 나쁜 것이 아니다. 다만 그 전통을 어떻게 자신의 새로운 힘으로 만들 수 있도록 할 것이냐 하는 것이 문제이다. 만일 근본주의가 취하는 입장과 태도가 인간의 새로운 힘과 진보에 걸림돌로 작용할 수 있다면, 그것은 올바른 의미에서 전통이라 할 수 없을 것이다.

전통tradition이라는 말이 라틴어 tradere, 즉 보존할 만한 가치가 있는 것을 '넘기다', '전하다'는 의미에서 파생되었다고 할 때에 그 가치가 인간에게 미래의 새로운 힘이 되어야 할 것이라는 것은 너무나도 자명하다. 그것은 하이데거가 말한 '현존재의 변화'를 우선으로 해야만 한다. 하이데거의 현존재의 변화의 의미는 이성적 성찰과 반성을 의미하는 후설과도 맥을 같이 한다. 따라서 근본주의자들이 '무엇이 근본이다'라고 규정을 하고 그 근본을 따져 물을 때에는 반드시 현존재의 변화, 즉 자신에 대한 끊임없는 되물음과 이성적 숙고가 선행되어야 한다.

3. 후설의 현상학적 환원과 본질직관, 그리고 인간의 배타성에 대한 성찰

그렇다면 현상학에서 근본에 대한 성찰은 무엇이라고 말할 수 있는가. "현상학의 근본주의 정신은 말하자면 어떠한 견해나 이론 혹은 입장도 비판 없이 철학적 사유의 시원始原, Anfang으로 수용하지 말고, 그리고 또 어떠한 연구 방법도 비판적 성찰 없이 허용하지 말라는 에토스를 말한다."[7] 그러므로 현상학에서 근본주의란 철학적 시원을 향해 끊임없이 묻는 것이다. 거기에서는 "비판"Kritik이라는 과정을 반드시 수행해야만 한다. 비판이라는 말을 사용할 때 비판은 가르다, 구별짓다 등의 의미를 품고 있다. 그러나 그보다 더 근본적인 것은 이성적 성찰로서의 비판이 선행되어야 함을 강조한 말이라고 볼 수 있다. 사유의 시원, 신앙의 근원 등은 어디인가를 묻지 않고, 현상과 개념, 그리고 사태를 단정 지을 수 없는 것이다. 그것을 한마디로

"사태 그 자체로"Zu den Sachen selbst라는 현상학적 모토로 규정지을 수 있을 것이다. 다시 말해서 현상학은 "원본적으로 부여된 것을 중시하는 것"durch origin gebene Anschauung aufweisen을 추구한다. 이선관은 이에 대해서 "끊임없이 비판적으로 역행하는 반성"iterativ-kritisch-regresssive Reflexion이라고 말한다.[8] 이는 후설의 저서에서도 '철학자가 원래 의도하는 것은 자신의 진정한 자기 성찰echte Selbstbesinnung이며, 그것을 위해서 끊임없이 근원적으로 되돌아가 묻는, 되묻는' Rückfrage[9] 것이라고 명확히 밝히고 있다.

우선 근본적 혹은 근본주의라고 한다면 그 근본에 대해서 지속적으로 물으면서 그 근원으로 되돌아가고자 하는 열망이 있어야 한다. 후설의 현상학적 의미에 따라 자기 자신의 성찰이 선행이 되어야 하고, 학문과 실천이 갖고 있는 그 현상의 본질의 원본적인 의식 혹은 순수의식에 다다르기 위해서 물음을 중단하지 말아야 한다는 것이다. 또한 우리는 현재의 현상에 대한 바라봄이 편견에 사로잡히지 않았는가를 성찰해야 한다. 의식과 실천에 있어서 편견에 사로잡혀 있다고 판단되면 우리는 현상학적 에포케를 통하여 과거의 경험과 편견을 괄호치고 그것을 바라보는 태도와 관심을 변경해야만 한다.[10]

일정한 종교, 정치, 경제, 문화, 언어 등에 대한 사적인 이익 관심을 배거Ausschaltung하고 보편적인 바라봄을 통하여 현상의 본질을 파악할 수 있도록 해야만 한다. 삶의 모든 요소들이 이념, 이익, 권력, 욕망 등에 의해서 좌우되지 않도록 하기 위해서는 나의 바라봄의 태도가 교정되어야만 한다. 더 나아가서 근원으로부터 바라보고 근원으로부터 사유하고 있는가를 점검해야 한다. 그렇게 하지 않으면 이성적 사유는 결국 현재의 사적·국가적 조작에 의해서 퇴락될 수밖에 없고, 인간의 삶의 진보는 기대할 수가 없게 된다.

지금 세계는 과거 그 어느 때보다도 더 많은 긴장과 갈등의 상황이 전개 되고 있다. 그럼으로써 특히 종교는 점점 더 근본주의적 태도를 취하고 있 는 것이 사실이다. 가톨릭 근본주의, 개신교 근본주의를 넘어서 이슬람 근 본주의까지 그 세력이 커짐에 따라 힘의 균형이 깨지고 있는 것이다. 문제 는 그들이 근본주의적인 입장에 따라 유럽을 재복음화하고, 아랍 세계의 재 이슬람화를 꾀하고 있다는 점이다.[11]

이에 타리크 알리Tariq Ali는 "종교 근본주의자들이 미국의 헤게모니 권력 이 아닌 다른 이유 때문에 미국을 따로 골라내어 특별하게 취급하는 것은 아니다. 다른 사회에 대해서도 똑같은 엄중한 기준을 적용한다"[12]고 말한 다. 그의 주장처럼, 근본주의는 다른 국가나 종교, 사회에 대해서 동일한 잣 대를 들이댄다. 그들이 지닌 잣대가 절대적인 잣대라고 생각하기 때문이다. 그러나 그 잣대라는 판단 기준은 시대와 장소에 따라서 달라질 수가 있기 때문에 자신의 성찰과 더불어 근본이라고 생각하는 그 근본에 대해서 또 거 듭해서 물어야 한다. 과연 그 근본에 충실한 것인지를 말이다. 그러면서 동 시에 그러한 되묻기를 통한 근원으로의 의식, 기억, 실천 등의 환원이 이루 어질 수 있도록 해야만 한다. 근본주의는 "산업화, 도시화, 관료화, 전문화, 시장 경제의 팽창, 세속화 등의 충격하에 사회가 재구성되는 상황에서" 자 신들의 위기에 대해 민감하게 반응한다. 이러한 근본주의는 정치적·경제 적·군사적 헤게모니 속에서 자신들의 민족주의적 정체성과 정치 사회적 힘 을 발휘하고 하는 운동으로서, "자신의 생활 세계를 인식적으로 감정적으 로 실천적으로 재구성하고, 자신의 사회적 정체성을 재형성하며, 존엄성과 명예, 존중의 느낌을 되찾으려고 시도한다." 따라서 그들은 문자주의, 비관 용, 반 –다원주의, 반 –근대주의(근대적 소비주의 거부, 절제, 검소, 금욕을 강조)를 표방

하면서 과거의 전통으로 회귀하려고 한다.[13]

이와 같은 종교적 근본주의는 배타적 정체성identity을 드러내기 때문에 생기는 원인이기도 하다. 개별적 정체성이나 집단의 정체성을 지나치게 확장시키고 그것을 절대화하는 순간 또 하나의 폭력이 도사리고 있어서, 전혀 섞일 수 없는 이질감을 형성하는 것이다. 아마르티야 센Amartya Sen은 바로 이 점을 주목하면서 인간의 이성이 우선이 되어야 함에도 불구하고 사람들이 자신이 지닌 종교적 민족성으로 타자의 정체성은 배려하지 않은 채 자신의 정체성을 우선으로 부여하기 때문에 발생되는 비참한 결과를 이야기하고 있다.[14] 종교와 민족성이 결부되어 종교적 민족성이 드러내는 정체성을 통해 타자를 판단하고 타자에 대한 엄격한 기준으로 내세우는 것이 지금 지구 공동체에 일어나는 일반화된 현상이라고 볼 수 있다. 그렇기 때문에 종교에 대한 비판과 배타성, 그리고 그 근저의 근본주의는 매우 밀접한 상관관계를 지닌다.

마르크스주의자인 테리 이글턴Terry Eagleton조차도 최근의 무신론적 담론에 대해서 자신의 입장을 피력하면서 근본주의자에 대한 다음과 같은 비판을 아끼지 않는다.

근본주의자는 자신이 사랑받는다는 것을 믿지 못해서 분명한 증거를 내놓으라고 어린애처럼 보채는 신경증 환자와 같다. 그러니 근본주의자는 실상 '믿는 사람'이 전혀 아니다. 그들에겐 믿음이 없다. 결국 근본주의자는 다른 모습의 회의주의자일 뿐이다. 극단적으로 불확실한 세계에서 하나님이 직접 선포한 명백하고 확실한 진리만을 신뢰할 수 있다고 생각한다.[15]

이글턴이 근본주의자를 어떻게 묘사하든지 간에 중요한 것은 그들을 신경증 환자와 아직 이성이 성숙되지 않은 어린이로 말하고 있다는 점이다. 다시 말해서 그들은 여전히 소박 실재론자에 그치고 있다는 것을 반증하고 있는 것이다. 무엇임whatness이라는 존재 믿음은 확실한 진리에 기초하고 있어야 하는데, 그것의 실증적 기반이 분명한 실재적 증거라는 데에 있다. 그러나 진리란 현상학적 의미에서 "어떤 것으로 향하고 있음"이다. 이미 거기에는 지향성과 주관성을 함축하고 있음을 배제할 수가 없다. 그래서 하이데거는 진리에 대해서 이렇게 기술하고 있다.

> 진리는 무엇으로 존재하고 있는가[무엇인가]? 진리는 일치이다. 이러한 일치는 그것에 대해서 말하고 있는 바로 그것에로 향하고 있기 때문에, 성립할 수 있다. 진리는 올바름[올바로 향함, Richtigkeit]이다. 이렇듯 진리는, 발언이 사태에 올바로 향한 데에 바탕하고 있는 일치이다.… 그것을 일치, 즉 어떤 것에로 향한다는 의미의 올바름이다. [16]

하이데거가 비판하고자 하는 것은 이와 같은 진리대응설correspondence theory of truth, 즉 사물과 오성의 일치, 사실과 판단의 일치라는 고전적 인식론에 있다. 그의 입장은 진리란 탈은폐성(aletheia, 드러남)이라는 것, 드러나지 않는 그 무엇이다. 그러나 하이데거에 의하면 진리란 그 드러남과 드러나지 않음의 갈등 관계에 있다. 한편 진리대응설은 칸트I. Kant의 선험적 인식론에 따라 범주에 의한 진리 인식, 즉 대상과 개념의 일치로 발전을 한다. 물론 칸트에게 있어서 초월적 존재인 신은 오성(혹은 지성, Verstand)에 의해서 '사유'denken될 수는 있어도 '인식'erkennen될 수는 없다. 그에게 있어서 신은 인식의 영역이 아니라 실천이성의 영역이기 때문이다. 그런 의미에서 진리대응설이 초월적 존재에 대한 인식의 불가능성, 불확실성에 대해 말한다고 할 때 앞에서 테리 이글턴이 말한 근본주의자에 대한 충분한 비판적 토대가 된다. 우리의 오성은 초월적 존재를 완벽하게 파악할 수가 없는 것이다. 오성에 의해서 초월적 존재를 이해하고 알아차렸다고 생각한다면 그것은 인간의 오만이다. 말 그대로 소박한 판단에 지나지 않는 것이다.

메를로–퐁티M. Merleau-Ponty는 우리의 관념과 사유가 얼마나 소박하며 가변적인가를 잘 말해 주고 있다.

> 사실상 우리가 의지하고 있는 관념들이란 우리의 삶 가운데 어느 한 시기 혹은 인류의 문화사 가운데 어느 한 기간 동안에만 타당한 뿐이다. 명증성은 반드시 필연적인 것도 아니며 사유 역시 초시간적인 것이라고 할 수도 없다. 설령 거기에는 객관화에 있어서 다소의 진보가 있었고, 그래서 사유가 언제나 한 순간보다는 좀더 오랫동안 타당한 것일지라도 말이다.[17]

우리는 지금까지 근본주의자들이 스스로 근본주의라고 가정하고 개념화했던 것들과 실천들을 소박한 자연주의적인 태도로 보아야 할 것이다. 앞서 메를로–퐁티가 말했던 것처럼, 우리가 가진 의식과 개념, 신념들은 그 시대의 산물로서 변화가 가능한 상대적인 것들이다. 그것에 변하지 않는 원본적인 절대성을 부여할 수 있는 것은 거의 없다. 그럼에도 우리는 그것이 마치 절대적 진리인 양 간주하고 그 자신의 진리와 부합하지 않으면 진리가 아니라고 하면서 극단적인 배타성을 띠게 되는 것이다.

이에 대한 반성적 성찰로서 왈쩌M. Walzer의 생각을 살펴봐야 할 것이다.

그의 고민은 자유민주주의 사회에서의 문화적 권리, 혹은 교육의 문제를 어떻게 윤리적으로 접근해야 할 것인가에 있는 것 같다. 그는 "공동체 안에서의 의식적인 행사 혹은 가정 의례와 정치적 상황에서 민족의 언어를 자유롭고 공개적으로 사용할 수 있는 권리로 확대" 되어야 한다는 것, "모든 상이한 민족적 종교적 공휴일들을 포함하는 포괄적인 달력은 어떤 특정한 민족 혹은 종교를 편애할 수 없다"[18]고 주장한다. 결국 이러한 왈쩌의 다원주의적 사고는 "자율성"에 기초하고 있다. 인간의 자율적 행동, 자율적 판단은 시민에 대한 최소주의적 입장을 취해야만 가능하다는 것을 말해 주며 더 나아가서 세계 민주주의 시민은 어떤 특정한 잣대와 편견, 그리고 배타성으로부터 자유로운 공동체의 개별적 구성원이 되어야 한다는 것을 우리에게 상기시켜 주고 있는 것이다.[19]

4. 보다 더 시급하고 근원적인 근본주의로의 이행

정치의 본질, 경제의 본질, 종교의 본질 등을 묻는 질문들에 있어서 어떤 절대적이면서 배타적인 태도는 지양되어야 마땅하다. 지금 근본주의는 세계화라는 현상을 통하여 종교의 상호 침투가 자연스럽게 이루어지고 있다. 종교의 상호 침투로 인한 상호 영향이나 상호의존적 관계가 형성되고 있는 것이다.[20] 이러한 상황은 어떤 정치적 형태나 경제적 모델, 더 나아가서는 종교적 진리가 절대적이라고 말할 수 없다는 것을 의미한다. 또한 국가와 시민, 그리고 종교는 서로 상호 의존적 관계라는 것을 분명히 해야 할 시대적 상황에 직면해 있음을 반영하는 것이다. 여기에서 앞서 말한 것처럼 종교, 경제, 정치, 문화 등에 대한 과거의 경험과 편견은 진리의 근원과는 거리가 멀게 만들 수 있다. 그러므로 우리는 그러한 종래의 자세에 대해서 거리를 두어야 할 필요가 있다.

다문화적 상황, 다원주의적 시대, 세계화라는 현실은 서로 맥락을 같이하는 현상이라는 것에 주목해야 한다. 물론 이러한 현상들이 각 전통적인 제도와 관습, 문화, 종교, 언어, 경제적 활동 등에 직간접적인 영향을 미치기 때문에 극단적인 근본주의적 성향을 보이는 것은 당연할 수 있다. 그러나 근본주의가 결코 자국의 이익과 자신의 종교와 신념, 정치와 경제적 이익을 위한 이데올로기가 될 수는 없다. 오히려 앞서 논의한 것처럼 근본적인 문제 앞에서 근본적인 성찰과 근원으로 회귀하려고 하는 보다 엄밀한 물음과 더불어 그것이 과연 근본적인 것인가를 끊임없이 물어야 한다는 것이다.

이것은 하이데거가 말하듯이, 인간의 세계에 대한 개방성을 전제한다. 그는 인간의 '세계로서의 전체에서' "존재 연관들 내에서의 다양한 존재자–타인들, 동물들, 식물들, 물질적 사물들, 예술 작품들, 다시 말해서 우리가 존재자로서 만날 수 있는 일체의 모든 것-의 개방되어 있음을 허용한다."[21]고 기술하고 있다. 이는 인간이 배타적 존재, 울타리적 존재가 아니라 세계에 대해서 개방되어 있는 존재라는 것이다. "다양한 존재자의 개방되어 있음을 허용한다."는 표현은 근본적인 존재, 근본이라고 하는 언표 속에는 같은 생물학적·천체물리학적 시공간의 역사와 무시할 수 없는, 그러면서 동시에 역사적 한계를 지닌 관계적 존재임을 드러내 준다. 여기서 중요한 것은 '개방을 허용한다'가 아니라 '개방되어 있음을 허용한다'는 말이다. 인간은 '있음'으로서 세계에 열린 것이다. 존재가 타자와의 관계성을 가능하게 했다는 의미로도 해석할 수가 있다. 일찌감치 인간의 몸이 가장 원초적이며 시원적이라고 파악하여 이른바 현상학적 의미에서 몸의 존재론을 부각시킨 학자가 폴 리꾀르Paul Ricoeur이다.[22] 인간의 육체적 존재론을 통하여 인간의 몸의 시원성은 세계와 만난다. 다시 말해서 모든 생명체는 자신의 "종들이 절멸되지 않고 변형되면서 일어나야 하는 여러 형질들에서의 공동 작용을 통한 변화" 즉 베르그손H. Bergson이 말한 "생명의 약동"elan vital 또는 어쩌면 생명의 추동력과 같은, 또 다른 이름의 신神이라고 할 수 있는 "의식의 흐름"과 같은 동근원적 원리를 가지고 있다고 봐야 할 것이다.[23] 그러므로 근원적 환원 혹은 근본적 회귀는 결국 우리 자신이 동근원적 지평을 가지고 있었고 여전히 그 지평을 가지고 있다는 사실을 자각할 때 가능할 수가 있다.

이 지평은 가만히 있는 것이 아니라 변화한다. 하이데거의 표현을 빌린다면, 넘어간다(übergang). 인간은 원초적으로 고유한 양식을 가지고 있다. 달리 말하면 갈라져 있다. 그것을 우리는 현–존재(Da-sein, 거기에-있음)라고 한다. 그 현존재는 실존한다existiert. 즉 밖에 나가–있다ex-sistit.

> 그것은 그 존재의 본질상 하나의 '자기 자신에서부터 밖으로 나가섬' Heraustreten aus sich selbst인데, 그렇다고 해서 자기 자신을 떠나가 버리는 것은 아니다. 인간이란 저 '머물러 있지 못함'이며 그러면서도 '자기를 떠날 수 없음'이다. … 인간은 하나의 '넘어감' übergang, 즉 일어남의 근본적 본질로서의 넘어감이다.*[24]

자기 자신을 벗어나지 않으면서 동시에 넘어선다는 것은 대체 무엇일까? 현존재의 근원적 존재 방식의 되물음이 또 시작될 수밖에 없다. 지금 인간은 현존재의 본질로서의 넘어감이라는 이행을 위한 용기와 결단이 필요하다. 필자는 그것을 '생태 근본주의' 혹은 '녹색 근본주의'로의 이행을 감행해야 한다고 생각한다. 시대와 상황을 고려해 볼 때, 지금은 종래의 종교, 정치, 언어, 도덕 등의 근본주의를 넘어서 인간의 동근원적 본질로의 이행, 지평의 확장으로의 이동meta이 요청된다. 앞에서 우리는 근원, 시원으로 돌아가자는 후설의 현상학적 논리를 인간의 삶에 대폭 수용해야 할 것을 말한 바 있다.

여기에서 녹색 근본주의 혹은 생태 근본주의의 논리도 바로 "자연으로 돌아가자"는 것으로 본다. 이것은 자연으로의 회귀, 본성으로의 회귀, 인간 정신의 시원으로의 회귀와 다르지 않다. 박병상은 "돌아갈 때가 되면 돌아가는 것이 진보"라고 말하면서 현대 사회에서 "녹색공동체"의 중요성을 설파한다.[25] 물론 이러한 녹색 근본주의를 위해서 단순한 근본생태론자deep ecologists의 선언을 반복적으로 이상화시키는 것은 아니다. 예컨대 그렇기 때문에 "세계는 근본적으로 하나이다." "큰 자아의 실현을 추구하라."는 등의 언명은 현실적인 한계를 전혀 고려치 않은 소박한naive 생태 담론이라고 비판받을 수 있다.[26] 그래서 김명식은 그에 대한 대안으로 심의민주주의적 생태 담론을 주장한다. 그에 따르면 심의민주주의와 대화민주주의는 거의 같

---

* 레이첼즈는 이러한 견해에 대해서 다소 긴 내용으로 마감한다. '다윈은 도덕적 진보가 나아갈 방향에 대한 나름의 입장을 가지고 있었다. 우리가 살펴본 바와 같이 그는 **도덕 감정**이 국가, 인종, 사회적 지위 혹은 결함과 관계없이 궁극적으로 모든 인류를 포함하고, '최종적으로 하등동물'을 포함하는 데까지 확장하리라 생각했다." (403, 굵은 글씨는 필자의 강조). 이런 의미에서 볼 때 나의 몸과 정신뿐만 아니라 모든 생명체의 현재적 구성은 도덕감정에 의한 것이다.

은 맥락의 논의라고 본다. 즉 대화, 논증, 숙고의 과정들을 거치면서 근원적인 인간 삶의 문제로서의 생태 담론을 합리적으로 해결해 나가려고 하는 것이다. 심의민주주의적 생태 담론이 함의하는 토론, 논의, 논증은 의사소통을 위한 매우 중요한 이성적 판단과 공동체적 합의 과정이다.[27] 특히 이러한 생태 담론은 서로 다른 이익 집단과 서로 다른 견해를 가지고 있는 개인들과의 생각 차이를 줄여 나가면서 자연 환경 문제를 해소하고자 이른바 '대화'라고 하는 의사소통의 형식을 추구한다는 점에서 시사하는 바가 있다.

대화dia-logue라는 것은 인간과 인간 사이의 거리─좁힘이자 풀어─밝힘[해석]이다. 종교·정치·언어·경제·문화 등에서의 문제들에 대해서 자신의 교리·학설·판단만이 절대적이라고 주장하는 것이 아니라, 사태에 따른 언어적 맥락과 사건을 해석하면서 서로 이해하고 용인할 수 있는 인간 이성의 표현 수단임에 틀림이 없다. 자연을 대하는 바라봄의 태도와 의식은 저마다 다를 수가 있다. 이것은 마치 자신이 믿고 있는 종교의 신념 체계야말로 절대적 진리라고 확신하면서 타자의 믿음 체계를 사멸시키고 자신의 종교적 신념을 강제적으로 받아들이게 하는 데까지 나아갈 수 있다. 그렇기 때문에 대화라고 하는 것은 강제적·폭력적·일방적 수단이 아니라 인간의 근원적 성찰을 도와주는 의식의 자발성이자 인간의 몸과 의식의 시원을 이룬다고 봐야 할 것이다.

인간이 지구 공동체 또는 우주 공동체 속의 존재라고 할 때, 그 인간은 종교, 언어, 정치, 경제, 교육 등에 대한 근원적인 물음을 넘어서 '보다 더' 근원적으로 뿌리와 기원을 묻는 생태 근본주의로 나아가지 않을 수가 없다. 이것은 종교 감정의 최초 발생의 시원이 아닌 도그마나 철학적 변증에 의해 굳어진 종교 근본주의, 물질에 근본을 두고 있는 신자유주의로 인한 여러 국가와 민족이 아픔을 겪는 것 이상으로 자연이 그 뿌리를 상실할 위기에 처해 있기 때문이다. 보다 더 근원적인 것을 묻는다는 것은 인간이 어디서 왔는가를 다시 한번 상기하는 것이며, 그러기 위해서 종래의 모든 자연에 대한 편견을 내려놓고 자연을 사심 없이 볼 수 있는 태도가 요구된다.

우리의 의식에 직접적으로 주어진 사회적 범주로서의 자연이라는 대상으로의 회귀는 더 근원적인 우리 삶의 과제가 되고 있음을 간과해서는 안 될 것이다. 왜냐하면 "역사에로의 진정한 되돌아감은 본래적인 미래성의 결정적인 시원(시작)"[28]이기 때문이다. 이성에 의한 철학적 성찰, 보다 근원적 인식이야말로 인간의 삶의 진보를 가지고 올 수 있다는 확신이 있어야 한다. 우리 한국사회가 근대의 계몽적 이성에 대한 경험이 없이 곧바로 포스트모더니즘 사회로 접어든 것은 오히려 그렇기 때문에 현재의 인식과 실천의 근원을 캐물어야 한다는 과제가 주어져 있다. 따라서 우리 사회는 그 '포스트' post에 대한 근원적 성찰 이전의 모더니즘에 대한 시원적 성찰이 없이는 미래의 진보를 지금 여기로 앞당길 수가 없다. 아직 오지 않은 미래의 가능성은 근본주의에 달려 있지 않다. 다만 다원화·다문화·다양화된 사회와 국가는 민족의 보편성과 개별성이라는 두 수레바퀴를 어떻게 조화시키는가 하는 문제에 직면해 있는 것이다. 그러나 그러기에는 우리의 근본주의적 태도는 뿌리가 깊고 그 근본주의의 물꼬는 보다 더 근본적인 데로 방향을 바꾸어야 한다고 보는데, 필자는 그것을 녹색 근본주의 혹은 생태 근본주의라고 보고 있는 것이다. 모든 공동체와 생명체의 근본적 토대, 시원적 토대는 생명이기 때문이다.

5. 나오는 말 : 교화철학을 거울 삼아 근원적 성찰과 대화의 지평으로

요한네스 헤센J. Hessen은 "서양에 있어서 종교계 및 종교 그 자체의 운명은 궁극적으로 그리스도교 자신에 달려 있다. 현재 그리스도교는 전 그리스도 신자들의 마음을 아프게 하는, 이상과 현실 간의 간격을 드러내 보이고 있다. 오늘날 스스로를 그리스도인임을 자처하고 또 그렇게 불리고 있는 사람들, 너무나 많은 사람들 가운데서 진정 새로운 인간, 부활된 인간은 극소수에 불과하다."[29] 종교적 근본주의에 경도되어 있거나 마치 그것이 그리스도교 더 나아가서 종교의 근원적 가르침이라고 인식하는 사람들은 아직 이성적 반성이 엄밀하게 이루어지지 않은 것이다. 이성적 숙고를 통해서 종교의 근원, 자신의 믿음과 신념의 뿌리까지 캐들어 가서 사유하려고 하는 종교인이라면 자신의 종교적 가르침과 도그마에 의해 타종교와 타자 일반을 단순히 구원의 흑백논리로 판단하지 않을 것이다. 종교의 시원적 가르침은 남을 판단하기에 앞서 자신을 돌아보고 성찰하라는 가르침뿐이며, 거기에 진정한 인간의 길, 다시 태어나는 길이 있기 때문이다.

근본주의의 입장에서 볼 때 가장 커다란 적은 신앙, 양심, 종교의 자유를 부르짖는 자유주의와 다원주의이다. 이런 상황에 맞닥뜨린 근본주의는 상대방을 이해하려 하지 않으며, 오히려 불관용적 태도로 일관하게 된다.[30] 그러나 진정한 근본주의는 종교적인 의미에서 볼 때, 그리스도가 십자가 사건을 통하여 자기를 부정한 것처럼, 비움을 배우는 종교, 서로 배우는 종교가 되어야 할 것이다. 배운다는 것은 서로 다름을 인정하면서 서로 배우는 것이다.[31] 십자가의 사건을 통하여 자기를 비운다는 것에 대한 철학적 해석은 판단 중지를 통한 태도 변경이라고 볼 수 있을 것이다. 그러나 여기서 태도의 변경이란 반드시 인간 이성을 통한 독아론獨我論적 자세만은 아니다. 이성적 존재만이 옳다거나 이성적 존재인 인간만이 유일하게 생명적 가치를 지닌 존재라는 주장을 하고자 하는 것도 아니다. 십자가의 사건이 자기 비움과 과거의 신앙적 태도에서의 방향 전환이자 의식의 전환이라면, 그 사건을 가능케 하는 우리의 시원적 몸의 경험과 맞닿아 있는 타자적 생명체 혹은 다른 생명 일반에 대한 동근원적 사유를 자각해야만 한다. 다시 말해서 인간의 도덕적 자아의 시원은 근원적으로 의식의 독특성과 또한 우매한 무비판적 독단에 있는 인간 근본주의 즉 맹목적인 종교 근본주의나 경제 유일주의를 넘어서 생태휴머니즘 내지는 생태 근본주의를 지향할 것을 요청하는 것이다.

또한 근본주의는 파편화된, 분열된 콜라주통합되지 않은 콜라주, Collage에서 완성된 형태의 콜라주로 가고자 하는 그 '과정' 가운데 있는 것이어야 하며 그렇기 때문에 그 근본주의의 시원을 끊임없이 묻고 그 근본주의의 근원성에 대한 트라우마를 극복하기 위해서라도 그 근원성에 대해 캐묻고 환원하려고 하는 욕망은 멈추지 말아야 할 것이다. 근본주의는 진정으로 그 고유의 근원의 정신을 묻고 실천하고 있는가, 아니면 포장된 이데올로기에 지나지 않는가.

세속주의와 근본주의는 사회적으로 그리고 이념적으로 서로를 구성하고 있기 때문에, 근본주의는 어떤 "문명"의 종교적 핵심의 최종적 구체화도 아니며, 세속주의로 운명 지워진 길에서 순간적으로 탈선한 것도 아니다. 그것은 오히려 근대 세계 안에서 반복적으로 발생하는 역사적 현상이며 앞으로도 그럴 것이다.[32]

리제브로트도 근본주의가 시대적으로 하나의 완결된 형태의 종교적 이념이나 공동체의 형태, 그리고 절대적 진리 체계가 아니라는 점을 지적한 것이다. 미국의 철학자 리처드 로티R. Rorty는 이러한 사유 일반에 대해 해체하려고 했던 인물 중의 하나이다. 그는 종래의 주류 철학, 논변철학, 전통적인 철학을 '체계 철학' systematic philosophy이라고 규정하고, 주변부의 철학을 '교화 철학' edifying philosophy이라고 하면서 서로를 구분한다. 전통적인 인식론, 특히 칸트의 인식론은 건축술적인 체계에 따라 구축된 철학이며, 그는 무엇보다도 진리란 무엇인가라는 그 절대적 인식에 다다르려고 했던 철학자이다. 그와 같은 철학자들이 자신의 논리와 논지를 개진하고자 진리를 찾아가려고 했던 것에 반해, 교화 철학은 '대화' conversation가 끊이지 않도록 하는 지혜에의 사랑을 추구하는 철학이라고 주장한다.*33

교화 철학edifying philosophy, 敎化 哲學의 요점은 바로 객관적인 진리objective truth를 찾기보다는 대화가 계속 진행되도록 만드는 것이다. 내가 옹호하고 있는 견해에 따르면 그러한 진리는 정상적인 담화discourse의 정상적인 결과이다. 어떤 특권적인 일련의 기술을 실체화하여 보편적인 공약을 제안함으로써 대화를 끝내려는 기도에 반대하는 저항으로만 의미가 있는 교화 철학은 비

---

* "체계 철학자들systematic philosophers은 자신들이 논의하고 있는 주제들이 과학(필자 주: 자연과학처럼 엄밀한 학문 일반)으로 가는 안정된 길 위에 놓이기를 원한다. 교화 철학자들은 시인들이 때때로 불러일으키곤 하는 경외의 여지를 남겨 놓기를 원한다. 이 경외는 하늘 아래 새로운 것이 있으며, 그것은 이미 있었던 것을 정확하게 표상한 것이 아니며 (적어도 한동안은) 설명될 수 없으며 거의 기술될 수도 없는 것이다." (원서 369-370쪽=번역본 397쪽).

정상적일 뿐만 아니라 반동적이다. 교화적인 담화는 사람들이 자신들에 대해서 생각하는 방식인 어떤 주어진 어휘를 통해서 이제 모든 담화가 정상적인 담화가 될 수 있으며 그러해야 한다고 생각하게 만드는 위험을 막아내려고 한다. 교화 철학자의 시각에서 볼 때 이는 문화가 얼어붙고, 인간을 비인간화하는 일이다. 따라서 교화 철학자는 "모든 진리"를 넘어 진리를 무한히 추구하려는 레싱의 선택에 동의하고 있다.*34

로티의 철학적 입장을 응용하여 근본주의의 방향 혹은 근본주의에 비판에 대해 정리한다면, 앞으로 종교도 체계적 신학을 통해 자신의 논변을 구축하고 변론하고자 하는 태도에서 교화적 신학으로 나아가 타자와 끊임없이 대화하려는 노력들이 있어야 할 것이다. 전통적인 종교 인식론 혹은 신인식神認識의 사변을 벗어나서 서로 열려진 진리 체계와 담론의 상황 언어를 통해 대화는 끝이 없어야 할 것이다. 그 대화는 각 종교 및 철학의 전통과 현대의 근원적 대화요, 인간과 인간, 세대와 세대의 근원적 사이를 묻는 대화여야 함은 두 말할 필요가 없을 것이다.

이러한 측면에서 헤셴은 키에르케고르S.Kierkegaard의 글을 인용하면서 "제일 필요한 것은 그리스도교의 하나의 새로운 개종이다. 자질구레한 눈으로

* 필자는 '담화' discouse라는 개념을 '담론'으로 바꾸는 것이 좋다고 생각한다. 만일 로티가 철학적 대화 및 과거 전통적인 체계 철학과의 대화를 의미하는 측면에서 '담화'를 사용했다면, 논의, 논리, 절차, 합의, 의사소통 등의 절차적·민주적 함의를 띠고 있기 때문에 '이야기'를 뜻하는 '담화'라는 번역어보다 '담론'이라는 용어가 보다 더 적절할 것이다.

볼 수 있는 것과는 다른 종류의 개 종말이다."[35]라고 말한 적이 있다. 다른 눈으로 본다는 것은 현상학적으로 볼 때 근원적인 눈, 근원적인 시야를 갖고 바라봄이라고 말할 수 있다. '근원적인 봄은 사물의 이해, 거기에서 만나는 이해와 연관되어 있다.'[36] 지금 우리는 근원적인 봄을 통해서 우리에게 주어진 사물과 사건의 조우를 진정으로 이해하고 있는가. 감정적 이해이든 논리적 이해·종교적 이해이든 그 이해에는 어떤 이치를 가지고 풀어야 한다는 의미가 내포되어 있다. 그 이치란 다른 것이 아니라 근원적으로 보도록 하는 이성적 힘, 이성적 반성을 의미하는 것이다. 그 엄밀한 이성적 숙고를 한시라도 놓치게 될 때, 우리는 우리 앞에 놓인 대상과 사태에 대해서 편견과 아집, 과거의 경험에 의해 그릇된 판단을 할 수밖에 없다. 현재 우리 앞에 놓여 있는 정치, 경제, 사회, 문화, 언어, 지리, 종교, 환경에 대한 근본주의적 태도가 우리의 정신에 편견과 잘못된 지혜로 작용하기 전에 현상학적 환원을 통해 순수한 자아를 회복할 일이다. 그것이 키에르케고르가 말했던 지금까지와는 전혀 다른 개종, 예전과는 완전히 다른 바라봄이라 말할 수 있을 것이다. 그것이 지금 당장 우리에게 필요하다고 여기지 않는가?

이슬람 근본주의와 한국 이슬람

박 현 도 | 명지대 중동문제연구소 책임연구원

이른바 근본주의가 무서운 것은 다양한 목소리에 귀 기울이지 않고 스스로 옳다고 여기는 것을 상대방에게 강제하기 때문이다. 근본주의, 원리주의, 이슬람주의, 정치 이슬람의 이슬람 국가 건설을 불안하게 여기는 것은 이슬람을 증오해서가 아니라 그러한 나라를 건설하려는 사람들이 이슬람의 이름으로 여성, 비무슬림, 그리고 성적소수자(동성애자)를 억압하고 박해하기 때문이다.

이슬람 근본주의와 한국 이슬람[*]

1. 참으로 혼란스러운 용어, 이슬람 근본주의

이슬람은 현대 세계에서 그 어떤 종교보다도 빈번하게 근본주의라는 말을 수식어로 달고 언론 매체에 단골로 오르내리는 종교 전통이다. 그러나 마치 고유명사인양 입에 착착 달라붙어 버린 이슬람 근본주의를 논하기는 생각보다 쉽지 않다. 주지하다시피 근본주의는 현대 과학기술과 합리적 사유 방식에 따른 자유주의적 성서 해석에 반기를 든 19세기 말 20세기 초 미국 개신교인들의 신앙 해석에서 유래한 말이다. 이들은 불변의 가치를 지닌 그리스도교의 근본 교리로 "성서 무오설, 그리스도의 신성과 죄인을 위해 십자가에서 죽으심, 예수의 부활과 승천 그리고 심판을 위한 재림, 사탄과 비 기독교인들의 멸망, 예수를 믿는 자들의 부활과 하늘나라에서 하나님과 영원히 사는 것"을 꼽았다.[1] 근본을 지킨다는 의미에서 이들의 신앙을 근본주의라고 불러왔다.

그런데 이처럼 근대 미국 개신교라는 태생적 배경을 지닌 근본주의라는 말을 다른 종교 현상에도 써도 괜찮을까? 만일 쓸 수 있다면, 도대체 근본주의가 보수주의나 정통주의와는 어떻게 구분되는 것일까? 어떠한 종교 현상을 근본주의라고 불러야 할까?

1990년대에 서구학자들이 근본주의 연구 결과를 다섯 권의 책으로 발표하였지만, 근본주의라는 현상을 명확히 정의하기란 여전히 쉽지 않다.[2] 그럼에도 불구하고, 특별히 2001년 9월 11일 알카에다가 납치한 비행기로 뉴욕 쌍둥이 빌딩을 폭파한 이래, 언론 매체는 다소 무분별하게 '이슬람 근본주의'라는 말을 남용해 왔다. 그 결과 '이슬람 = 테러 = 근본주의'라는 도식 하에 무슬림의 종교적 표현을 폄훼하거나 혐오하는 대중의식이 형성되었다는 비판을 피할 수 없다. 종교를 모두 모아 공부한다는 종교학이 종교라는 말을 시원하게 설명하지 못하고 있는 것처럼, 근본주의 역시 모두가 공감할 만한 개념 정의가 없다 보니 언론 매체의 과감한 용어 선택과는 달리 이슬람 근본주의라는 말은 쓰면 쓸수록 혼란만 부채질한다.

2. 어쩔 수 없이 쓰긴 하지만

무슬림들에게 생소한 표현이었던 근본주의를 아랍어로는 "우쑬리야" uṣū

liyyah로 번역한다. "우쑬"이 뿌리·근본·원리라는 뜻이니, 말 그대로 근본주의다. 외래 용어로 역사적 태생이 이슬람과 무관한 말이라 이해하기 쉽지 않은 말이다. 그런데 이슬람 근본주의라는 표현이 두서없이 언론 매체에 오르내리니 무슬림들 입장에서는 어안이 벙벙한 일이 아닐 수 없다. 이를 반영이라도 하듯 현대 서구학계에서 큰 영향력을 행사하고 있는 이란계 미국 무슬림 학자 세예드 호세인 나스르는 일반명사로 굳어져 버린 이슬람 근본주의라는 단어 자체가 올바르지 않다고 지적한다.

> 이슬람에는 매우 다양한 형태의 종교 운동이 있고, 이들은 서로 다른 성격을 지니고 있는데, 불행히도 이들이 "근본주의"라는 이름 아래 한통속으로 묶여 버린 꼴이다. 이 글에서 내가 "근본주의"라는 말을 쓰는 이유는 현재 너무 대중화되었기 때문일 뿐이다. 이슬람 세계에 사는 무슬림 대다수는 종교 문화적 정체성을 보존하고, 식민지 시대에 유럽의 법체계가 밀어낸 신법神法을 다시 적용하고, 전 이슬람 세계와 이슬람 공동체al-ummah를 함께 묶으며, 이슬람의 지적, 예술적 전통을 다시 되살리길 강력히 바라고 있다. 이러한 갈망을 적극적으로 수행하려는 마음을 단순하게 "근본주의"라고 보아서는 안 된다. 이러한 이상을 품고 있는 사람들은 오히려 대부분 전통주의자이기 때문이다.[3]

어쩔 수 없이 근본주의라는 말을 쓰긴 하지만 그 단어의 일반적 용법에는 동의하지 않는다는 말이다. 서구 식민지에서 독립국으로 변모하였음에도 불구하고 지속되는 서구의 정치, 경제, 문화적 영향력에 대한 반감을 양분 삼아 성장한 이른바 이슬람 근본주의자들은 이슬람 규범과 관습을 되살려

야만 현대 이슬람 사회가 직면한 제반 문제를 풀 수 있다며 이슬람적 대안
을 제시한다. 그러나 그러한 과정에서 종종 그들이 그토록 못마땅하게 여기
는 서구의 논제와 가치 판단을 받아들이고 있다고 나스르는 지적한다.[4]

3. 이슬람 근본주의는 없다?

국내 이슬람 학자들 중에서는 정수일이 가장 열정적으로 근본주의라는
말을 논박한다. 나스르처럼 그는 근본주의라는 말을 받아들이지 않을 뿐 아
니라 근본주의자들을 전통주의자로 본다. 정수일의 표현을 빌자면 이슬람
근본주의라는 말은 "사실 얼토당토 않은 일종의 허상이요 유령"이요, "용어
부터 개념에 이르기까지 너무나 애매모호하여 통 종잡을 수가 없다." 원래
그리스도교에서 나온 이 말은 세속화와 자유화에 맞서 근본을 지키려는 그
리스도교의 경우에나 맞는 말이지 이슬람에는 합당한 말이 아니라는 것이
다. 또 근본주의는 원리주의와 다르다고 말하지만, 그 정확한 차이에 대해
서는 설명하지 않는다.[5]

> 지난 1,400여년간의 이슬람 역사에서 근본교리나 6신信 5주柱 (여섯 가지 믿음
>
> 과 다섯 가지 종교 의무)를 포함한 '근본적인 것'이 도전받거나 거부되어 그것
>
> 을 회복하거나 지키기 위해 '근본주의' 같은 것이 필요한 적은 한번도 없었
>
> 다. 이슬람에서 경전 『꾸르안』은 누구에게나 절대적이어서 비판의 여지란
>
> 있을 수 없고, 또한 이슬람 자체가 근본이요 원리이기 때문에 따로 어떤 '근
>
> 본주의' 같은 것이 이슬람과 병존한다고 상상할 수도 없다. 따라서 근본이

없는 '근본주의'란 명약관화한 어불성설이다.[6]

정수일에 따르면 이슬람 정치사상사에는 통칭 근본주의라고 할 만한 실체가 없고, 이슬람 사회에는 "여느 사회와 마찬가지로 항시 손등과 손바닥 관계와 같은 보수와 혁신이라는 위상적 대립관계만이 존재해 왔다."[7] 그는 보수를 근본주의와 동일시하는 것은 그리스도교 개념이라고 생각한다. 소위 이슬람 근본주의는 보수주의뿐 아니라 혁신주의까지 포함하고 있으니 보수주의가 근본주의라는 논리는 성립되지 않는다고 주장한다. 또 서구학자들이 이슬람 근본주의라고 부르는 현상이 그리스도교 근본주의처럼 전투성을 지니고 있다고 해서 이슬람 근본주의라 지칭하는 것은 비과학적 접근이라고 비판한다.[8] 근본이 도전 받은 적이 없기에 이를 지키기 위해 그리스도교처럼 전투적 근본주의로 무장하여 투쟁할 필요가 없었고, 따라서 이슬람 근본주의란 말은 합당하지 않다는 뜻이다.

그의 말마따나 이슬람 역사에 이슬람의 근본을 어긴 경우가 없다면, 이는 역설적으로 이슬람 그 자체가 근본주의요, 근본을 거슬린 적이 없는 무슬림들은 근본주의자라는 뜻이 된다. 즉 이슬람 근본주의는 잘 못된 말이지만, 이슬람이 근본주의라는 말은 옳은 말이라고 해석할 수도 있을 것이다. 그렇다면 우리 나라도 예외는 아닐 터, 한국 이슬람 역시 근본주의를 지니고 있다고 해도 과언이 아닐 듯싶다.

그렇다면 역사상 위배된 적이 없는 이슬람의 근본 교리란 무엇일까? 순니와 시아 종파 간의 미묘한 차이점을 제외하면, 유일신 하나님께서 직접 내려주신 꾸란은 한 점 오류 없이 신성한 하나님의 말씀이고, 사도 무함마드는 하나님께서 당신의 말씀을 전하기 위해 보내신 인류 최후의 예언자이며, 하나님은 최후의 심판일에 모든 존재를 부활시켜 종말의 판결로 믿는 자들을 구원하신다는 것으로 압축할 수 있다. 이러한 근본을 지키려는 무슬림이라면 모두 근본주의자가 될 것이고, 거의 예외 없이 모든 무슬림을 근본주의자라고 불러도 무방할 것이다.

4. 다른 말은 없을까?

모든 무슬림이 근본주의자가 되는 상황을 보면 근본주의라는 말이 참 애매모호하다는 생각을 피하기 힘들다. 그렇다면 이러한 혼란을 최소화하기 위해 근본주의 대신 쓸 수 있는 다른 말은 없을까? 근본주의 대체어로는 원리주의, 이슬람주의Islamism, 그리고 요즘 정치학 관련 글에서 종종 나오는 정치 이슬람Political Islam이 있다. 대체어라고 하지만 결국 같은 의미다. 근본주의처럼 이슬람의 근본 가치를 추구하기 때문이다. 다만 이슬람주의나 정치 이슬람은 이슬람이라는 용어 때문에, 그리고 이슬람을 현실 삶에 그대로 구현하고자 하는 운동을 지칭하는 경우가 많기 때문에 좀 더 구체화되고 역동적인 느낌을 준다. 학계나 언론에서는 무슬림형제단, 헤즈볼라, 하마스, 알카에다, 탈레반, 이란의 이슬람 정치체제 등 구체적 이슬람 정치운동을 하는 무슬림 개인이나 집단을 지칭할 때 주저 없이 이들 용어를 적용하고 있다.

원리주의자, 이슬람주의자, 정치 이슬람 세력들은 이슬람법이 적용되는 이슬람 국가를 세우려고 노력한다. 예언자 무함마드가 계시 받은 신의 말씀인 꾸란과 예언자의 언행인 하디스에서 법의 원리를 찾고 이를 사회 실생활에 적용하는 국가다. 그런데 이슬람법이 지배하는 이슬람 국가는 이슬람을 총체적 삶의 양식으로 규정하기 때문에 우리에게 익숙한 정교분리政敎分離가 아니라 정교일치政敎一致의 사회를 지향한다. 따라서 이슬람 국가를 꿈꾸는 원리주의자, 이슬람주의자, 정치 이슬람 세력은 오랜 세월 동안 왕권과 교황권이 치열하게 싸운 역사 속에서 형성된 서구의 세속주의 전통을 평가절하한다.

5. 반서구 담론

1798년 나폴레옹의 알렉산드리아 점령 이래 본격적으로 서구 열강의 침탈지가 된 중동 이슬람 문화권에서 서구는 무슬림들이 여전히 극복해야 할 대상으로 남아 있다. 무슬림들은 특히 정교분리의 서구식 민주주의를 꾸란과 예언자의 언행에 근간을 둔 정교일치의 이슬람 신앙 생활양식에 대한 도전으로 여기고 지양할 대상으로 간주한다. 또한 하나님께서 직접 내리신 신성한 계시이자 한 점 오류도 없는 꾸란과 이를 전한 인류 최후의 예언자 무함마드를 7세기 아라비아라는 시공간적 맥락에서 합리적 지성이라는 이름하에 역사적으로 해석하는 서구 이슬람 학계의 학문적 방법론과 그에 따른 연구 결과물을 도저히 인정할 수 없다는 입장을 견지하고 있다. 서구의 세속적 가치와 함께 서구학자들의 이슬람 연구는 이슬람의 근본을 훼손하는 중대한 도전으로, 반드시 막아내야 할 외부의 적이다. 정치와 종교가 엄격히 분리될 수 있으리라 믿는 서구인들의 세속주의는 삶 전반에 영향을 미치는 이슬람 신앙생활과 병립할 수 없고, 서구 그리스도교인들이 호교론적 입장에서 행한 이슬람 폄훼는 물론이요, 언어역사학적 분석을 통한 순수한 학문적 이슬람 연구마저 이슬람을 파괴하려는 서구의 음모라고 생각하기 때문이다. 근대 지성과 합리주의의 탈을 쓰고 이슬람의 근본을 뒤흔드는 서구를 용납할 수 없는 것이다. 이는 곧 이른바 근세기 이슬람 근본주의가 내부보다는 외부의 도전, 특히 서구의 위협에서 탄생하였다는 것을 시사한다.

6. 한국 이슬람은 어떨까?

그런데 자립 기반이 아직은 미약한 한국 이슬람도 무슬림 세계의 근본주의적 반서구 담론에서 그다지 자유롭지 못하다. 실로 '서구의 이슬람 왜곡'이라는 말은 국내 이슬람교계와 학계에서 거의 예외 없이 즐겨 쓰는 용어다. '서구의 이슬람 왜곡'은 근본주의라는 말만큼이나 애매모호하기 이를 데 없다. 왜냐하면 구체적으로 서구의 누가 어떻게 이슬람을 뒤틀어보았는지 적시하지 않기 때문이다. 마치 비무슬림들이 이슬람의 다양한 현실을 무시하고 한데 묶어 뒤틀어보듯, 한국 이슬람교계나 학계 역시 서구 학자들의 다른 배경과 학적인 태도, 논설을 뭉뚱그려 세세한 구분 없이 총체적으로 서구라고 부르는 일반화의 오류를 자주 범한다.

9·11뉴욕 참사 이후 국내 인문학 베스트셀러가 된 『이슬람』을 예로 들어 보자. 전반적으로 이 책은 한국인이 이슬람에 대해 갖는 편견을 깨기 위해 이슬람 문화권에서 공부한 학자들이 최대한 객관적으로 쓴 책이라는 특징이 있다. 그런데 여기서 말하는 편견이란 바로 서양식 사고방식에 물든 편견으로 우리의 지식이 서양 세계로부터 유입되었음을 의미한다. 그러나 구체적으로 어떤 편견을 우리가 지니고 있는지, 그 편견의 근간이 되는 학

설이 무엇인지 친절하게 설명하지 않는다. 그 결과 진지한 태도로 이슬람에 대해 논의해 온 서구 학자들 역시 편견의 생산자로 전락하는 일반화의 모순이 생긴다. 서구를 지나치게 의식하는 이러한 태도는 사실 한국 무슬림 초기 세대에서부터 찾아볼 수 있다. 국내 최초의 무함마드 전기를 쓴 서정길의 경우 『마호멧 전기』에 무함마드와 하디스에 대한 서구인들의 평가를 실었다.[9] 서구의 이슬람관을 의식하고 있었기에 이에 대한 방어기제를 작동한 것으로밖에 볼 수 없는 시도다. 정수일 역시 그의 책 『이슬람 문명』에서 편견으로 인해 이슬람교를 폭력과 타락의 종교로 오도한 근원으로 유럽과 유럽인을 든다. 진지하게 이슬람을 연구한 유럽인에 대한 언급은 없다.

국내 이슬람 연구는 이슬람교를 폭력과 타락의 종교로 오도한 배후로 유럽과 유럽인을 들면서[10] 서구에 대해 부정적이고 방어적인 편이다. 서구학계의 이슬람 관련 연구에 대한 국내 평가는 한국 이슬람교 중앙회 홈페이지의 「서방세계에서 본 이슬람」이라는 글에 압축적으로 잘 드러나 있다. 이 글은 서구학계의 이슬람 연구 동향에 대한 학문적 평가라고 할 수 있다. 오탈자 수정 없이 원문 그대로 인용한다. [ ]안의 글은 필자가 수정한 것이다.

20세기에 들어서면서, 헝가리 사람으로 부다페스트 대학의 신학교수였던 이그나츠 골드치어Ignaz Goldziher[골트치에], 네덜란드 학자이자 행정가였던 스누우크 휘르호로네[스누크 휘르구르니예(Snouck Hürgronje)], 영국계 미국인 학자 맥도널드Duncan Black MacDonald 등은 이슬람 연구의 새 지평을 열었다. 특히 골드치어는 이슬람학을 서구에서 처음으로 학문다운 수준으로 끌어올린 인물로 평가 받고 있다. 이들은 깊이 탐구한 이슬람학 연구서들을 내놓아 이슬람 전문학자의 시대를 열었다. 뒤를 이어 이슬람 신학과 신비주의 영역의 권위자로 인정받게 되는 프랑스의 루이 마티뇽Louis Matignon[루이 마시뇽(Louis Massignon)], 역사학자인 영국의 해밀턴 기브Hamilton Gibb, 미국인 마샬 호지슨Marshall Hodgson 등이 뛰어난 통찰력으로 이슬람 신학과 역사학 분야에 족적을 남겼다. 또 저명한 동양학자들로 드 페르세르발de Percerval, 라멘스Lammens[라망스], 카에타니Caetani, 무이르Muir, 놀데케Noldeke [뇔데케(Nöldeke)] 등도 꼽을 수 있는데, 모두가 예언자 무함마드와 이슬람에 대한 선구자적인 작업들을 행하였다. 그들의 저서들은 곧 후대에 권위 있는 고전적 문헌이 되었으며, 이들의 학문적 성취와 결과들을 통해 의도적으로 꾸며지고 감정적으로 적의와 편견을 쌓았던 이슬람에 대한 유럽인들의 잘못된 시가[시각]의 원인들을 파악하고 교정할 수 있었다.[11]

그 무엇보다도 놀라운 사실은 이슬람에 대해 "성스러운 경멸감"holy contempt for Islam을 공개적으로 표출하였던 벨기에 출신 예수회 신부 라망스를 "예언자 무함마드와 이슬람에 대한 선구자적인 작업"을 한 사람으로 여기고, "의도적으로 꾸며지고 감정적으로 적의와 편견을 쌓았던 이슬람에 대한 유럽인들의 잘못된 시각의 원인들을 파악하고 교정"하였던 학자로 칭찬한 점이다.[12] 홈페이지 글은 계속해서 이들 서구학자들의 연구는 높이 살 만하기는 하지만 이들의 자만을 꺾어 버린 학자가 사이드Edward Said라고 하면서 그의 『오리엔탈리즘』[13]이 "객관성을 결여한 서구의 이슬람 연구가 지배를 정당화하기 위한 것이었음을 통렬히 밝혀 내었다."[14]고 높이 평가한다.

사실 오리엔탈리스트(이슬람 연구에 헌신해온 서구의 동양학자들)로 불리게 된 이들은 자신들이 이슬람과 이슬람 세계를 깊이 있게 연구하였다고 자부하였고, 실제로 그들이 여러 영역에서 남긴 나름대로의 큰 공적들을 부인할 수 없을 것이다. 그러나 이러한 동양학자들의 자만을 단번에 무너뜨린 책이 1978년 에드워드 사이드가 쓴 "오리엔탈리즘"이다. 예리하고 심오한 통찰력을 가진 그에게는 오리엔탈리스트들의 객관성이 문제였다. 그는 서구학자들이 그들의 잣대와 경험으로만 이슬람을 분석하여 무슬림의 실제와는 거리가 먼 이슬람 사상을 만들어 냈고, 또한 그들이 얼마만큼 이슬람의 진실을 왜곡했는지 비난 받아 마땅하다고 말하였다. 결국 그들은 이슬람 사회에 대한 서구의 우월성을 설명하려 했으며, 계속 자신들의 지배를 정당화하려는 인식의 창출에 이바지했을 뿐이라는 것이다.[15]

『오리엔탈리즘』을 기준으로 서구의 이슬람 연구가 객관성을 상실했다고 비판하는 것은 일반화의 오류를 범하는 것이다. 인용한 두 문단의 글을 보면 사이드의 『오리엔탈리즘』은 마치 학문의 선악을 나누는 전가傳家의 보도寶刀와 같은 역할을 하는 듯하다. 그러나 『오리엔탈리즘』 담론에 빠지면 객관성을 지향하는 이슬람 연구 자체가 아예 불가능하다. 객관적 이슬람 연구 결과가 조금이라도 무슬림의 경건함에 위배된다면 "지배를 정당화하려는 인식의 창출에 이바지할 뿐"이라는 낙인烙印이 찍힐 것이기 때문이다. 따라서 이슬람 연구가 국내에서 활성화되려면 그 무엇보다도 서구 이슬람 학계에 대한 부정적 인식의 근원이 되고 있는 오리엔탈리즘 담론의 폐해에 대해 심각히 고려해 보아야 한다. 엄밀히 말하자면 사이드의 책보다는 이를 정치 도구화하는 학자들의 태도가 더 큰 문제다. 오리엔탈리즘이 객관적 이슬람 연구를 막는 거대한 학문 권력이 된 것은 아닌지 반추해 볼 필요가 있다.

이슬람에 대한 무슬림의 해석이 단 하나만 존재하는 것이 아닌 것처럼 서구 학자들 역시 다양한 학설을 지니고 있다. 비무슬림이 이른바 근본주의의 틀로 이슬람을 찍어 내는 것이 왜곡인 것처럼 무슬림이 서구의 이슬람 연구를 반反 이슬람이나 이슬람 왜곡 공장으로 여기는 것 또한 왜곡이다. 서구학자라도 서로 다른 학문적 견해를 지니고 있는데 이를 모두 서구학자의 편견이나 왜곡으로 한데 뭉뚱그리는 것은 위험하다. 서구의 이슬람 연구에 비판적인 국내 이슬람교계와 학계 분위기에서 눈에 띄게 보이는 모순은 에드워드 사이드를 높이 평가하고 그의 견해에 동조하면서도 그가 오리엔탈리스트로 비판한 깁Sir Hamilton Gibb이나 루이스 Bernard Lewis를 각기 "이슬람 문화와 역사에 관한 탁월한 연구 업적"을 쌓은 학자[16], "금세기 최고의 현존하는 중동학자"[17]로 극찬하는 것이다.

국내 이슬람교계와 학계는 서구 학문세계에 좀 더 열린 마음과 객관적 연구태도를 견지하여 정치적 색채 없이 진지한 태도를 지닌 비무슬림 서구학자들의 의견을 편견이나 일반화하는 오류 없이 경청할 필요가 있다. 그렇지 않으면 서구 학자나 학계에 대한 비난이 객관성을 잃은 주관적, 호교론적인 태도에서 나온다는 오해를 씻기 힘들 뿐 아니라 치명적인 논리적 모순의 틀에 갇혀버리고 만다.

서구의 이슬람 왜곡에 대한 주관적 비판과 더불어 한국 이슬람에서 보이는 또 하나의 근본주의적 태도는 그리스도교나 그리스도교에 근거한 서구적 가치에 비추어 이슬람이 더 훌륭하다고 주장하는 것이다. 매주 한국 이슬람교 중앙회에서 발행하는 『주간 무슬림』은 그 좋은 예다. 2007년 6월 1일 210호부터 2009년 12월 18일 949호까지 영어와 한글로 연재된 '이슬람을 선택한 사람들 이야기'는 이슬람으로 개종한 사람들 이야기를 담고 있다. 이 개종담들은 주로 올바르지 못한 서구의 가치관에 실망하거나 그리스도교의 허점을 깨닫고 이슬람으로 개종한 사람들의 경험담인데, 화자가 주로 서구인들이다. 그 실례를 유형별로 몇 가지 살펴보자.

A. 올바르지 못한 서구의 가치관을 깨닫고 이슬람으로 개종한 경우

■ 헐은 남녀를 분별하지 않는 서구 사회보다 남녀 문제를 더 윤리적으로 다루는 이슬람이 더 훌륭하다고 느껴 무슬림이 된다(216호).

■ 로렌스는 술 먹는 그리스도교보다 술을 금하는 이슬람이 더 낫다고 느낀다(217호).

■ 남녀 역할이 혼란스러운 서구적 삶을 버리고 남녀가 평등하나 역할 분담이 분명하고 명료한 이슬람으로 개종한다(221호).

■ 33세 베이커는 부인이 남편을 가장으로 인정하지 않으려는 서구와는 달리 남편에게 가장의 역할을 부여하면서도 남녀가 조화롭게 살아가는 이슬람이 가정의 안정을 제공한다고 생각한다(223호).

■ 라비아 아민은 외적인 자유만을 강조하는 서양 세계와는 달리 이슬람은 내적인 자유를 준다고 생각한다(224호).

■ 요란한 말로 가득하지만 명예로운 관행이 없는 서구 세계와 달리 진정한 평등을 추구하는 이슬람에 매료되어 개종을 결심한 28세의 미국인 워커(226호).

■ 서구적 삶의 방식에서 발견되는 많은 좋은 요소들은 서양인들이 이슬람을 접한 후 발견한 것이다(243호).

B. 허점 많은 그리스도교를 떠나 이슬람으로 개종한 경우

■ 헵과 호켓은 각기 십자가를 통해서가 아니라 신앙과 행위를 통해 구원받

는다는 이슬람의 가르침이 더 합당하다고 느낀다(210, 211호).

■ 거스리는 그리스도교 4 복음서와는 달리 꾸란에는 모순이 없다는 것을
알게 된다(212호).

■ 달라드는 전능하신 하나님이 아들을 무기력하게 희생시키실 수는 없다
고 생각하였고 그런 하나님을 이슬람에서 알게 된다(214호).

■ 벌린은 십자가 수난이 구원이라고 하면서도 수난을 슬퍼하는 모순을 범
하는 그리스도교를 떠나 이슬람으로 개종한다(215호).

■ 그리스도교 원죄교리에 대한 의문을 품고 무슬림으로 된 호프만 전 알제
리 주재 독일대사(234호).

■ 탈레반에 납치되었다가 풀려난 후 이슬람에서 새로운 삶의 희망을 보고
개종한 영국 여기자 이본 리들리(237호).

■ 이슬람교로 개종한 루터교 대주교(938호).

■ 천주교 신자에서 이슬람교 예배인도자 이맘이 된 스페인 사람 빈센트
(943호).

■ 기독교인으로 태어났지만 불완전한 기독교를 떠나 이슬람에서 평온을
찾은 영국인(947호).

■ 천주교에 의문을 느끼고 이슬람에서 세상 모든 문제의 답을 찾은 폴란드
인(948호).

이처럼 『주간 무슬림』은 서구적 삶의 방식이나 그리스도교보다 더 우월
한 가르침을 주는 이슬람으로 개종한 사람들의 체험담을 실어서 이슬람의
가치가 뛰어남을 부각한다. 비록 『주간 무슬림』이 신자들을 위한 내부 교육
용 간행지이고, 개종담 역시 국내에서 다수를 점하는 외국인 무슬림을 주요

대상으로 하는 글이라고는 하지만, 한국 이슬람이 서구 문화와 그리스도교에 과민하게 반응하고 있음을 보여주는 좋은 예라고 하지 않을 수 없다.

이슬람 문명이 중세 서구에 그리스 철학, 의학, 과학지식을 전수해 오늘날 현대 서구문명이 가능하도록 했다는 주장은 대단히 쉽게 국내 무슬림 저술에서 찾아 볼 수 있다. 한국 이슬람교 중앙회 홈페이지에도 근대에 들어 서양인들이 이슬람을 보는 시각이 긍정적으로 변하기 시작하였고 "이슬람이 바로 그들의 과거 업적이었던 그리스 철학, 의학 등을 다시 유럽에 전달한, 그들보다 우월했던 문명화 된 세력이라는 것을 알아보기 시작"하였다고 적고 있다.[18] 그러나 고의적인지 아닌지 증명할 길은 없지만, 그러한 그리스서적을 아랍어로 번역한 주역들이 그리스도교인이었다는 역사적 사실을 단 한 줄이라도 언급하는 글은 찾아보기 힘들다. 그들이 서방이 아니라 동방 그리스도교인이었음에도 불구하고 말이다.[19]

비록 우리나라에 서구의 가치나 서구적인 것, 서구문명에 대해 반감을 지니며 이슬람식 삶의 방법을 강요하는 이른바 근본주의가 아직 존재한다고 할 수는 없지만, 서구의 이슬람 연구에 대한 치밀하지 못한 일반화 오류성의 비판, 서구나 그리스도교의 잘못된 삶의 방식을 비교 대상으로 삼아 이슬람의 우위를 설명하려는 자세는 한국 이슬람교계와 학계가 뛰어넘어야 할 근본주의적 태도로 남아 있다. 이는 이슬람을 반서구, 반기독교 신앙으로 간주하는 일부 개신교인들의 주장에 힘을 실어 줄 가능성이 클 뿐 아니라, 더 나아가 한국 이슬람이 개인의 자유를 보장하는 서구적 삶의 방식을 거부한 채 중동문화에 근간을 둔 율법으로 한국인을 옭아매려 애쓰는 종교라고 일반인들이 오해할만한 근거로 작동할 가능성도 전혀 배제할 수는 없다.

7. 성숙한 이슬람 근본주의를 기대하며

정수일의 논리에 따르자면 무슬림의 개념상 근본주의는 존재할 수도 없고, 설령 있다 하더라도 일반적으로 이야기하는 그런 근본주의는 오늘날 한국 이슬람에서 찾아볼 수 없다. 다만 이슬람이 근본을 어기지 않는 신앙이라는 의미에서 한국 이슬람 역시 근본주의라고 부를 수 있을 것이다. 무슬림 세계의 근본주의적 반서구 담론도 그러한 맥락에서 한국 이슬람에 상존한다고 볼 수 있을 것이다. 그러나 위에서 살펴보았듯 그 논리가 비약적이고 일반화의 오류를 범하고 있다. 반서구적 담론이 더 나은 삶을 위한 것이 아니라 이슬람의 근본을 강제하기 위한 하나의 수단이라면 우려하지 않을 수 없다. 종교문화 간 공존이 아름다운 화두가 되고 있는 오늘날 굳이 서구나 그리스도교와 비교를 통해 이슬람의 가치를 고양할 필요가 있을까?

적어도 우리 한국 이슬람은 서구학계의 이슬람 연구에 대해서는 더 치밀하고 구체적일 필요가 있다. 지식을 구하기 위해서는 중국에까지 가라는 하디스 말씀처럼 어느 곳 그 누구의 말에도 귀를 기울이는 열린 마음으로 그 누구와도 경건하고도 진지하게 객관적 이슬람 이해를 함께 추구해야 한다는 말이다.

근본을 지키는 것은 아름답다. 그런데 그 방법이 명확한 근거 없이 독선에 의지한다면 끔찍한 결과를 낳을 수밖에 없다. 이른바 근본주의가 무서운 것은 다양한 목소리에 귀 기울이지 않고 스스로 옳다고 여기는 것을 상대방에게 강제하기 때문이다. 근본주의, 원리주의, 이슬람주의, 정치 이슬람의 이슬람 국가 건설을 불안하게 여기는 것은 이슬람을 증오해서가 아니라 그러한 나라를 건설하려는 사람들이 이슬람의 이름으로 여성, 비무슬림, 그리고 성적소수자(동성애자)를 억압하고 박해하기 때문이다.

여성은 특별히 복장, 결혼, 이혼, 상속, 비무슬림은 신앙의 자유라는 측면에서, 성적소수자는 개인의 성적 자유라는 측면에서 각기 절망적 상황을 피할 수 없다. 여성과 비무슬림은 종교를 떠나 한 자연인으로서 개인적 자유를 구가하지 못한 채 무슬림 남성의 '보호'를 받는 이등시민으로 전락하고 만다. 이집트 여성단체와 인구의 10%를 차지하는 그리스도교인들이 이른바 이슬람 근본주의 무슬림형제단을 반대하는 것도 그 때문이다. 또 실제로 이란의 경우 최초의 여성판사였던 노벨평화상 수상자 시린 에바디 여사는 이슬람 정권이 들어서자마자 "감정적인 여성은 재판을 할 수 없다"는 이유로 판사직에서 쫓겨났고, 바하이교인들은 박해의 구렁텅이에서 빠져나오지 못하고 있다. 성적소수자는 두말할 것도 없이 박해의 대상이다. 실제 이란에서 성적소수자들은 공개 처형되고 있는데, 1979년 이슬람 정부가 들어선 이래 4천명 이상이 목숨을 잃은 것으로 보고되고 있다.[20] 사우디 아라비아, 수단, 예멘, 모리타니아에서 성적소수자들에 대한 법정최고형은 사형이다. 이슬람이 평화와 인권을 가르침에도 불구하고 보편적 인권 개념에 상치되는 부당한 행위가 이슬람을 원리로 표방하는 무슬림 단체나 국가에서 자행되는 것을 도대체 어떻게 이해해야 할까?

이들보다는 "라 이크라하 핏딘(2:256) - 종교에는 강요가 없나니."라는 꾸란 구절을 통해 무슬림 사회가 다양성을 포용하고 소화해 낼 것을 주장하는 프랑스의 아르쿤Arkoun 1928-2010 및 현대 무슬림 지성인들이 더 근본주의적이지 않을까? 그리고 예언자의 말씀을 따라 "서로 생각이 다른 것은 신의 축복"이라며 다양한 생각이 공존하고 서로 존중하는 사회를 논하는 것이 더 근본주의적이지 않을까? 이러한 근본주의라면 한번 목숨 걸고 도전해 볼만

하지 않은가? 성숙한 이슬람 근본주의 국가, 눈물겹도록 아름다운 그런 국가가 실현된다면 좋지 않겠는가? 아울러 한국 이슬람도 반서구적 담론의 틀을 깨고 창의적인 공존과 소통이 넘치는 근본주의 대화에 푹 빠져든다면 금상첨화 아닐까?

근본주의에 대한 양명학적 해석

전 병 술 | 건국대 전 학술연구교수

내가 애써 남을 동정하거나 구원의 손길을 내밀지 않더라도, 획일적인 잣대로 개개인을 평가하지 않고 각자의 개성을 존중해 줄 때만이 사회 구성원 전체가 생기발랄하게 살아갈 수 있다. 하나의 원칙만을 강조한 많은 근본주의적 사유와 행동은 끊임없는 갈등과 반목을 인류에게 안겨주었으며 우리에게서 웃음을 앗아갔다. 누구에게나 즐거움을 가져다주는 것이 참된 진리라고 강조하는 양명학 정신을 되새길 필요가 있다.

근본주의에 대한 양명학적 해석
- 유교 이단론을 중심으로

1. 들어가는 말

'근본주의' 라는 용어는 미국 개신교 보수주의 운동에서 출발하여 이슬람 원리주의자들 가운데 과격파들에게 이름을 붙이면서 우리에게 가까이 다가왔고, 지금은 각 종교의 교리 해석에서 벗어나 이제는 폭넓은 의미의 일상적인 단어가 되었다. 그 결과 우리나라에서 '유교 근본주의' 라는 명칭을 사용하기도 한다. 유교는 춘추전국시대 공자와 맹자의 사상을 근간으로 출발하였는데, 그들은 인간의 내면에서 우러나는 도덕성을 최대한 발휘하여 사회의 질서와 조화를 이루자고 외쳤다. 그리고 질서와 조화는 '예치禮治 시스템' 으로 담보하려고 하였다. 하지만 극도의 혼란기였던 당시 상황에서 인간에 대한 이해가 잘못되었다거나 너무 이상적이라는 이유 등으로 다른 학술 사상의 비판에 직면하였고, 현실 정치에서도 환영 받지 못하였다. 그러다가 한漢대에 이르러 강상윤리綱常倫理가 확립되면서 지배 이데올로기로 자리매김하게 되고 송대에 주자학性理學이 확립되었으며 그것이 우리나라, 일본, 베트남 등으로 전파되면서 동아시아 전체를 지배하는 이데올로기가 된다. 그리고는 유교 사상에 반대하는 다른 사상들을 배척하고 공격하게 된다. 춘추전국시대에는 양주와 묵적이 공격의 대상이었던 것이 성리학이 지배하던 송대와 명대는 불교와 도교로 대상이 바뀐다.

　우리나라에서는 조선 성립과 함께 지배 이데올로기로 자리 잡은 성리학은 신라와 고려의 문화 중심이었던 불교 문화에 대해 '배불론' 排佛論이라는 비판적인 명칭과 함께 출발한다. 이후 중국에서는 주자학의 모순을 극복하기 위해 명대에 '양명학' 이 성행하며 불교나 도교에 대해 긍정적인 시각을 보이며 삼교합일의 사조가 유행한다. 중국 양명학은 임진왜란을 매개로 조선 지식인 사회에 전해지기 시작하였으나 퇴계의 비판에 직면하여 거의 종적을 감추고 오히려 성리학이 더욱 확고해지는 계기 가운데 하나가 되고 만다. 임진왜란과 병자호란 등을 거치며 기울기 시작한 조선의 국력은 백성들을 피폐하게 만들었고, 동·서 교류기에 전래된 천주교는 고난에 빠진 백성들에게 복음이 되어 지식인 사회에서 민간으로 빠르게 확장된다. 불교의 위협과는 근본적으로 다른, 국가의 기강 전체가 무너질 수 있다는 위협을 느낀 통치 계급의 대응은 피를 부르며 이어졌다. 당시 상황을 느슨하게 말하자면 '유교 근본주의' 의 서학에 대한 응징이라 할 수 있었다. '위정척사' 衛正斥邪로 대표되는 성리학 절대 사수의 움직임은 결국 일본을 포함한 제국주의의 침략에 공허한 외침만 남기고 힘없이 사라지게 된다. 긴 일제의 통치를 거치면서 갖가지 유교 전통은 자취를 감추어 갔고, 해방과 더불어 진행된 개신교의 활발한 선교 활동과 교세 확장은 마치 우리나라를 복음의 나라로 만들 기세를 이루었다. 유교 문화권에서 유일한 기독교의 국내 발전 상황에서 유교는 이제 간소화된 '제례'로만 명목을 유지하고 있지만, 그것도 형이 잔 올리고 절을 할 때, 아우는 멍하니 쳐다보는 머쓱한 풍경을 동반하기도 한다. 그러나 『공자가 죽어야 나라가 산다』라는 책이 나와 혈연, 학연, 지연 등으로 얼룩져서 나라의 발전에 장애가 되는 전근대적 가부장적 제도를 없애야 한다고 역설하는가 하면, 그것을 비판하며 『공자가 살아야 나라는 산다』는 책을 펴내 유교의 순기능을 역설하기도 하는 것이 현재 우리의 상황이다. 도포 입고 갓 쓴 유생들이 '호주제 폐지' 반대 운동을 전개하던 모습도 이미 빛바랜 흑백사진으로만 남아 버린 지금, '유교 근본주의'는 학술적인 명칭으로 읽힐 뿐이다. 그럼에도 불구하고 성리학이나 양명학 등 유교의 타 이론이나 문화에 대한 태도를 되새기는 까닭은 이 땅에서 살아온 자취들과 일어난 일들을 바탕으로 지금 내가 있고, 앞으로 내가 있을 것이기 때문이다.

2. 공자와 맹자의 이단론

유교에서의 이단에 대한 언급은 공자[BC 551~479]로부터 시작되었다. 공자는 『논어』에서 "공호이단 사해야이"[攻乎異端 斯害也已]라고 하였다. 이 문장에 대해 전통적으로 "이단을 연구하면 해가 될 뿐이다."라고 주석하는 것이 일반적이다. 이럴 경우 유교 사상과 문화를 정통으로 보고 기타 유교에 반하는 사상들을 유해한 것들로 보고 경원해야 한다는 해석이 되고 이렇게 보면

'유교 근본주의'의 뿌리라고 할 수 있다. 혹은 '이단사설을 공격해 없애버리면 위험성이 없어진다.'는 다소 과격한 해석도 있다. 다른 한편에서는 공자에게서 이와 같은 근본주의적인 성향이 있을 수 없다는 입장에서 "너와 다른 이단 학설을 공격하면 도리어 해로울 뿐이다."라고 주석하기도 한다. 이렇게 될 경우 다른 사상이나 문화 전통을 배척하지 않고 함께 가는 관용 정신을 표현하였다고 할 수 있다.[1] 그러나 공자 자신은 어떤 측면에서 한 말인지, 나아가 이단은 무엇을 가리키는지 구체적으로 언급하지 않았다. 이후 유교 전통의 발전 과정에서 보면 유교를 정통으로 보고 그에 반하는 다른 사상들을 배척하는 쪽으로 나아간다. 그리고 역대 주석가들이 '성인의 도가 아닌 것'으로 이단을 규정하면서 양주와 묵적을 지적하였는데 이는 맹자BC 371~289의 견해를 이어받은 것이다. 맹자는 "성왕聖王이 나오지 아니하여 제후가 방자하며 초야의 선비들이 멋대로 의논하니 양주·묵적의 말이 천하에 가득하여, 천하의 말이 양주에게 돌아가지 않으면 묵적에게 돌아간다. 양씨는 자신만을 위하니 이는 군주가 없는 것이요, 묵씨는 똑같이 사랑하니 이는 아버지가 없는 것이니, 아버지가 없고 군주가 없으면 이는 금수이다. … 양주·묵적의 도가 종식되지 않으면 공자의 도가 드러나지 못할 것이니, 이는 부정한 학설이 백성을 속여 인의仁義의 정도를 꽉 막는 것이다. 인의가 꽉 막히면 짐승을 내몰아 사람을 잡아먹게 하다가 사람들이 장차 서로 잡아먹게 될 것이다."[2]라고 말하며 양주와 묵자를 비판한다.

양주楊朱, BC 440~360는 중국 전국시대 초기의 도가 철학자로 알려져 있으며 맹자는 그에 대해 "위아설을 취하여 털 하나를 뽑아 온 천하가 이롭게 된다 하더라도 그렇게 하지 않는다."[3]라고 평하며 철저한 개인주의자라고 비난하였다. 겸애설을 주창한 묵자墨子, BC470~391에 대해서는 "이마를 갈아 발꿈

치에 이르더라도 천하에 이로우면 하였다."[4]고 평하며 현실적으로 불가능한 이론이라고 비난하였다. 맹자는 양자의 위아설은 인간에게 내재된 도덕성과 타자에 대한 사랑을 본질로 하는 인仁에 어긋나고, 묵자의 겸애설은 친소의 차등을 인정할 수밖에 없는 인간의 정감을 토대로 사태에 맞추어 판단하고 행동하는 의義에 어긋난다고 여기고 "양·묵을 막자고 말할 수 있는 사람은 성인의 무리다."[5]라고 하면서 인의에 바탕을 둔 공자의 학설을 정통으로 여기고 이에서 벗어나는 학문을 배척할 것을 주장하였다.

초기 도가 사람들로 보이는 은자들과 공자와의 만남과 대화가 『논어』에 여러 번 언급되고 있다. 대화들 속에서 은자들의 눈에 보이는 공자는 '안 되는 줄 알면서도 행하는 자', '위험을 무릅쓰고 무모하게 행동하는 자', '도도히 흐르는 강물처럼 천하가 어디나 혼란스러운데도 불구하고 물줄기를 바꾸려고 하는 자' 등으로 묘사된다. 춘추시대 당시 패왕들의 각축에서 빚어지는 참상을 인간의 내면적 도덕성에 호소하여 막으려 한 공자의 노력은 결국 헛수고일 수밖에 없다는 것이 은자들의 입장이었다. 그러나 인간에 대한 사랑과 사회의 질서와 조화를 지켜야 한다는 사명감으로 뭉친 공자에게 은자의 한가로움은 지식인의 사회 참여에 대한 책임의 회피로밖에 보이지 않았다. 묵자의 입장에서 볼 때 "군자는 금수나 초목을 사랑하기는 하되 사람과 동등하게 대하지는 말고, 백성들을 인으로 대하되 부모를 섬기는 것과 꼭 같이 할 필요는 없다. 부모를 섬기고 그 다음에 백성을 인으로 대하고 그 다음에 만물을 사랑하라."[6]는 맹자의 말처럼 유가가 친소의 차등을 전제로 하여 가까운 데에서부터 먼 곳으로 확충해 가야 한다고 주장하지만, 결국 내 가족, 내 나라 사랑에서 그치게 되는 결과를 가져오게 되는 것이 유가의 이론이다. 또한 "공부를 널리 하기는 하지만 세상의 법도가 될 수 없고, 생각은 수고로이 하지만 백성들에게 도움이 될 수 없고, 아무리 오래 살아도 그들의 학문을 다 터득할 수 없으며, 아무리 힘이 넘치는 장년이라도 그들의 예의는 실천할 수 없으며, 아무리 많은 재산을 쌓더라도 그들의 음악을 충분히 연주하게 할 수 없다.”고 하며 예악을 지나치게 강조하는 유교의 형식주의를 비판하며, 이어서 “사악한 술법을 화려하게 꾸며서 세상의 임금들을 미혹시키고, 음악을 크게 유행시켜 어리석은 백성들을 음란하게 만든다. 따라서 그들의 도는 세상의 모범이 될 수 없고, 그들의 학문은 백성들을 이끌어 줄 수 없는 것”이라고 강력하게 비난하였다.

이렇듯 전국시대에 이르러 제자백가라 일컫듯 수많은 학설들이 서로 자신의 이론만이 옳다고 토론하는 가운데 특히 유가와 묵가는 서로가 서로를 사설邪說이라 부르며 자신들의 학문만이 난세를 구할 수 있다고 주장하고 다녔다.

3. 장자 제물론에 나타난 소통 이론

장자는 당시 서로 자신만이 옳고 상대방은 그르다고 하는 유가와 묵가의 시비는 관점의 변화를 가져오지 않는 한 영원히 해결될 수 없다고 여기며 「제물론」에서 “참다운 진리는 어디에 숨었기에 진짜다 가짜다 하는 등의 논의가 생겨났으며, 참으로 옳은 말은 어디에 숨었기에 옳다 그르다 하는 논의가 생겨났는가? 참다운 진리는 어디에 갔기에 있지 않으며, 참으로 옳은 말은 어디에 있기에 현재의 말들이 타당하지 않은가? 참다운 진리는 조금 이루어진 것小成에 의해 숨겨졌고, 참으로 옳은 말은 번지르르한 미사여구에 의해 숨겨졌다. 그러므로 유가와 묵가의 시비가 일어나게 되었다. 그들은 상대가 그르다고 하는 것을 옳다고 하고 상대가 옳다고 하는 것을 그르다고 한다. 상대가 그르다고 하는 것을 옳다고 하고 상대가 옳다고 하는 것을 그르다고 하며 비난하고자 한다면 아무 것도 해결되지 않는다. 그러므로 그것은 밝은 진리의 입장에서 상대와 자기를 동시에 초월하지 않으면 안 된다."[7]고 말하며 해결책을 제시하였다.

장자의 입장에서 보면 유가나 묵가에서 말하는 진리는 모두 '작은 성취'에 해당된다. 유가나 묵가의 사상 모두 인간을 위한 것이다. 인간이 다른 존재물들과 다른 까닭은 무엇인가? 그것은 '물론' 物論, 즉 사상과 종교와 이념 등 정신적 영역의 이론이 있기 때문이다. 그러나 사상과 종교의 차이는 동시에 갈등이 씨앗이 되어 서로 싸우고 죽이는 전쟁의 역사를 인간에게 안겨 주기도 하였다. 우리는 평화를 원한다. 평등 세상을 만드는 것이 종교의 존재 이유 가운데 하나이다. 어떻게 하면 평등을 이룰 수 있을까? 싸움의 원인을 제거하면 될 것이다. 사상이 원인이라면 사상을 없애면 되고 종교가 원인이라면 종교를 없애면 된다. 그러나 정신적 영역의 모든 것들을 없애고 나면 우리는 원시 상태로 돌아갈 것이다. 누가 원하겠는가? 우리 인류는 '호모 사피엔스'로 규정된 이후 너무나 많이 발전되었다. 따라서 원시 상태로 되돌아가기 원치 않을 뿐만 아니라 불가능한 일이다. 다음은 통일의 길이다. 모든 사상 모든 종교를 하나로 통일하면 될 것이다. 우리 인류는 통일을 통한 평등의 실현을 위해 달려왔다. 그러나 그 결과 오히려 재앙이 되어 수많은 인간을 죽음으로 몰아넣었다. 내 민족의 생존의 뿌리인 고유의 문화와 사상과 종교를 버리고 자신을 따르라는 외침에 대항하지 않은 민족이 얼마나 되었던가? 통일을 부르짖는 외침은 침략의 역사였고 강하면 강할수록 재앙은 더욱 커졌던 것이 인류의 역사였다.

없앨 수도 없고 통일도 불가능하다면 제3의 길은 없는가? 방법은 오직 하나 초월의 길이다. 서로 자신만이 유일한 진리라는 독단에서 빠져 나와 자신과 상대방을 바라보고 서로를 인정해 줄 수만 있다면 된다. 자기만의 세상에서 빠져 나와 다시 서로를 인정해 줄 때에 비로소 서로의 장점이 밝게 드러난다. 장자는 이를 일러 '인시양행' 因是兩行이라 하였다. '인시' 란 상대방의 옳은 점을 드러내 주는 것이다. 묵가는 유가의 옳음을 드러내고 유가도 묵가의 옳음을 드러내어야 한다. 서로가 서로의 진리를 옳지 않다고 비난하다 한쪽이 통일하면 참된 평화가 이루어지겠는가?

장자는 '만 가지 소리' 의 우화에서 "산하 대지가 숨을 내쉬는 것을 일러 바람이라 한다. 바람이 일지 않으면 그만이다. 그러나 한 번 일기만 하면 지상의 모든 구멍이 모두 성낸 듯 울부짖는다."[8]고 하였다. 지상에는 숲도 있고 돌도 있고 계곡도 있다. 수많은 것들이 서로 다른 형상을 하고 서로 다른 곳에 자리 잡고 있다. 바람이 일면 각자 자신만의 소리를 낸다. 나무에서 내는 소리, 물 흐르는 소리, 계곡에서 들려오는 공명 등 모두 다른 소리를 낸다. 이를 일러 '땅의 소리' 地籟라 한다. 지뢰는 대지의 교향악이다. 서로 생김새가 다르고 서로 크기가 다르고 서로 있는 곳이 다르기 때문에 소리가 다른 것이다. 피리 소리를 들어 보라. 피리 모양에 따라 다르고, 부는 사람에 따라 다르고 듣는 사람에 따라 다르지 않은가! 이를 일러 '사람의 소리' 人籟라고 한다. 장자는 '사람의 소리' 를 피리 소리에 비유하였다. 피리의 길이나 종류에 따라 서로 다른 소리가 나듯, 이 세상 모든 것들도 모습이 다르고 소리가 다른 것이다. 유교, 불교, 기독교, 이슬람 등 각 종교 전통이나 사상은 장자의 편에서 보면 모두가 인뢰다. 모두 특정 지역, 특정 문화 영역 속에서 만든 것이기 때문이다. 모두 스스로 불어 내는 소리다. 장자는 이를 또한 '하늘의 소리' 天籟라고 표현하였다. 바람에는 소리가 없다. 우리는 나무를 통하여, 구멍을 통하여 바람 소리를 들을 수 있는 것이다. 따라서 바람은 소리를 내게 하는 자다. 하늘에서 만가지로 다른 바람이 불어오지만, 누가 하늘에 있으면서 그 바람을 그때 그때 내려주는가? 아니다. 바람 스스로가 그냥 그렇게 불어오는 것이다. 묵가도 유가도, 불교도 기독교도 모두 천뢰이다. 각자 스스로 내는 소리이다. 모두가 인간을 위해 내는 소리이다. 인뢰의 참됨과 지뢰의 조화로움이 바로 천뢰다. 서로가 인정해 주면 소통의 장이 열린다. 장자는 소통의 장을 열기 위한 수양 공부 방법으로 자신을 잃어버리는 '오상아' 吾喪我 공부를 내세운다. 마음공부를 통하여 영혼의 존재인 '내' [吾]가 육체로서의 '나' [我]를 풀어헤치고 편견과 집착이 없는 텅 비고 고요한 상태로 되돌아간다면, 무한한 생기를 간직하여 끝없는 영감과 창조성을 발휘할 수 있는 경지를 이룰 수 있다. 이렇듯 자아를 해체하는 가운데 존재가 무엇이든 스스로 내뿜을 수 있는 공간을 만들어 줄 수 있고, 타자의 소리에 귀 기울일 수 있게 된다. 그렇게 되면 누구든 자신의 소리를 내면서 조화롭게 살아갈 수 있지 않겠는가! 모두가 사람의 소리이고 모두가 하늘의 소리이다. 이렇게 볼 때 '나는 나를 잃었다' 吾喪我에서 뒤의 '나' 我는 편견과 독단에 사로잡혀 있던 '나' 였고 앞의 '나' 吾는 편견과 독단에서 벗어나 상대방의 장점을 보고 인정해 주는 자유인으로서의 '나' 이다. 참된 자유는 평등으로부터 온다. 이렇게 장자는 종교 간 평등, 교파 간 소통의 이론적 기초로서 '천뢰' 이론을 제공한다. 그러나 강력한 무력을 바탕으로 진시황이 중국을 통일하면서 춘추전국 백가쟁명 시대는 막을 고하게 되고, 유학은 '분서갱유' 등으로 상징되는 고난의 길에 들게 된다.

4. 성리학의 이단론

유가의 도덕 경영의 외침도 묵가의 차별 없는 사랑의 외침도 장자의 초월의 외침도 500여 년의 약육강식의 전쟁을 종식시키지 못하였고 결국 신상필벌에 기초한 힘의 논리를 앞세운 법가 사상으로 무장한 진시황이 천하를 통일하게 된다. 이후 이웃을 내 몸과 같이 사랑하라는 묵가의 사상들은 협객들의 활약으로 이어질 뿐이었고, 유가의 사상도 한漢대에 들어서서 '삼강오륜' 이라는 메마른 윤리 도덕으로 겨우 명맥을 유지하게 되었다. 오륜은 군신 간의 의로움, 부자 간의 친근함, 친구 간의 믿음, 위아래의 질서, 부부 간의 역할 분담이라는 유가 고유의 인간 관계론으로서 쌍무적 관계를 전제로 한 횡적 윤리 체계라 할 수 있다. 그러나 삼강은 수직적 윤리 체계로서 "신하가 임금을 섬기고, 자식이 아비를 섬기고, 아내가 남편을 섬기면 천하가 다스려지고 바뀌면 천하가 혼란에 빠지게 된다."[9]고 한 한비자의 법가 이론을 동중서가 채용하여 맹자가 언급한 오륜과 결합하여 사용하면서 유교의 이데올로기로 자리매김하게 되었다.

중국은 한나라 이후 인도로부터 불교를 받아들이게 되었고 수나라를 거쳐 당나라 때에는 불교 문화가 전성기를 이루면서 지식인들을 불교 연구로 끌어들였다. 또한 노자와 장자의 사상을 근간으로 하여 성립된 도교도 세력이 점차 확장되어 불교와 양립하게 된다. 인간과 사회에 대한 도덕적 해석에 중점을 둔 유학에 비해 우주를 설명하고 세계와 인간과의 관계를 엮어내는 불교나 도교는 송나라 유학자 정명도가 '도교와 불교에 출입하기를 10여년이나 했다.' 고 고백했듯 지식인들에게 매력의 대상이 될 수밖에 없었다. 그러나 당나라가 기울기 시작하고 불교 문화가 퇴폐적 양상을 띠면서 당나라 말기 한유를 대표로 유학 부흥 운동이 일어나게 되었고 유교는 새로운 전기를 마련하게 된다. 내부의 부패와 이민족의 침략이 겹치면서 발생한 국운의 쇠퇴라는 상황에 직면한 당시 지식인들은 민족의식의 고취와 새로운 사회적 질서의 정립을 위하여 유교 경전들을 재해석하기 시작하였다. 그리고 불교나 도교의 방법론을 받아들여 이기론을 핵심으로 세계관과 인성론 및 실천 공부론을 펼치며 다른 한편 불교와 도교를 이단 사설로 부르며 강렬하게 비판한다. 해탈과 중생 제도의 실현을 목적으로 삼는 불교는 우선 '피안을 향하여' 세속적인 생활 태도에서 떠날 것을 주장한다. 그리고 '떠남'을 통해 얻은 깨달음의 정신을 지닌 채 다시 현실로 되돌아와 이타행의 보살도를 적극적으로 실천하게 되는 것이다. 즉 '피안을 향하여'와 '대중을 향하여'라는 떠남의 동기와 구체적인 실천은 서로 분리되지 않는다. 그러나 유교의 입장에서 볼 때 불교 이론은 '떠남'의 원심력이 '되돌아옴'의 구심력보다 훨씬 강하게 작용하여 결국 인륜의 끈을 끊게 될 수밖에 없다고 여기게 된다. 도교에서도 궁극적인 목표는 결국 개인의 불로장생에 있으므로 둘 모두 사회를 이끌기에는 부족하다고 비판하였다. 이러한 관점을 바탕으로 한유는 불교와 도교의 무리들을 모두 환속시켜 사농공상에 종사하게 하고, 양교의 경전들을 모두 불태워 버리며, 사찰들을 민가로 만들어 백성들의 숙소로 사용해야 한다고 주장하면서 요·순에서 시작하여 우·탕·문왕·무왕·주공에서 공자·맹자에게까지 전해져 내려온 도리가 정통이라고 주장하며 도통관을 세운다. 송대에 이르러 '모든 것은 마음으로부터 나온 것이다.'라는 등 불교의 형이상학적 이론 구조에 대한 비판으로 심화되지만 핵심은 역시 인륜을 기초로 한 사회 질서를 유지할 수 있는 시스템이 될 수 없다는 점에 있었다.

춘추전국 시대의 이단 논쟁은 사회적 혼란상의 진단과 극복의 방법에 대한 차이에서 기인한 민족 내부의 문제였고, 당송에서 명나라 초기까지의 유교에서의 이단 논쟁에서 비록 때로는 외래 문화의 무비판적 수용이라는 관점에서 불교를 비판하기도 하지만 핵심적인 문제는 근본적인 형이상학적 이론 구조의 차이와 그로부터 파생되는 실천적 동력의 차이에 있었다. 그러나 명대 중기 이후 '서학'으로 통칭되는 서양 문명의 전래로부터 빚어진 이단 논쟁은 지금까지와는 전혀 다른 양상을 띠게 된다. 서양의 동진 정책은 선교사의 파견으로 막을 열고 선교사들은 서양의 과학과 종교 두 가지를 함께 가지고 들어온다.

1583년 9월 마카오를 거쳐 광동 지방에 도착한 예수회 소속 이탈리아 신부 마테오 리치1552~1610는 선교의 방편으로 유학자의 복장을 입고 지식인들 사이로 파고들기 시작하였고 유교의 도리가 천주교의 도리와 상충되는 점이 없다는 점을 강조하기 시작하였다. 그는 유교를 정식적인 종교로 보지 않고 사회의 질서와 조화 유지에 필요한 세속적 덕목을 제공하는 사상의 하나로 보았고, 따라서 천주교의 금욕주의 등의 윤리관이 유교 윤리가 목표로 삼고 실천하는 사회적 질서와 조화에 보탬이 될 것임을 역설하였다. 나아가 제사에 관해서도 종교적 의식으로 보지 않고 조상에 대한 효도라는 세속적 양속으로 보아 긍정적인 태도를 취하고 이를 선교의 규칙으로 삼았다. 그리고 유교와 더불어 불교를 공격하였다.

초기 선교사들을 만난 명대 지식인들의 태도도 그들의 인격이나 품행에 후한 점수를 주어 대체로 우호적이었다. 중국에서 활동했던 예수회 선교사들로부터 "중국 선교 개척의 3대 대들보"開敎三大柱石로 불리었던 서광계(徐光啓, 1562~1633), 이지조(李之藻, 1565~1630), 양정균(楊廷筠, 1562~1627) 등은 중화사상의 우월성에 바탕을 두고 적극적으로 서학을 흡수하여 중국화를 시도하기도 한다. 서광계는 외래 종교에 대해 언제나 관용적인 정책을 고수해 왔던 중국의 전통을 환기시키면서, 일찍이 불교와 이슬람교가 누려 왔던 종교적 관용을 기독교에도 차별 없이 적용되어야 한다고 주장한다. 뿐만 아니라 마테오 리치를 위시한 서양 선교사들에 의해 전래된 기독교는 유교의 기본 사상과 상충되는 것이 아니라, 오히려 유교적 도리를 확립하고 중국의 사상을 어지럽히고 있는 불교의 폐해를 없애 주는 데 도움이 됨을 역설하였다. 그러나 이후 마테오 리치는 기독교의 근본 교리에 바탕을 두고 유교의 '천인합일론'과 '만물일체론'에 대하여 전면적인 비판을 가하면서 중국 지식인들과 논쟁을 벌이게 된다. 그러다가 천주교의 확장에 위협을 느낀 중국 지식계에서는 천주교의 확장을 서양 문화의 중국에 대한 침탈로 보고 '대서大西와 대명大明의 충돌' 등의 명칭을 쓰며 전면적인 비판에 돌입한다. 또한 중화사상에 입각하여 서양 각국을 '먼 오랑캐 나라들' 遠夷로 지칭하며 상소 형식으로 중앙 정부에 천주교의 유입을 막고 이미 들어온 세력들은 몰아낼 것을 역설하거나 논저의 형식을 통하여 시비를 가렸으며, 또 노래를 통하여 백성들을 교화하려 하기도 하였다. 그리고 그 결과물들은 '파사집' 破邪集, '파사기실' 破邪紀實 등의 이름으로 엮어지게 된다. 천주교에 대한 당시 지식인들의 비판은 상소의 주체인 관료들이나 유교 지식인들이 주가 되었지만 불교 지식인들도 동참하여 한 뜻이 되기도 하였다. 위의 책들에는 천주교 전래 상황, 이론적 논쟁, 문화적 충돌 양상 등 다양한 방면에서 토론과 비판이 이루어지고 있다. 중국 지식인들은 천주교의 해악이 춘추전국 시대 양주와 묵적의 해악과 비길 수 없는 것으로 보았다. 부처나 보살, 신선 등 자신들이 믿는 신을 요괴로 보아 지옥에 보내려 한다고 비난하였으며, 특히 "축첩

등이 계율에 어긋난다면 요순과 주공, 공자까지도 모두 지옥에 보내야 하는
가."라고 반문하는 등 다소 감정적인 비판도 나타나게 된다. 이후 천주교의
각종 주장들을 중국의 법체계인 『대명률』大明律에 대한 도전으로 보고 위기
의식을 느낀 정부는 천주교 활동을 전면 금지하는 결과로 이어졌다.

한국의 천주교 전래는 18세기 초 북경에 간 사신들이 한자로 번역된 서양
과학 이론과 더불어 들여온 『천주실의』 등 천주교 관련 책들과 함께 시작되
었고 청나라 사신으로 가는 아버지의 수행원으로 북경에 갔던 이승훈이 영
세를 받고 많은 서적들을 국내로 들여와 친구들에게 자신의 새로운 신앙을
전도하기 시작하면서 선교의 서막을 올렸다. 당시 조선의 지식인들은 중국
지식인들처럼 인욕의 극복을 통한 도덕성의 함양이라는 성리학의 수양론
과 궤를 같이하는 강력한 금욕적 윤리관을 내세운 예수회의 선교 방식에 이
끌리게 된다. 그러나 천주교가 민중 속으로 파고드는 과정에서 삼강오륜 등
유교의 근본적인 교의를 부정하면서 확장되어 가자, 이를 유교적 정통성에
대한 도전으로 여긴 일부 지식인들이 비판을 가하기 시작하였고, 이후 정약
용 등 천주교에 깊이 발을 들였던 몇몇 지식인들도 천주교와 거리를 두기도
하였다.

그러다가 1790년 정약용의 외사촌 윤지충이 제사를 금지하는 북경의 지
시에 따라 자기 어머니의 신주를 불태운 사건이 드러나면서, 이를 체제에
대한 도전으로 받아들인 정부에 의해 윤지충은 처형당하고 천주교는 박해
를 받기 시작한다. 윤지충의 어머니가 죽자 그와 외사촌 권상연은 모든 유
교 장례 의식을 따르되, 신주를 수반하는 부분은 제외하기로 했다. 그들은
구베아 주교의 지시에서 한 걸음 더 나아가, 윤지충 어머니의 신주를 만들
지 않았을 뿐만 아니라 집안에 있는 모든 신주를 불태워 땅에 묻었다. 장례

의식에서 신주는 중요한 역할을 하므로, 이를 모시지 않는 사실이 문상하러 온 친척들에게 알려졌고 사태는 걷잡을 수 없는 파장을 일으키게 된다.

　제사에 관해서 일찍이 마테오 리치는 천주교 교리에 어긋나지 않는다고 선언한 바 있다. 그러나 마테오 리치 사후 중국에 들어온 다른 종파의 선교 사들은 이를 부정하였고 예수회 내에서도 반대하기 시작하면서 100여 년간 전례에 관한 논쟁이 지속되다가 마침내 1704년 교황 클레멘스 11세가 중국 천주교도들에게 제사를 금하도록 결정하였다. 그보다 2년 앞서 교황은 사 자를 파견하여 강희제에게 지신들의 의도를 설명하였으나 강희제는 자신 이 이름을 붙인 소위 '마테로 리치의 규칙'을 준수하지 않는 선교사들은 모 두 추방할 것을 명령하였고, 이후 이단으로 몰린 천주교의 중국 선교는 소 강상태를 맞이하게 된다. 그리고 이러한 전례 거부는 조선에서 결실을 맺으 면서 죽음의 소용돌이에 휘말리게 된다. 1790년 발생한 윤지충의 신주 훼손 사건에 대한 정부 관리의 고발장에는 천주교의 전염이 더 이상 확산되지 않 도록 하기 위하여 윤지충의 처벌을 요구하면서, 만일 그렇지 않을 경우에 천주교라는 흉악한 교의가 통제할 수 없을 정도로 성장하여 유교 사회와 국 가의 토대를 위협할 것이라고 경고하였다. 이는 다음의 상소문들을 통해 구 체적으로 나타난다.

　지평 한영규가 아뢰기를, 서양의 간특한 설이 언제부터 나왔으며 누구를 통 해 전해진 것인지 모르겠으나, 세상을 현혹시키고 백성을 속이며 윤리와 강 상을 없애고 어지럽히는 것이 어찌 진산의 권상연·윤지충 양적과 같은 자 가 있겠습니까. 제사를 폐지하는 것으로도 부족해서 위패를 불태우고 조문 을 거절하는 것으로도 그치지 않고 그 부모의 시신을 내버렸으니, 그 죄악을 따져 보자면 어찌 하루라도 이 하늘과 땅 사이에 그대로 용납해 둘 수 있겠습니까. 이와 같은 흉적을 고을 옥에 맡겨 두는 것 자체가 실로 형벌을 크게 그르치는 것입니다. 또 해당 고을 수령으로 말하더라도 자기 경내에서는 이 얼마나 큰 변고입니까. 마땅히 조정에 급히 알려 다스려야 할 것인데도 전혀 놀라는 일이 없이 태연하게 있다가 도리어 유생의 통문이 먼저 태학에 이르게 만들었으니, 그 윤리를 짓밟은 행위가 이보다 더 심할 수 없습니다.

홍낙안이 채제공에게 장문의 편지를 보내기를, 대체로 저 무리들은 오도吾道를 가리켜 이단이라 하고, 오도에서 사류에 끼워주지 않는 것이 바로 그들의 지극한 소원대로 되는 것이라 합니다. 그러니 어떻게 그들이 두려워할 줄 알고 조심할 줄 알겠습니까? … 바꿀 수 없는 것은 곧 강상입니다. 우리나라는 예의로 나라를 세워 지금 수천 년이 되었습니다. 그래서 비록 지극히 패란하고 무도한 자가 있더라도 부모가 살았을 때는 섬기고 죽으면 장사 지내는 예를 감히 어기는 사람이 없었습니다. 혹 예법에 틀리고 어긋나는 일이 무식하여 함부로 행동하는 저 시골 구석의 천민들 속에서 나오더라도 오히려 동네에서 배척하고 수령이 징계하여 한치도 이를 어기지 못하게 하고 있습니다. 그런데 오직 저 윤지충의 무리들은 오히려 감히 스스로를 오랑캐와 짐승에 붙이면서, 조상의 신을 소귀신과 뱀귀신에다 빙자하여 제사를 폐지하는 것도 모자라 초상을 당하더라도 혼백魂帛을 세우지 않고 부모가 죽어도 조문을 받지 않으며, 심지어는 그 조상의 신주를 불태우기까지 합니다. 그런 줄을 모르고 가서 조문하는 사람이 있으면 곧 대답하기를 '축하할 일이지 위로할 일이 아니다.' 라고 합니다. 아, 실로 가슴 아픈 일입니다. 천리가 생긴 이후 어찌 이런 변괴가 있었겠습니까. 율문에 이르기를 '남의 신주를 손상시킨 자는 그 죄가 살인과 같다.' 고 하였는데, 더구나 제 손으로 그 조상의 신주를 태워버렸으니, 이는 시역弑逆의 변괴와 조금도 다를 것이 없습니다. 설령 윤지충의 무리가 본성을 잃고 미쳐서 이런 변고를 일으킨 것이라 해도 사형죄를 면하게 할 수 없는데, 더구나 이단의 설을 빙자하여 오도吾道에 대항하여 선왕先王이 만든 예를 원수처럼 보고 흉악하고 패역스러운 짓을 기꺼이 하는 자이겠습니까. 그 죄악을 따져 보면 흉역보다 백 배나 더하니, 이런 것을 분명히 처벌하지 않는다면 삼강오륜은 다시는 찾을 길이 없고 4백 년 동안 예의를 지켜 온 우리나라가 장차 침몰해서 짐승과 오랑캐의 구역이 되고 말 것입니다. 생각이 이에 미치면 어찌 가슴이 막히지 않겠습니까.[10]

상소의 내용은 한마디로 천주교가 유교 인륜 시스템으로 유지되는 국가의 기강을 무너뜨릴 수 있기 때문에 발본색원해야 한다는 내용이다. 그러나 이때까지만 해도 중앙정부에서는 그리 심각하게 받아들이지 않았다. 홍낙안의 상소를 받은 좌의정 채제공은 폭력적 처벌보다는 유교 윤리를 통한 교화를 통해 이단에 대처할 것을 주문하기도 하였지만 결국 윤지충은 이듬해 처형당하게 된다. 정조 사후 정치적 소용돌이에 휘말린 천주교 신자들 300명 이상이 정조의 국상이 끝난 1800년 12월부터 처벌되거나 고문으로 죽어 갔고 1801년 '황사영 백서' 사건에서 절정을 이루었다. 그는 신유박해가 시작되자 시골로 피해 북경의 프랑스 주교에게 보내는 서신을 썼는데, 여기에는 당시의 박해 상황과 프랑스 함대가 와서 조선 천주교인들을 구해 주고 조선 정부가 종교의 자유를 허용할 수 있도록 조처해 달라는 내용이 담겨져 있었다. 그러나 편지는 북경으로 보내지기 전에 발각되었으며, 이로 말미암아 그는 목숨을 잃었다.

'황사영 백서' 사건 이전까지만 해도 천주교는 국가 이데올로기의 근본교의 일부를 부정하며 유학을 불충분한 사상이라고 믿는 지적·도덕적 위협으로만 여겨졌다. 그러나 황사영이 프랑스 군대의 지원을 요청한 사실이 알려지자, 천주교인들은 외부 침략자와 내통하여 조선왕조의 존립을 심각하게 위협하는 무리로 간주되었고 이후 천주교는 유교에 반하는 이단사설로 규정되어 이론적·정치적 측면에서 강력한 제재를 받게 된다. 몇몇 관료들 눈에 비친 천주교는 임금과 아비를 길 가는 사람처럼 보고 삼강오륜을 헌신짝처럼 내팽개치는 등 유사 이래 일찍이 들어 본 일이 없는 흉악한 패륜 집단이었다. 따라서 그냥 둘 경우 수백 년간 예의로 유지해 온 우리 민족이 오랑캐와 짐승으로 바뀔 수 있으므로 목을 베어 거리에 걸고 강상 윤리의 준엄함을 알리고 사악한 학문을 경계해야 한다고 역설하였다. 강상 윤리는 중국에서 확정되어 조선에 들어와 심화되어 교조적으로 받아들여졌다. 따라서 중국에게 오랑캐는 조선에게도 오랑캐가 될 수밖에 없었다.*[11] 나아가 천주교도를 처단하는 법률적 근거도 중국의 법 체계에 두고 다음과 같이 말하였다.

* '관학 유생 박영원 등이 천주교로 혹세무민하는 이가환 무리의 전형을 상소하다' 조에서 다음과 같이 말하면서 단정적으로 중화주의를 표명한다. "아조我朝의 예악禮樂 문물文物은 중화中華와 같다고 불리워 왔습니다. 그런데 하나의 음험하고 사특한 무리가 서양西洋의 서적을 구입해 와 스스로 교주教主가 된 뒤 이단異端의 학설을 주창하고 있습니다. 그리하여 부자유친父子有親과 군신유의君臣有義의 의리를 끊어버리고 무시하는가 하면 남녀의 구별을 없애 부부의 윤리를 어지럽게 하고 있으며 상례喪禮와 제례祭禮도 모두 없애 귀신과 사람의 이치가 끊어지게 하고 말았습니다. 이와 함께 정욕情慾대로 누구나 행하게 하는 바람에 예악禮樂으로는 교화할 수가 없게 되었고 천당天堂과 지옥地獄의 설이 일어나면서 형정刑政으로도 제어할 수 없게 되었습니다."

신들이 삼가 『대명률』大明律의 사무사술師巫邪術을 금지하는 조항을 보니 '무릇 모든 좌도左道로서 정도를 어지럽히는 술수나, 혹 도상圖像을 숨겨 보관하거나, 향을 피우고 무리를 모아 밤에 모였다가 새벽에 흩어지거나, 겉으로 착한 일을 하는 체하면서 민심을 선동하고 미혹시키는 경우, 괴수는 교형絞刑에 처한다.' 하였고, 발총發塚 조에는 '부조父祖의 신주를 훼손한 자는 시신을 훼손한 법률과 비례한다. 자손이 조부모나 부모의 시신을 훼손하고 버린 경우에는 참수하되, 두 죄가 함께 발생한 때에는 무거운 쪽으로 논죄한다.' 하였습니다. 그런데 이제 윤지충과 권상연 등을 보면 요서妖書의 사특한 술수를 몰래 서로 전해 익히고, 심지어는 부조父祖의 신주를 직접 태워 버렸으니, 흉악하고 패륜함이 이를 데 없어 사람의 도리가 완전히 끊어졌습니다. 위의 율에 따라 시행하소서.[12]

이와 같은 이론적 근거와 법률적 근거를 중국에 기대는 일은 일찍이 조선 초기 불교 비판에서 드러난 이후 지속적으로 조선을 지배하였다.** 따라서

** 정도전은 「이단을 물리치는 데 대한 변[闢異端之辨]」에서 "요·순堯舜이 '4흉凶 요대堯代의 악인惡人으로 공공共公·환도驩兜·삼묘三苗·곤鯀을 베어 죽인 것은 4흉이 말을 교묘히 하고 안색을 아름답게 꾸미며, 명령을 거역하고 겨레를 해롭게 한 때문이다.' 하였고, 우禹도 말하기를, '무슨 까닭으로 교묘한 말과 안색을 좋게 꾸미는 것을 두려워하여야 하는가.' 하였으니, 대개 교묘한 말과 좋게 꾸미는 안색은 사람의 본심을 잃게 하고 명령을 거역하며, 겨레를 해롭게 하여 사람의 일을 망치는 것이다. 그러므로, 성인이 제거하고 용납하지 않았다. 탕·무湯武가 걸·주桀紂를 칠 때에, 하나는 '나는 상제上帝가 두려워 감히 치지 않을 수 없다.' 하고, 하나는 '내가 하늘을 따르지 않으면 그 죄가 주紂와 같다.' 하였으니, 천명天命과 천토天討는 피하지 못하는 바이었는데, 공자는 말하기를, '이단異端을 치는 것은 해로운 일이다.'

조선의 이단 타파는 '중화주의', 혹은 '유교 근본주의' 의 이단 타파 행동이 었다고 할 수 있다.

5. 양명학 정신에서 바라본 소통의 길

긍정적으로 평가하든 부정적으로 평가하든 조선이 500여 년을 커다란 내전 없이 존속할 수 있었던 것은 치밀한 학술적 토론을 바탕으로 유교적 공동체에 도전하는 다른 학문들을 이단 사설로 규정하여 배척하며 강상 윤리에 기반을 둔 도덕 공동체를 유지한 때문이었다. 공자와 맹자의 정신을 이어받아 중국에서 성행한 유학의 한 줄기인 양명학도 조선에서는 이단 사설로 엮어 유행을 원천적으로 봉쇄했던 점을 볼 때 천주교를 용납할 수 없었던 점이 여실히 드러난다. 천주교가 중국에 들어온 시점은 양명학이 크게

하였다. 해害란 글자는 읽는 사람을 두렵게 만든다. 맹자가 변설을 좋아함은 양주楊朱와 묵적墨翟을 물리치기 위해서이며, 양주와 묵적을 물리치지 않으면 성인의 도가 행해지지 않기 때문이었다. 그러므로 맹자는 양주·묵적을 물리치는 것을 자기의 책임으로 삼았다. 맹자는 말하기를, '말하여 양주·묵적을 물리치는 자는 성인의 무리라고 말할 수 있다.' 하였으니, 사람들이 동조해 주기를 바라마지 않은 것이다. 묵씨는 겸애兼愛하니 인仁인가 의심되고, 양씨는 위아爲我하니 의義인가 의심된다. 그러므로, 그 해로움이 아비도 없고[墨子] 임금도 없는 데[楊子]에 이르게 되므로, 맹자가 극력 물리친 것이다. 불씨는, 그 말이 높고 현묘하여 성명性命·도덕에 넘나드니, 사람을 심하게 의혹함이 양주·묵적에 견줄 바가 아니다. 주자는 말하기를, '불씨의 말은 양주·묵적보다 더욱 이치에 가까워서 도의 진眞을 크게 어지럽게 한다.' 한 말은 이것을 이른 것이다.”라고 하며 이단 배척의 역사적 근거를 '6성(요·순·우·탕·공·맹) 1현(주자)' 에 두고 시작하였다.

유행하던 때였고, 선교사들과 교류가 가장 활발했던 지식인들도 양명학자들이었다. 조선에서도 천주교를 자발적으로 수용한 지식인들 대부분은 양명학자들이었는데 이 점에서 양명학의 개방 정신을 볼 수 있다.

명대 양명학자들이 내심의 깨달음에 중점을 두고 정좌, 적멸 등 도교나 불교적 용어와 방법을 거리낌 없이 사용하면서 유가 내부에서 이단으로 공격 받는 양상이 전개되었고, 양명학자들은 이에 대해 적극적인 대처하면서 이단론을 펼치게 된다. 왕용계는 학문을 성학聖學과 속학俗學으로 나누며, 성학이란 자신의 내면에서 우러나오는 가치 기준인 양지를 자각하고 그 양지를 바탕으로 현실 세계에 적용하는 학문이다. 그리고 내면에서 우러나오는 참된 영혼의 소리에 의거하지 않은 모든 이론은 속학이라고 본다. 그리고 왕심재는 민중들의 일상생활과 관계없이 진행되는 이론들 모두를 이단이라고 규정한다. 명대 양명학자 가운데 양명학 내부에서조차 광선狂禪이나 이단으로 격렬하게 공격 받은 사람이 이탁오다. 그는 "학문함의 목적은 모두가 자신의 삶과 죽음의 근거를 구명하고 탐구하는 데에 있다."[13]고 규정하였다. 자신의 생명을 기탁할 수 있다면 유교면 어떻고, 불교면 어떻고, 또 도교면 어떻단 말인가? 모두가 개인의 선택이고 개인의 결단이다. 따라서 오직 자신들만의 교리가 각 개개인의 삶과 죽음을 아우를 수 있다고 여기는 교조가 바로 이단이라는 결론에 도달하게 된다.

이탁오는 유교 내부에서 공자의 열린 정신을 교조화시킨 장본인으로 맹자와 주자를 지적하고 첨예한 비판을 가하였다. 그에 의하면 맹자는 공자의 인간에 대한 다양한 해석을 '성선설'로 환원하고, 그것을 근거로 한 가지 가치 체계만 내세우며 그에 반하는 다양한 주장들을 이단으로 몰아붙인 인물이다. 세상에는 다양한 가치가 있고 인간의 마음은 무한한 가능성을 가지고 있다. 그러나 성선性善이라는 한 가지 기준만 진리라고 여기고 다른 가능성들에 대해 대화의 문을 닫아 버린다면 결국 독단에 빠져 죽은 법칙이 되고 만다. 그리고 그 죽은 법칙을 이용하여 자유롭고 활기차게 살아 숨 쉬는 사람들을 재단하게 되면, 참된 인간의 삶을 위해 내세운 특정 이론이 오히려 진리를 해치고 인간의 다양한 가능성을 막게 되고 최후에는 교리에 질식되어 숨쉬기조차 어려운 결과를 초래하게 된다. 이점은 '하늘이 공자를 낳지 않았다면 세상은 길고 긴 암흑에 잠겼을 것'이라며 공자를 신성화한 주자학적 풍토에서 절정을 이루었다고 이탁오는 여겼던 것이다.

어떤 종류의 사회이든 각 사회에서는 다양한 인간이 다양한 가치를 추구하며 살아간다. 따라서 다양한 가치를 인정해 줄 때 그 사회는 진정한 의미에서의 평등을 이룰 수 있다. 그러나 대부분 한 가지 종교와 도덕 규범을 사회 전체로 확장함을 목표로 하여 모든 사람들에게 전통적인 도덕 규범을 따를 것을 강요해 온 것이 인류의 역사였다. 이 결과 개개인의 개성은 일률적인 도덕 규범 아래에서 함몰되는 경향을 보여 왔다. 이탁오는 이러한 사회에 반기를 들고 "모름지기 도란 길이고 길은 하나만 있는 것이 아니다. 본성은 마음에서 나온 것으로 또한 한 가지만 있는 것이 아니다."[14]라고 외치며 다양한 가치관을 인정해 줄 것을 요구한다. 이러한 관점에서 공자의 가르침도 모든 사람에게 적용되어야 할 절대적인 것은 아니라고 또한 주장한다. 그는 "하늘이 한 사람을 낳으면 자연히 그 한 사람의 역할이 있다. 이는 공자의 가르침이 없어도 자족한 것이다. 만약 반드시 공자의 가르침을 받아야 한다면 먼 옛날 공자가 없던 시절에는 끝내 사람이 될 수 없었단 말인가?'라고 반문하며 공자에 대한 교조적 숭배를 부정하며 스스로 이단자의 길을 걸어갔다. 이런 반문은 모든 종교 전통들이 되새겨보아야 한다.

시대와 지역을 불문하고 지식인들이나 종교인들이 보는 사회는 늘 불안하고 위태롭다. 전통적인 가치 규범이 흔들리는 현상에 불안해하고, 종교 전통에 반하는 행동들에 못마땅해 한다. 그 불안이 집단화되면 교조주의, 근본주의 등을 강조하게 된다. 그 속에서 민중들은 교조화된 규범에 얽매여 자아를 상실하고 생기를 잃게 된다. 내 민족의 문제만을 걱정하면 되던 시대에는 그나마 공동체의 질서와 조화를 이루기 위한 시도가 끊임없이 이어졌고 또한 나름의 성공을 거둘 수 있었다. 그러나 특히 서구 사회에서 하늘에서 빛나는 단 하나의 빛만을 인정한 이래 "우리를 헤매게 하는 빛은 바로 하늘에서 오는 빛이다."라고 한 지식인이 외쳤듯[15] 끊임없이 갈등과 반목을 안겨 주는 결과를 가져왔다. 나아가 서구 패권주의의 확장 논리는 지구촌 전체를 하나로 묶으려 하며 이웃 종교나 문화를 동등하게 보지 않았고, 자신의 문화를 지키기 위한 노력은 또 다른 근본주의적 성격을 띠게 되고 결국 서로 양립할 수 없게 되어 무력 충돌까지 일으키게 된다.

내가 애써 남을 동정하거나 구원의 손길을 내밀지 않더라도, 획일적인 잣대로 개개인을 평가하지 않고 각자의 개성을 존중해 줄 때만이 사회 구성원 전체가 생기발랄하게 살아갈 수 있다. 하나의 원칙만을 강조한 많은 근본주의적 사유와 행동은 끊임없는 갈등과 반목을 인류에게 안겨주었으며 우리에게서 웃음을 앗아갔다. 누구에게나 즐거움을 가져다주는 것이 참된 진리라고 강조하는 양명학 정신을 되새길 필요가 있다.

종교 간 갈등 해소 : 전제와 대안

김 종 명 | 한국학중앙연구원 한국학대학원 부교수

역사상 종교 내 혹은 종교 간의 갈등도 사소한 부분에서 비롯된 경우가 많았다. 그러므로, 개신교계와 불교계도 서로 간의 이해를 바탕으로 예수와 석가모니가 가르치고자 한 참뜻을 되새기고 그것에 따른 실천적 삶의 길을 모색하는 데 서로의 힘을 모으는 것이 서로의 삶과 평화를 위한 길이 될 것이다.

종교 간 갈등 해소 : 전제와 대안
- 개신교계와 불교계를 중심으로

1. 머리말

오늘날 지구촌 곳곳에서 벌어지고 있는 전쟁의 약 70%는 종교 간 갈등에 의하여 일어나고 있다. 21세기 세계 질서를 결정할 가장 중요한 인자도 종교다. 따라서, 세계의 파멸을 막기 위해서는 종교적 공통점을 공유하는 문명권 국가들 간의 긴밀한 유대관계가 절대적으로 필요하다.

미국 하버드 대학교의 석좌교수며, 정치학자인 새뮤얼 헌팅턴Samuel Huntington은 전 세계적으로 큰 반향을 불러 일으킨 그의 저서 『문명의 충돌과 세계질서의 재편』The Clash of Civilizations and the Remaking of World Order (1996)[1]에서 위와 같은 요지의 주장을 하였다. 그리고, 그의 주장은 상당한 설득력을 얻고 있다. 이런 점에서 종교 간의 대화는 크게는 인류의 미래를 위한, 그리고, 작게는 "세계 종교의 용광로"로 간주되는 한국에 사는 한국인의 건강한 삶을 위한 필수 과제가 되고 있다. 이 논문의 목적은 국내 종교 간 갈등의 중심에 서 있는 개신교와 그 직접적 피해자인 불교와의 대화를 위한 전제와 두 종교 간 갈등 해소를 위한 방안을 검토하기 위한 것이다. 이를 위해 이 논문에서는 (1) 훼불毀佛 현황, (2) 근본주의적 인식과 반反불교관 형성, (3) 종교 간 갈등 해소를 위한 대안 등을 중심으로 논지를 전개하기로 한다. 이 논문의 중요 참고 자료는 중국과 한국의 대표적 종교대화론서에 속하는 중국 송나라 장상잉(張商英, ?-1128)의 『후파론』護法論*과 조선 초기 기화(己和, 1376-1433)의 『현정론』顯正論2 및 한국에서 전개된 다양한 형태의 종교 다원주의에 관한 논의를 다룬 『종교 다원주의와 종교윤리』(1994) 등이다.

현대 지구촌 사회의 특징 중의 하나는 다양한 가치를 추구하는 사회란 점이며, 이런 면에서는 종교계도 예외는 아니다. 이러한 특성을 반영하면서 종교계에서 전개된 새로운 인식 틀은 종교 다원주의Religious Pluralism로 불리고 있다. 한국의 종교계도 이러한 시대적 흐름에 힘입어 종교 간 대화 운동을 꾸준히 전개해 왔으며, 특히, 실천과 이론 양면에서(윤이흠 1994:39) 세계의 어느 나라보다도 체계적·지속적으로 이 운동을 추진해 왔다. 그러나, 진보적 개신교계가 주도해 온 한국의 종교 간 대화 운동은 한국의 종교 상황 개

* 종교가 하나가 아닌 여럿이라는 현실 인식의 결과 나타난(정진홍 1994:80) 종교다원주의는 제2차 세계대전(1937-1945) 후, 세계가 지구촌이 됨에 따라 다양한 종교적 전통을 가진 종교인들 사이의 긴밀한 유대관계 유지의 필요성이 대두되면서 쓰이기 시작한 단어로서 1960년대 말부터 종교철학과 종교신학 운동이 일어나면서 본격적으로 사용되기 시작하였다(윤이흠 1994:18-19).

선에는 별 기여를 하지 못해 왔다. 그 이유는 개신교계가 선험적 이념을 중심으로(윤이흠 1994:24) 단원의식(근본주의적 의식) 속에서(정진홍 1994:80) 대화를 지배해 왔기 때문이다(김종서 1994:231-234). 더욱 중요한 문제는 1945년 해방 이후 한국 개신교계는 보주주의자들이 주류를 이루어 온 가운데, 현재까지도 보수적 교회가 전체의 약 95% 가량을 차지하고 있을 뿐 아니라 이들의 영향력도 급속도로 확산되어 왔으며(이원규 1991:240-241), 이러한 경향은 현재도 지속되고 있기 때문이다.

한국의 대표적 종교는 불교, 개신교, 천주교, 유교, 원불교, 천도교를 일반적으로 들고 있으며,[3] 그 중 불교, 개신교, 천주교는 한국의 3대 종교로 간주되고 있다. 그러나, 한국의 종교 다원주의에 관한 논의에서는 개신교의 타 종교계에 대한 시각이 중요하다. 그 이유는 개신교가 20세기 초 이래 한국 사회의 각계 각층에 미친 영향이 크며, 그 영향력은 현재도 지속되고 있을 뿐만 아니라, 한국의 종교 간 갈등에서 개신교는 가해자적 입장에 서 왔기(김종서 1994: 240-241) 때문이다. 특히, 불교계는 타종교에 대한 배타성이 약한데도 불구하고(이원규 1994:182), 개신교계로부터는 여러 가지 면에서 피해를 입어 왔다. 실제로 해방 이후 불교계는 이러한 편향 정책의 가장 큰 피해자 가운데 하나였다(임연태 2008). 그러므로, 한국에서의 불교와 개신교 사이의 갈등 해소는 불교계에 대한 개신교계의 편견이 불식될 때 이루어질 수 있다고 볼 수 있다. 그러나 현재 한국 사회에서 두 종교 사이의 갈등은 편견 불식만으로는 해결될 수 없는 상황에 와 있다. 정치사회적 배경도 중요하기 때문이다(이찬수 2009:75). 특히 1945년 해방 이후 정권과 종교계와의 밀접한 관계의 결과로 인한 종교 편향 논란은 지속되어 왔기 때문이다. 이명박 정부(2008-13)가 들어선 이후, 종교 편향 논란은 가속화되고 있으며, 고위 공직자들도 공식적인 자리에서조차 종교 편향 발언들을 하고 있다. 따라서 종교 편향 발언 및 행위를 불식시킬 수 있는 종교법인법 등의 제도적 장치 또한 시급히 요청된다.

2. 훼불 현황

한국 불교계가 개신교계로부터 피해를 입고 있는 상황*은 현재에 이르기까지 언론 보도 및 국내에서 수행하고 있는 외국인 승려들의 증언 등을 비롯하여 다양한 형태로 나타나고 있다.

1998년 6월 26일 제주도 원명선원에 있던 750기에 달하는 나한상을 김수진이라는 개신교도가 때려 부순 훼불 사건(최준식 1999:60)의 후유증이 채 가시기도 전, 국내 언론은 다시 다음과 같이 보도하고 있었다:

> "실정법상 타종교의 숭배물을 훼손·철거할 수 없으니 안타까울 뿐이며, 용기 없음에 한탄할 뿐이다." [1998년] 9월초에 발행된 개신교의 한 신문인 〈하늘나라〉에 실린 사설 "전 국토 우상 제거 앞당기자"의 한 구절이다. … "금년 장마철에 일어난 게릴라식 폭우를 잘 검토해 보면 그곳이 대부분 최대 불상, 최다 불상 등이 있는 지역이었다는 견해도 있다. 우상의 목이 잘린

* 이에 대한 상세한 내용은 대한불교조계종 포교원 2000 참조. 2008년까지 개신교계의 불교 폄훼 일지에 대해서는 임연태 2008 참조.

제주에는 피해가 없지 않았던가.”라며 아예 선량한 다수의 신도들을 훼불 대열에 몰아넣고 있다(정성운 1998).

이처럼, 개신교의 특정 언론이 훼불을 선동하고 있는 가운데 일련의 훼불 사건이 국내에서 계속 나타났으며, 이에 대해서는 세계 언론과 종교학계도 관심을 보이게까지 되었다.

한국의 훼불 사건은 세계 주요 언론의 관심사가 되었다. 이어 세계 최대의 종교학회인 미국종교학회American Academy of Religion, AAR, http://www.aarweb.org 는 한국 정부와 훼불 사건의 범인 또는 용의자가 소속된 보수적 개신교단, 세계개신교회협의회WCC에 공식적으로 유감을 표하고 재발 방지를 촉구키로 했다.… 미국 종교학회는 또 훼불에 대한 위로의 표시로 회원들을 대상으로 모금 활동을 벌여 1차로 모은 2만 달러(약 2천4백만 원)를 종교편향대책위원회(공동위원장 원혜, 송강스님)에 1999년 2월 중 전달한다(정성운 1999).

이 기사에 의하면, 개신교계에 의한 훼불은 이미 세계 주요 언론에서도 다뤄졌을 뿐 아니라 외국의 저명한 종교 학술 단체까지도 공식적으로 항의서를 보내고 모금을 할 정도로 심각해지고 있음을 알 수 있다. 그러나 그 후에도 훼불 사건은 지속적으로 일어났다:

해마다 부처님 오신 날을 앞두고 연례행사처럼 일어났던 사찰 방화와 파괴, 김태복 소장 시주금 뇌물 적용 재판 등 군 내의 종교 편향, 백령도 면장의 불교 행사 방해 등 각급 기관의 종교 편향 사례, 컴퓨터 통신망을 이용한 영생교 등의 불교 왜곡 행위 등은 국민의 정부[1998-2003] 들어서도 여전하다(김재경 1999:1).

이 보도에 따르면, 불교계가 개신교도들에 의해 피해를 입기 시작한 것은 최근의 일이 아닐 뿐 아니라, 그 횟수도 적지 않음을 알 수 있다. 또한, 훼불 행위는 물질적 파괴뿐만 아니라 교리적 왜곡의 형태로도 나타나고 있다.

『신앙계』(1999년 7월호)에는 "야소가 이 땅에 오면 내가 깨달은 도는 꺼진 등불" 何時耶蘇來 悟道無油燈이란 말이 부처님의 마지막 유훈이라고 주장하는 순복음교회 김동일 장로의 글이 발표되었다. 일부 개신교인들이 이 한문 어구를 스티커로 만들어 자동차에 부착하여 봉은사 앞에서 시위를 하며 불교를 비방했다는 소식도 들었다. 부처님이 예수님의 출현을 예언하고 예수님이 출현하면 불교는 기름 없는 등불이 되어 자취를 감출 것이라는 주장이다. 『신앙계』는 "하시야소래 오도무유등"이 부처님께서 열반에 드시기 전 제자들에게 한 마지막 가르침이었다고 주장했는 데 전혀 근거 없이 조작된 말이다. 김동일 씨는 『라마다경』이란 스리랑카에 보관된 경전에 나온다고 얼버무렸으나, 필자가 면밀하게 검토한 결과 초기 불경이건 후대 대승불경이건 그러한 경전은 없는 것으로 판명되었다(전재성 1999:6).

현재 한국에서 수행승으로 있는 미국인 현각(본명: 폴멘젠)*도 개신교인들로부터 자신이 직접 받은 피해 경험을 다음과 같이 증언하였다:

[19]96년 내가 묵고 있던 화계사에 세 번이나 불이 났다. 경찰 조사 결과 범

인들은 모두 개신교인들이었다. … 우리 마음에는 놀람과 안타까움을 넘어 분노까지 일게 되었다. 이곳은 우리가 사는 집이다. 그런데 어떻게 신념이 다르다고 몇 번씩이나 불을 지를 수 있단 말인가? 전통적 개신교 나라인 미국에도 수백 개의 사찰이 있지만 어느 누구도 불을 지른다든지 탱화를 훼손한다든지 하는 일은 없다. 만약 다른 문화, 전통에 대한 파괴 행위가 일어난다면 모든 종교 지도자들이 들고 일어날 것이다(현각 1999:9).

2008년 국회의원 선거에서는 주로 개신교 시설 내에 투표소가 설치된 점도 사회문제화되어 이에 대한 헌법소원이 제기되기도 하였다(손욱균 · 배병태 2008; 허진민 2008:7-37; 곽균열 2008:38-47). 최근 참여불교재가연대에서는 전국의 대학교 법학자들을 대상으로 종교 간 문제와 관련된 요소들에 대한 조사를 진행하였는데, 조사 대상자들의 77% 이상이 국공립학교 안에 종교 시설을 두는 행위를 정교분리 위배에 해당한다고 평가한 점(윤남진 2008:161)을 고려하면, 개신교 시설 내의 투표소 설치는 헌법 위배에 해당된다고 볼 수 있다. 이러한 현실은 지속되고 있다. 최근 서울의 "봉은사 땅 밟기,"[4] 대구의 "동화사 땅 밟기"[5] 등은 개신교인들에 의한 또 다른 훼불 행위들이다. 특히 기독교계와 불교계의 갈등의 진원지는 2011년 현재 대통령인 이명박이란 견

* 그는 서양철학 전공으로 예일대학교(Yale University) 학부 과정을 졸업하였으며, 비교종교학 전공으로 하버드대학교(Harvard University)에서 석사학위를 받았다. 그가 한국에서 선승으로 지내면서 운수행각(雲水行脚)을 하는 과정을 그린 데 대해서는 「Cloud Path」(CH 50 아리랑 TV 영문판 비디오, 1998. 5. 3) 참조. 이것의 한글판은 후에 「만행」(卍行)이란 제목으로 방영되었다(CH 9, KBS 1, 1998. 11. 15, 「일요스페셜」 참조).

해도 제기되고 있다.

한국종교문화학회 김영태 공동대표(전남대 윤리교육학과 교수)는 "이번 사태의 진원지가 바로 이명박 대통령인 만큼, 이 대통령이 사과하는 등 적극적으로 풀어 나가려는 노력이 필요하다."고 말했다. 익명을 요구한 한 원로 정치인은 "서울시 봉헌발언[황현실 2004:48-50; 박광서 2004:59-60], 소망교회 출신 중용 등 이 대통령이 갈등을 자초하고, 지난 [2008년] 쇠고기 시위 때와 비슷한 양상으로 불교도들의 마음을 상하게 한 측면이 있다."면서 이 대통령의 직접적인 조치가 필요하다는 말을 했다(윤정호 2008:종합 A4).

전문가들은 이번 사태는 '속전속결' 해야 한다는 의견도 강조했다. 현재는 권력과 불교계 간의 갈등 구도지만, 더 이상 방치하면 불교계와 이 대통령을 지지하는 기독교계 간 종교 갈등으로 비화할 가능성이 있는데 여기까지 가지 않도록 조기에 수습해야 한다는 것이다. 이정희 한국정치학회장은 "종교적 갈등은 일종의 신념문제이기 때문에 시간을 끌수록 증폭될 가능성이 높다."고 했고, 윤여준 전 환경부장관은 "빨리 이 문제를 해결하지 않으면 불교계에 반발하는 기독교계의 강경파가 (불교계와) 충돌할 수 있다."고 말했다. 윤여준 전 장관은 "국민통합을 주장한 이 대통령은 소망교회 장로가 아니라 대한민국의 대통령이란 생각을 더 많이 해야 한다."고 말했다(윤정호 2008:종합 A4).

이 외에도 인천시장, 포항시장 등 공직자들에 의한 개신교 편중 발언들도 언론을 통하여 공개되었다. 이러한 현상은 오히려 심화되고 있다. 최근 한나라당 국회의원 황우여가 공식석상에서 "대법관을 모두 개신교도로 채워야 한다."는 발언을 한 것으로 드러났는데, 그 자리에는 이용훈 대법원장과 김황식 국무총리 등도 참석하고 있었으나, 황의원의 종교 편향 발언에 대해 별다른 반응이 없었던 것으로 전해지고 있다(홍다영 2011). 그러나 황의원의 이러한 발언에 대해서는 야당도 황의원이 종교 차별을 노골화하고 있다고 비난했다(안장현 2011).

그럼에도 불구하고, 정부 당국은 현대 한국에서 일어나고 있는 일련의 훼불 사건들을 대수롭지 않게 보고 있는 것이 현실이다. 특정 종교인들의 그릇된 신앙심에서 비롯된 훼불 행위는 다종교 사회인 우리 사회의 근본 질서를 무너뜨리는 행위이므로 사법당국은 이들을 엄벌에 처해야 함에도 불구하고 언제나 "정신병자의 소행"이라는 식의 말만 되풀이해 왔다. 경찰청은 지난 [1999년] 3월 조계종 포교원과 종교 편향 대책위를 방문, "헌법 제20조(종교의 자유)의 근본 취지에 입각하여 특정 종교에 편향됨이 없이 종교의 자유를 보장하고 사찰 화재 및 훼불, 도난 사건에 대한 예방과 범인 검거 활동을 강화하겠다."고 강조했다. 그러나, 불교계는 그동안 많은 훼불 사건을 겪었고, 많은 법당이 알 수 없는 불길에 휩싸였지만 사건의 진상이 밝혀진 일도 별로 없었고, 범인이 체포된 일도 거의 없었다(김재경 1999:1). 개신교계나 언론도 훼불 사건들에 대해 가능한 한 침묵으로 일관하곤 해 왔다(최준식 1999:60-61).

나 자신도 비슷한 경험을 가지고 있다. 1990년대 중반 필자는, 개신교계에서 설립하였으나 종합대학교였던 국내 유수의 어느 사립대학교 교수 초빙에 지원한 적이 있었다. 당시 지원서에는 지원자의 종교를 적는 난이 있었는데, 나는 왜 그 지원서에 그러한 항목이 있는지 이해하기 어려웠다. 대한민국 종합대학교의 일차적 목표는 교양을 갖춘 민주시민 양성에 있는 것이지, 특정 종교인 배출에 있는 것은 아니기 때문이다. 나는 이 문제를 당시 교육부 관계자에게 문의하고자 전화 통화를 시도했는데, 어렵게 통화가 연결된 이는 모 서기관이었다. 약 20여 분간 대화 끝에 그가 말한 결론은 다음과 같았다: 개인적으로 종교문제에 대해서는 개입하고 싶지 않으며, 질문과 관련된 사항에 대한 법적 조항도 미비하다.[6] 이러한 상황은 여전히 지속되고 있다(정은경 2004:51-58). 대다수 언론인, 정치인들에게 종교 문제는 첫째 기피 대상이란 것과 일반 시민들도 종교계의 문제점에 대해서는 아주 관대하다는 것도 이해하기 힘든 점이다(「창립선언문」 2007:7). 최근 국가인권위원회는 한 개신교계 대학에 대해 "교수 채용 시 응시 자격을 기독교인으로 제한하는 관행을 시정하라."고 권고했다. 그러나 해당대학은 "학교 문을 닫으란 소리"라며 반발하고 있다(김유정 2008). 그러나 필자의 대학원 과정 유학국이었으며, 한국 개신교의 뿌리국인 미국 대학교들의 경우, 교수 초빙 공고란에는 종교·성별·국적 등에 의한 차별을 배제한다는 사실을 명문화하고 있는 것이 일반적이다. 개신교계에 의해 설립되었으나, 세계적 명성을 지닌 종합대학교들로 자리매김한 하버드대, 예일대, 프린스턴대들도 이 점에 있어서는 예외가 아니다. 대한민국 헌법(제2장 제11조 1항)은 "법 앞에서 모든 국민이 평등함"을 규정하고 있다. 그리고, 헌법 제20조는 "모든 국민은 종교의 자유를 가진다. 국교는 인정되지 아니하며 종교와 정치는 분리된다."고 규정하고 있다(「창립선언문」 2007:7-8). 따라서 일부 종교인들이 정치에 참여하고, 종교단체가 정치에 대한 압력 단체로 존재하는 것은 헌법 20조를 명백하게 위반하는 행위지만, 아무런 제재가 가해지지 않고 있는 현실(「종교법인법 제정을 촉구하며」 2007:9)은 시정되어야 한다.

　　종교 관련 주무 정부기관인 문광부 종무실의 공무원 수도 13명에 불과하며, 관련 업무도 종무실 직원의 임의적 판단에 의존하는 경우도 적지 않다.

또한 문광부 직원의 소위 자율적 판단을 옹호한 대법원 판례도 있다. 문광부의 정책적 판단이 일부 종교에 유리하게 치중되어 있는 점도 큰 문제다. 정부의 무정책이 종교의 성역화를 초래하였으며, 종교계를 통치권의 부재 영역으로 남게 만든 셈이다.[7]

따라서 국내에서 일어난 훼불 사건들은 정부 당국이나 가해 종교계의 주장처럼 단순히 일부 "정신병자들"에 의해서만 자행되고 있다고는 볼 수 없다. 개신교계의 언론, 광신도, 목사 등 다양한 채널에 의해서, 그 방법도 불상 파괴, 신문 사설·잡지 기사, 방화, 교리적 왜곡 등 여러 가지 형태로 전개되고 있으며, 세계적 규모를 자랑하는 순복음 교회까지도 관계되고 있기 때문이다. 정치계도 예외가 아니란 점에서 훼불 문제는 민주주의 국가인 현대 한국의 사회적 갈등 인자로 남아 있다. 그러나 국내보다 종교 간 대화 운동이 먼저 전개되었을 뿐 아니라 그 활동이 여전히 활발한 나라에서 온 외국인들의 시각에 의하면, 훼불 사건은 "있을 수도 없는 일이며 있어서도 안 되는 일"인 것이다. 최근 조계종 총무원이 주최하고 국제선센터가 주관한 종교 간의 대화 「지금 여기 깨어 있는 삶」에 참가했던, 세계적 신학자이자 『부처님 없이 나는 그리스도인이 될 수 없었다』의 저자인 폴 니터 교수(미국 유니온 신학교)는 한국 개신교에 의해 발생한 불교 폄훼 행위에 대해 유감의 뜻을 밝히면서 "땅 밟기 기도를 한 개신교인들의 행위에 대해 매우 부끄럽게 생각한다."며 "그들을 대신해서 불교도들에게 용서를 구하고 싶다."고 했다(엄태규 2011). 오히려 이러한 훼불 사건들에 대해 부끄러워해야 할 사람들은 정작 대한민국 국민들이 아니겠는가?

그러면, 개신교인들에 의한 이러한 훼불 사건의 원인은 무엇이며, 그로 인한 영향은 어떻게 나타나고 있는가?

3. 근본주의적 인식과 반불교관 형성

개신교 신자들에 의한 불교 폄훼의 원인은 개신교계의 내적, 외적 양면에서 찾아볼 수 있다. 개신교계 내적 원인으로는 개신교인들의 개신교 몰이해가 지적되고 있다. 즉, 기독교인들도 대부분 교리를, 성서를, 예수를, 진리를 이기적 욕망 충족의 수단처럼 착각하는 데서 종교 간 갈등은 초래된다(이찬수 2009:74-75)는 것이다. 그러나 이 문제는 개신교계의 내적 사안이기 때문에, 이 논문의 논의 대상은 아니다. 종교 간 갈등의 원인은 종교의 근본 원리를 인식하지 못한데 있으며(이찬수 2009:73), 한국 개신교의 속성인 근본주의의 가장 큰 원인은 "미국의 종교적 근본주의"(이원규 1991: 239-272)로 간주되고 있다. 폴 니터 교수도 한국 불교와 기독교 간의 갈등 원인을 기독교만이 유일한 진리라는 그릇된 생각에서 비롯된 것으로 진단하였다. 또한 신학자 김경재 교수는 비관용적 구절이 많은 성경의 내용을 절대시하는 보수 기독교인들의 태도, 강하고·크고·위대한 것이 승리한다는 [잘못된] 자본주의적 가치관, 불교에 대한 무지를 불교 폄훼의 원인으로 보았다. 이정배 교수는 기독교인들이 정권을 잡고, 기독교 세력을 확장하려는 무례한 행동도 또 다른 한 원인(엄태규 2011)으로 간주하였다. 그리고 전국의 대학교 법학자들은 종교계 내의 개선사항 1순위로 종교 간의 배타성을, 종교 간 갈등의 제1차적 원인으로 배타적 전파 방법을 꼽았다(윤남진 2008:157-165).

1) 근본주의적 인식

현대주의에 맞서서 신앙의 순수성을 지키고자 한 목적에서(이원규 1998:163)

1911년 미국에서 등장한 근본주의Fundamentalism는 보수적 정치 세력과 동맹하여 국가, 가족, 교회 등에서 펼쳐지는 자유주의 운동을 공격하는 종교 운동을 말한다. 근본주의는 성경의 영감설靈感說과 절대 무오설無誤說*을 그 어느 신앙 집단보다도 강조한다(이원규 1998:137-138). 역사적으로 한국 교회는 근본주의 경향이 강했다. 초기 미국 선교사가 이식한 신앙 유산이 근본주의 신학에 기초한 것이었기에 처음부터 한국 교회에는 근본주의적 신앙이 쉽게 뿌리 내릴 수 있었으며, 근본주의의 여러 가지 문제점은 오늘날도 한국 교회의 전형적인 문제점들이 되고 있다(이원규 1991:239-240; 이원규 1998:162-165).

한국 기독교의 핵심은 기독론이라고 하는 예수 그리스도론에 집중되어 있으며, 이로 인하여[한국기독교계가] 대단히 배타적인 성격을 지니고 있다(신은희 2007:16). 전국의 평신도와 목회자 표본 자료인『한국교회 100년 종합조사연구』(1989)에 따르면, 한국 교회의 일반적인 근본주의 성향의 정도는 〈표 1〉과 같다.

<표 1〉 한국 교회의 근본주의 성향 분석

(%: 동의율)

항목	평신도	목회자
축자영감설	92.3%	84.9%
예수동정녀탄생설	96.3%	97.0%
예수재림설	94.8%	98.3%
성경의 기적설	94.6%	94.6%
예수부활설	70.8%	91.4%

* 성경은 영감에 의해 쓰여진 것으로 전혀 과오가 없는 절대적인 신앙의 표준이요 근거가 된다는 설(이원규 1998:149). 근본주의적 개신교인들은 성서의 내용을 문자 그대로 믿는다(이원규 1991:242).

이 조사 결과는 한국 교회의 신앙 구조가 근본주의 성향에 매우 가까움을 의미한다(이원규 1998:159). 또한 평신도의 62.6%, 목회자의 70.9%가 "기독교의 진리만이 참 진리"라는 배타적 입장을 보여 주고 있다. 이러한 배타주의 성향은 다른 종교들에 비해 개신교가 월등히 강하며, 보수 교단의 경우, 그리고 종교성이 강할수록 더욱 두드러진다(이원규 1998:160). 이 조사 내용들은 20여 년 전의 것이지만, 2011년 현재도 그 내용에는 큰 변화가 없을 것으로 생각된다.

결론적으로, 한국 교회의 경우 교리적 신앙, 신학, 성경에 대한 이해, 신앙적 실천, 도덕 생활 기준에 있어서 근본주의 성향이 매우 강하다. 종교적 배타성, 권위주의 성향, 구원관, 선교관, 종말론, 섭리주의, 정치의식, 에큐메니컬 운동에 대한 태도에 있어서도 근본주의 성향이 강한 편이다(이원규 1998:162). 따라서, 한국 교회의 일반적 특성은 근본주의적 성향이 강한 데서 찾을 수 있으며, 그것은 타종교에 대해서는 배타성으로 나타나고 있다.

개신교인들의 강한 배타성에 대해서는 필자도 경험한 적이 있다. 필자는 1980년대 말 미국 유학 시절 대학원생 기숙사에서 1년간 생활을 한 적이 있다. 그때, 그 기숙사에는 한국인 유학생들도 10여 명 있었는데, 그 중 약 70%는 개신교인들이었다. 그들과의 대화를 통하여 나는 개신교 신자 유학생들이 개신교에 관한 한 자신들의 견해와 다를 경우에는 전문 신학자들의 견해까지도 잘 받아들이려 하지 않는다는 것을 알게 되었다.* 이런 경험을 통해 나는 "각자의 전공 분야에서는 지도교수의 강의 내용을 별 거부감 없이 받아들이는 것이 일반적인 경향인데, 왜 종교에 관한 한 배타적인 태도를 취하는가? 장차 학위를 받은 후 각자의 전공 영역에서 활동하게 될 때 이러한 배타성은 큰 문제가 될 수 있지 않을까?"란 의문을 갖게 되었다.

미국인 승려 현각도 이와 관련된 자신의 경험담을 말하고 있다:

지난 여름 어느 일요일 붐비는 지하철 안이었다.… (어떤 남자가) 내 귀에 바싹 대고 뭔가 소리를 질러대는 것이었다. 가만히 들어 보니 "오직 성경만 읽어라. 오직 예수님만 믿어라. 예수님만이 당신을 구원할 수 있다."라는 내용이었다. 하도 놀라 삼복더위에도 몸이 떨렸다.… 난 마음 속으로 그에게 말했다. "저는 이미 어려서부터 성경을 수십 번도 더 읽었는데요. 하버드대 신학대학원에서 성경을 따로 공부하기도 했습니다." 이런 경험은 화계사 국제선원 스님들도 모두 겪은 일이다(현각 1999:9).

사실 본 논문도 이러한 배타성의 역경을 거친 것이다. 이 논문의 초고는 원래 1990년대 말 크리스천 아카데미 주최로 개최된 종교 간 대화의 산물이었다. 그 대화의 결과를 『생명과 평화의 연대 - 종교간의 대화 역사 35년』(서울: 크리스천 아카데미, 2000예정)으로 출간하려 한 주최 측의 요청에 따라 내가 이 논문을 투고했을 때, 주최 측은 "출간 취지와 맞지 않는다"는 이유로 투고 논문을 내게로 반송하였다. 그 후, 이 논문을 학술지에 투고하고자, 투고 전의 원고를 불교학자 및 종교학자 수 명에게 논평을 부탁하였는데, 그 결과

---

* 당시 *The Los Angeles Times*에는 예수재림설을 비롯하여 개신교계의 쟁점들에 관한 토의가 30명의 신학자들이 참가한 가운데 개최되었다는 기사가 실렸는데, 이 기사에 의하면, 신학자 27명은 부정적 견해를, 2명은 침묵을, 1명은 찬성한다고 하였다. 내가 이 기사의 내용을 개신교도 동료 유학생들에게 전하자, 그들은 "종교는 개인적 신앙의 문제"라며, 그것을 무시하였다.

는 투고에 별 문제가 없다는 것이었다. 그러나 개신교 신자 불교학자의 견해도 참고하고자 K교수에게도 논평을 요청하였다. 당시 나는 S대학교의 두뇌한국Brain Korea 21 교수로 재직 중이었는데, K교수는 그 직에 나를 선발한 주임교수였으며 진보적인 개신교인으로 알려져 있던 이였다. 당시 K교수는 학과장 교수도 동석한 면접 자리에서 재원 관계상 계약기간은 1년이지만, 그 기간이 끝난 후에도 같이 일하자고 나에게 약속하였다. 그러나 예의 논문을 일독한 후, 그의 대답은 나의 예상과는 달리 "이런 논문을 쓰시고도 우리 대학교에 계실 수는 없지 않겠습니까? 불교계에도 대학이 많으니, 그 쪽으로 알아보시지요."라는 것이었다. 이 글을 쓰고 있는 현재까지도 나는 이 경험을 어떻게 이해해야 할지 궁금해하고 있다.

따라서, 한국 개신교계의 근본주의적 보수주의에 대한 반성이 촉구되고 있는 가운데서도(이원규 1991:272), 한국의 개신교인들은 불교에 대한 거부감을 강하게 가지고 있는 것으로 나타나고 있다. 그러면, 한국 개신교인들이 불교에 대해 강한 거부감을 가지게 된 원인은 무엇이며, 그 결과는 어떠한 형태로 나타나고 있는가?

2) 반불교관 형성의 원인과 영향

(1) 반불교관 형성의 원인

현대 한국의 개신교인들이 불교에 대하여 거부감을 가지게 된 원인은 다양할 것이다. 그러나, 나는 현재의 훼불 사건들은 갑자기 나타난 것이 아니라 역사적 산물인 것으로 이해하며, 특히, 한국에 개신교를 전한 서양 선교사들의 불교관과 그것의 한국적 전개에 주목하려 한다. 한국 개신교인들의 불교관은 여러 가지 측면에서 불교계에는 불리하게 전개되었는데, 특히, 한국의 교육 과정 성립과 한국 정부의 일련의 정책 수립 및 일반 한국인의 불교관 형성 등에 이르기까지 광범위한 측면에서 영향을 미친 것으로 판단된다. 그리고, 이러한 원인들이 종합적으로 작용한 결과 보수적 개신교도들에 의해 훼불 사건이 일어나고 있다고 본다.

서양의 종교인들 특히, 개신교인들은 불교를 무신론적 철학이자 정신의 과학이라는 이유를 들어 거부해 왔다(장-프랑수아. 마티유 1999:38). 유대 그리스도교의 일신교적 전통에 따라 "신에 대한 인간의 신념 체계"로 정의되어 온 "종교"란 단어의 정의에 의하면, 절대자로서의 신, 신의 말씀을 적은 경전 및 신과 그 말씀을 따르는 교단의 존재는 종교의 3대 구성 요소다. 이런 인식 틀 속에서 '신의 존재를 인정하지 않는 동양에는 종교가 없다.' 라는 주장까지 등장하게 되었다.(Eliade, vol. 11, 1993:283) 특히 한국인 자체의 노력에 의해 수입되고 뿌리내린 천주교와는 달리, 개신교는 주로 미국 선교사들의 선교에 의하여 소개되고 발전되었으며, 그들의 불교관도 이러한 서양 개신교인들의 일반적인 불교관과 다르지 않았다. 즉, 그들은 불교를 미신으로 간주하였다(Grayson 1985:139).

이를 바탕으로 전개된 한국 개신교계의 불교관은 크게 두 가지로 나타났다. 한 가지는 종교로서의 불교며, 다른 한 가지는 철학으로서의 불교다. 종교로서의 불교란 시각은 미신 혹은 우상 숭배의 종교 혹은 기복종교에 지나지 않는다는 것이며, 철학으로서의 불교란 관점은 불교가 "절대적 · 궁극적 가치 체계"인 종교의 역할을 다 하지 못하는 것으로 보는 것이다.

대한민국 제1공화국이 수립된 1948년 이래 지금까지 한국 사회의 지도층에서 개신교 인사가 차지하는 비율은 크며, 따라서, 한국의 교육 정책과 사회 정책에 미친 이들의 영향도 적지 않다.[8] 대한민국 수립 이후 "교육입국"
을 표방할 정도로 교육은 가장 중요한 국가적 이슈 중의 하나였다. 부존자
원이 별로 없는 한국에서 가장 믿을 만한 자원은 잘 교육 받은 인적 자원이
란 점은 자타가 공인해 온 사실이며, 교육에 대한 전 국민적 관심은 여전히
세계적이다. 그리고, 한국의 교육은 교육부(과거의 문교부)에서 정해진 지침에
따라 일률적으로 시행되는 특성이 있다. 그러므로, 개신교인들이 교육계에
미친 영향에 대한 검토를 통해 그들이 가졌던 불교관이 일반인들에게도 어
떤 형태로 나타나고 있는가를 살펴볼 수 있을 것이다. 아래에서는 개신교인
들의 교육계에서의 역할과 그러한 틀 위의 교과 과정을 이수한 인재들에 의
해 수립된 일단의 정책 등을 불교와의 관계를 통해 살펴보기로 하자.

(2) 반불교관이 교육 과정에 미친 영향

한국의 중요한 지적 유산인 불교는 제도권 교육 과정에서 제대로 가르쳐
지지 않았다. 한국 근대 교육의 교과 과정 편성 참여자들의 종교성이 이러
한 결과를 초래하였을 가능성은 크다.

한국 현대 교육의 실질적 뿌리는 광복 후의 미군정기(1945-1948)에서 비롯
되었다는 것은 교육학계의 정설이다. 1945년 9월 군정장관에 임명된 아놀
드A. B. Annold 소장은 교육담당관에 락카드E. L. Lockard 대위를 임명하였는데,
교육에 대해 문외한이었던 그는 조선총독부의 마지막 학무국장이었던 엄
상섭의 자문을 받았다. 엄상섭의 추천으로 백낙준 등도 참여하게 되면서,
미국 유학파들이 신생 대한민국의 교육과 종교 관련 기본 정책을 주도하게
되었다(「종교법인법, 왜 제정되어야만 하는가?」 2007:26). 특히, 당시의 조선교육심의회
(朝鮮敎育審議會, National Committee on Educational Planning)의 역할은 그때 이후 한국 교

육의 방향을 결정지었다. 조선교육심의회는 교육계와 학계의 권위자 100명
에 의한 10개 분과위원회로 구성되어 있었으며, 특히 제1분과인 교육 이념
분과에서는 한국 교육의 이념과 방향을 결정하는 핵심적 임무를 담당하였
다. 제1분과에는 안재홍, 하경덕, 백낙준, 김활란, 홍정식 등을 포함한 7명이
참여하였으며, 특히, 안재홍과 백낙준은 교육 이념을 설정하는 데 크게 공
헌하였다(『문교40년사』 1988:45). 그러나, 이때 편성된 교육 과정에는 한국 불교
학을 포함한 전통 문화 관련 과목은 중요하게 다루어지지 않았으며, 이러한
경향은 지속되어 왔다. 그리고, 해방 후 한국 교육사조의 변천은 실용성을
강조한 진보주의 교육관인 듀이(John Dewey)의 교육철학 일색으로 좌우되어
온 셈인데(한기언 1988:265-267), 이 견해에 따르면, 불교학은 실용성이 결여된 학
문이었던 셈이다.

그러면, 조선교육심의회 위원들의 개인적 종교 성향이 교과 과정 편성에
영향을 미쳤다고 볼 수 있는가? 단정은 할 수 없으나 개연성은 크다고 할 수
있다. 이들 중 4명이 자신의 종교를 밝히고 있었는데, 교육 이념 마련에 가
장 큰 역할을 한 안재홍과 백낙준을 포함한 이들 4명은 모두 개신교인이었
고(『문교40년사』 1988:53-57), 역사적으로 한국 종교인 중 개신교 신자들의 종교성
이 가장 높으며, 또한 타종교에 대한 배타성이 가장 강하기(이원규 1994:203-205)
때문이다. 물론, 개신교 신자라 하더라도 각각 다른 성향을 보일 수도 있기
때문에 안재홍과 백낙준 등이 개신교 신자라는 사실 하나만으로 그들도 강
한 종교적 배타성을 가졌다고는 단정할 수 없다. 그러나, 그러한 개연성은
다음과 같은 이유로 여전히 크다: (1) 특히, 백낙준은 미국 체류시(1913-1927)
장로교 목사(a Presbyterian minister)가 된 후, 미군정하에서 서울대학교 재조직을
비롯한 교육 업무에 깊이 관여한 이래 1950년부터 1952년까지는 이승만 정

부의 교육부 장관을 역임하였으며,* 1961년 군사 쿠데타 후에도 원로 정치인이자 교육인으로 계속 활동하였다(Paik 1980:6-7); (2) 한국 역사상 성결교, 예장(예수교장로회), 침례교 등에 속한 보수 개신교도들의 종교적 배타성이 가장 컸다. 특히, 한국에서는 장로교의 교세가 가장 강하면서 배타성도 가장 큰 것으로 나타나고 있다; (3) 현대 한국의 개신교 지식인들도 타종교에 대한 강한 배타성을 여전히 보여 주고 있다.

결과적으로 현대에 이르기까지 철학적 요소와 종교적 요소의 양면을 가진 불교학은 한국의 제도권 교육 과정에서는 거의 다루어지지 않았다. 그러면, 불교를 비롯한 전통 문화 관련 과목들이 다루어져야 할 필요성은 어디에 있는가? 전통 문화 관련 과목이기 때문에 무조건 다뤄져야 할 이유는 없다. 그러나, 외래 문화의 수용도 스스로의 문화적 정체성 위에서 이루어져야 함은 당연할 것이다. 그렇다면, 스스로의 문화적 정체성 확립에 도움이 되는 전통 문화 관련 과목에 대한 교수는 이루어질 필요가 있을 것이다. 그러나, 우리의 사정은 그렇지 못했다. 이와 관련, 한국학을 전공한 한 외국인 학자도 다음과 같이 증언하였다:

> [1970년대에] 한국 서점엘 가보면 서양 사상에 관한 번역서와 해설서 등이 책장을 가득 메우고 있었으며, 고등학교 이상의 학생들도 다들 서양 철학 과

* 백낙준은 이 무렵 『고려대장경』의 우수성에 대한 영문 논문을 발표하였다(Paik 1951: 62-78). 그러나, 그가 이 논문을 쓴 것과 그의 종교성 문제는 별개의 사안으로 봐야 할 것이다. 특정 종교인이 다른 종교 전통을 연구하여 박사학위를 받은 경우라도 자신의 종교성은 그대로 간직하고 있는 예들이 많기 때문이다.

목을 공부하고 있었다. 그러나, 불교를 비롯한 동양 사상에 관한 책은 서점에 비치되어 있는 양이 상대적으로 훨씬 적었을 뿐 아니라, 고등학교 이상의 과정에서도 거의 경시되고 있었다(버스웰 1999:9).

이러한 현상은 현재도 크게 다르지 않은 것으로 나타난다. 현대 한국에서 연구되고 있는 철학 분야는 한국철학을 포함한 동양철학과 서양철학으로 구분할 수 있다. 이 둘 중 서양철학이 여전히 압도적으로 많이 연구되고 있다.** 최근 교육부에서 발간된 중학교 교재에서는 불교에 대한 것도 일부 다루어지고는 있는데,[9] 이러한 현상은 과거의 편집 방침에 대한 반성적 결과의 산물로 보이지만, 불교는 한국 역사상 그것이 가진 중요성에도 불구하고, 여전히 한국학계에서 주변 학문 분야로 남아 있다(김종명 2000:113-119). 이는 현대 한국의 학교 분포를 통해서도 잘 드러난다. 한국의 사학은 중등 교육의 40%, 전문대 교육의 96%, 대학 교육의 77%를 차지하고 있으며(김기현 2008:107), 〈표 2〉는 1997년 기준 종교계에서 운영하는 학교 수를 나타낸다.

이 표에 따르면, 불교계 교육기관은 개신교의 그것에 11.5%, 특히 대학 비율은 5.2%에 불과하다. 이러한 비율은 2008년의 통계에서도 크게 다르지 않은 것으로 나타난다. 〈표 3〉과 〈표 4〉는 각각 2008년 현재 종교계에서 운영하는 각급 학교 분포와 대학 분포를 나타낸다.

〈표 3〉에 따르면, 각급 학교 수에 있어서 불교계 학교는 개신교계 학교의

** 동양철학계든 서양철학계든 철학사별, 철학자별, 주제별 등 다양한 면에서 전통적으로 학문적 편식성을 보여 왔다. 이것은 우리의 학문계가 학문 외적 요인들에 의해 영향을 받은 면이 크다는 점을 시사해 주는 것이다(김종명 2010:379-420).

1/3, 천주교계 학교를 포함한 기독교계 학교의 1/5에도 미치지 못한다. 특히, 중고등 교육기관의 경우는 더욱 열악하다. 〈표 4〉에 의하면, 불교계 대학은 개신교계 대학의 1/16, 천주교를 포함한 기독교계 대학의 1/18에도 미치지 못하고 있다. 근본주의적 성향이 강한 한국 개신교의 특성을 고려할 때, 이러한 현상은 한국의 중요 전통사상 및 문화로서의 불교가 고등교육

〈표2〉 종교계 운영 학교 수(1997년 기준)

출처: 『현대불교』 제173호, 1998. 5. 6: 11

종교별	대학(교)	고등학교	중학교	초등학교	계
개신교	43	117	100	8	268
불교	3	13	14	1	31
천주교	12	36	26	6	80
계	58	166	140	15	379

〈표3〉 종교계 운영 각급 학교 분포(2008년 12월 현재)[10]

출처: 문화체육관광부, 2009 한국의 종교현황

종교별	유치원	초등학교	중학교	고등학교	특수학교	계
개신교	285	22	90	126	21	544
불교	133	1	15	16	-	165
천주교	211	7	24	37	8	287
계	629	30	129	179	29	996

〈표4〉 종교계 운영 대학 분포(2008년 12월 현재)[11]

출처: 문화체육관광부, 2009 한국의 종교 현황

종교별	일반대학(4년제)	대학원대학	전문대	각종학교	계
개신교	49	20	27	3	99
불교	4	2	0	0	6
천주교	12	0	2	0	14
계	65	24	31	4	128

과정에서 거의 교수되지 못하고 있음을 반영하는 것이다. 한국인들이 개신교를 미국 근대 문명의 원동력(이진구 2008:135) · 근대화 · 민주화 및 사회경제적 발전이란 개념의 틀 속에서 받아들인 반면, 불교는 지난 수 세기 동안 그들에게 많은 고통을 안겨 준 '반도사관'과 퇴보적인 사회관의 한 부분으로 간주하게 된 것(버스웰 1999:52)도 기존의 제도권 교육 과정에서 불교 관련 과목이 소외된 결과와 무관하지 않다고 할 수 있다. 사실, 현대 한국의 지식인들 상당수는 불교에 관한 한, 문외한이라고 할 수 있다. 이러한 현상은 불교를 합리적인 철학(a rational philosophy) (Kewon 1996:125-126) 및 인류의 중요한 지적 전통과 문화로 간주하여 가르치고 있는 북미주 등의 서구 학계의 경향과는 아주 다른 것이다(김종명 2000: 119-123). 특히, 1980년대 이후 서양 지식인들의 불교에 대한 관심은 급증하고 있으며,* 이러한 현상은 현재도 이어지고 있다. 미국 종교학회의 불교 세션은 독립 문제가 논의될 정도로 불교 관련 논문 발표가 많이 이루어지고 있는 것은 그 한 예다. 이미 불교학의 역수입은 국내에서도 진행되고 있다.

마찬가지 결과로서, 1997년 한국갤럽조사연구소의 통계에 의하면, 의사, 한의사, 약사, 대학교수, 변호사 등을 포함한 전문 인력 중 종교별 인원 현황 통계에서도 개신교도의 비율이 압도적으로 높았으며, 불교계 전문 인력은 많지 않은 것으로 나타났다. 당시 전 인구 중 불교도는 20.3%, 기독교도는

---

* 지난 100년 간 북미주에서 출판된 불교학 관련 박사학위 논문들을 대상으로 서양의 불교학 연구 현황을 분석하고, 한국 불교학 연구의 방향을 모색한 데 대해서는 김종명 2000:111-170 참조. 그리고, 북미주 학계의 선불교 연구 현황에 대해서는 김종명 2000:7-20 참조.

18.3%, 가톨릭교도는 7.4%로 나타났다. 따라서, 인구 비례로 보면 불교전문 인구는 18%가 되어야 하지만 통계상 1%를 넘지 못하고 있었다.[*] 이러한 현상은 여전히 지속되고 있다(이진구 2008:134).

(3) 반불교관이 정부 정책 수립에 미친 영향

현대 한국 개신교인들의 종교적 배타성은 여전히 강하며, 현대의 한국은 법치국가를 표방하면서도 혈연, 학연, 지연 등을 바탕으로 한 사정私情에 의해 공적인 일들이 이루어지고 있는 경향이 크다(길희성 2000:69).[**] 해방 이후 현대에 이르기까지 한국 사회의 여론 주도층 중 다수는 개신교계 인사들로 구성되어 있었는데, 특히 입법부·사법부·행정부의 개신교 신자 고위 공직자들이 정책적 결정에 미치는 영향 또한 적지 않은 것으로 나타난다(공종원 2000: 3)[12] 전국 대학교의 법학자들도 한국의 종교가 투명 수준은 낮은 반면, 정치권력에의 영향력은 매우 크다고 평가하였다(윤남진 2008:150-151).

개신교계가 한국에서 본격적으로 강한 정치적 영향력을 갖게 된 시기는 해방 이후 미군의 진주 이후부터며(박문수 2009:13), 개신교계는 한국의 모든 종교계 가운데 가장 활발하게 정치세력화를 추진하였다(박문수 2009:14-15).[13]

---

[*] 불교도 전문 인력 현황은 다음과 같았다: 의사 4만3천5백 명 중 1% 미만; 한의사 9천2백여 명 중 0.5%; 약사 2만8천8백명 중 0.006%; 4년제 대학교수 3만8천여 명 중 0.2%; 변호사 3천4백85명 중 0.4%(「전문인력을 양성하자 - 불교전문인력 현황」, 《불교신문》, 불기2542(서기 1998)년 5월 5일 15면), http://www.ibulgyo.com/archive/37013/200608101155174681.asp 이 중 불교도 약사의 비율 0.006%는 0.6%의 오기로 보인다.

[**] 이러한 사회적 현안점들을 극복하기 위해 시도된 일단의 젊은 지식인들의 담론에 대해서는 황필홍 외 1997 참조.

1988년 올림픽 개최 시 행사 중의 하나로 연등회가 계획되어 있었으나, 후에 개신교 신자로 알려진 그 분야 실무국장은 그것이 특정 종교 전통의 행사라 하여 재가를 하지 않았다가 여론에 밀려 재가를 하게 되었다는 언론 보도는 한 예에 불과하다. 이러한 경향은 정치계에서도 발견되기 때문이다. 1993년 현재 국회의원 중 종교인은 194명으로 전체 국회의원의 65%였다. 이 중 개신교 신자는 약 50%, 천주교 신자는 약 30%, 불교신자는 약 18.6%를 차지하고 있었다(류성민 1993:18-19). 이러한 경향은 2000년도에 실시된 국회의원 선거 결과에서도 비슷하게 나타났다. 당시 전체 국회의원 수 273명 중 종교인별 비율은 개신교인 34%[92명], 가톨릭인 21-26%[56-70명], 불교인 12%[32명]였으며,[14] 어느 언론에서는 "금배지 달려면 종교 있어야"라는 주제까지 달고 기사를 내보내기도 했다(박기련 2000:3). 국회의원 수가 299명으로 늘어난 2011년 현재도 이러한 결과는 크게 다르지는 않을 것으로 생각되는데, 앞에서 언급한 황우여 의원의 예는 이를 잘 보여 준다.

　행정부 수장인 대통령도 예외가 아니다. 미군정, 이승만 정권, 김영삼 정부, 현재의 이명박 정부 하에서 개신교 편향 정책이 심하였는데,[15] "찬송이 울려 퍼지는 청와대"를 표방한 김영삼 정부 시절 개신교는 최대의 호황을 누렸다(이용중 2009:30). 김영삼 대통령은 역대 대통령 중 가장 종교편향적이었던 대통령이었으며,[16] 가톨릭 신자였던 김대중 정부의 각종 위원회에서도 기독교계 인사는 50-60%였던 반면, 불교계 인사는 10%에도 미치지 못했다(박광서 2008:180-181). 사법부 또한 예외가 아닌 것으로 나타난다. 더욱이 이명박 정부에 의한 국가의 주요 정책에 보수 개신교단이 깊숙이 개입하고 있는 가운데, 이명박 정부 들어 개신교의 대 불교의 적대감은 더 깊어져 가고 있다(이용중 2009:32-33). 실패로 끝나긴 했지만, 개신교 일각에서는 17대 총선부터

의회 진출을 목적으로 정당을 결성하려는 시도도 있었다(이진구 2008:162-164; 박
문수 2009:9). 개신교의 뉴라이트 참여 성직자와 신자들은 이명박 정부 출범 과
정에 깊숙이 개입하였고, 현재도 적극적인 후원 세력이다(박문수 2009:9).

현재 한국 사회의 종교계는 가장 강력한 권력 집단의 하나며, 특히 개신
교계는 한국 사회의 5대 권력 중 하나(이진구 2008:153)로서, 그러한 비판의 한
복판에 자리 잡고 있다(이진구 2008:132).* 따라서, 개신교인들이 한국 사회의
상층부에 집중되어 있다는 사실은 종교와 정치가 헌법상으로 분리되어 있
는 현대 한국 사회에 있어서도 개신교가 사회 세력으로 영향력을 행사할 수
있는 입장에 있다는 점을 의미하며(김영모 1982:191-193, 222-223), 이러한 지적은
여전히 유효하다. 또한 종교의 사회적 세력화가 종교별로 이루어지고 있기
때문에 종교들이 사회 세력으로 충돌할 가능성이 매우 높다(류성민 1994:115)는
견해도 여전히 현재진행형으로 남아 있다.

종교사학에 대한 정부 지원금의 차이도 현저하다. 전국 321개 종교사학
가운데 개신교는 211곳 65.7%, 가톨릭은 65곳 20.2%, 불교는 22곳 6.9%을 운영
중이다. 연경사회문화정책연구네트워크가 공개한 2008년 교육부 국정감사
자료에 따르면, 교육부는 2008년 한 해 6,300억원을 종교사학에 재정결함보
조금으로 지원했다. 재정결함보조금은 사학의 재정 부족분을 정부가 지원
하는 예산으로 2008년 개신교계 사학에 4,309억원 68.3%, 가톨릭계 사학에
1,106억원 17.5%이 지원된 반면, 불교계 사학에는 452억원 7.2%이 지원되었다.

---

* 한국사회의 종교권력으로서의 개신교의 역사 및 정치사회적 영역에 대한 논의는 이
  진구 2008:131-166 참조. 현대사회에서 종교권력의 문제에 대한 논의는 한국기독자교
  수협의회 · 한국교수불자연합회 2008 참조.

또한 개신교 단체들은 6년간 템플스테이에 563억원, 10년간 문화재 보수에 4,570억원이 지원됐다며 천문학적인 금액 운운했지만, 개신교 사학은 2008년 한 해에만 4,309억원을 지원받았다. 불교계는 한국 전체 문화재의 60%를 차지하고 있지만, 국가 문화재 보수비도 예산의 18%만 지원받고 있다. 따라서 연경사회문화정책연구네트워크는 "개신교 단체가 불교계를 비판하려면 먼저 개신교 사학에 대한 국가 지원을 포기한 후 하는 것이 좋다."고 주장하였다(김현태 2010).

결론적으로, 교육과정의 내용, 정부의 정책 수립, 전문 인력의 구성 및 재정적 지원 등의 다양한 면에서 개신교 편중 현상은 분명하게 드러난다.

4. 종교 간 갈등 해소 방안

사람마다 인생관과 세계관은 다를 수 있다. 따라서, 두 종교 전통은 개신교나 불교냐라는 종교 구분을 바탕으로 한 교세 확장이나 기득권 확보에 신경을 쓸 것이 아니라, 인류 구원이라는 종교의 본래적 사명에 입각하여 나름대로의 특징적인 가르침으로써 다양한 성향의 사람들에게 다가갈 수 있도록 서로 노력하는 자세가 필요할 것이다. 종교의 정치세력화의 가장 큰 문제점은 종교 전쟁에 가까운 갈등의 빌미를 제공할 수 있기 때문인데(박문수 2009:19), 개신교계는 불교계에 대하여 가해자적 입장에 서 있는 만큼, 개신교계와 불교계의 진정한 대화를 위해서는 전자의 근본주의적 인식의 극복과 불교의 성격에 대한 이해가 필요할 것으로 보이며, 종교법인법 등의 관련 법규 제정은 더욱 중요한 과제로 남아 있다.

1) 근본주의적 인식의 극복

현대의 한국 사회에는 다양한 종교가 공존하고 있으나 종교 간 갈등이 야기될 가능성은 크며, 그 근본 요인은 종교적 배타성 때문이다(이원규 1994:173). 타종교에 대한 종교적 배타성은 개신교가 가장 강하다. 배타성을 규정하는 요인들은 종교, 교파, 개인의 종교 성향 등(이원규 1994:203-205)도 지적되고 있으나, 그 중 단원주의적 인식이 가장 큰 요인이 되고 있다(윤이흠 1994:24; 정진홍 1994:80). 따라서 개신교계는 단원주의적(근본주의적) 인식에서 벗어날 필요가 있다. 그러한 인식은 예수의 가르침에도 어긋날 뿐 아니라, 선험적 틀에서 벗어나기와 타종교에 대한 객관적 이해가 기존의 종교 대화 운동의 역사적 교훈으로 제시되기도 하기(윤이흠 1994:51) 때문이다.

필자는 어느 학회에서 퇴계의 불교관에 대해 발표한 적이 있었는데, 이 논문에 의하면, 퇴계는 "이단은 공부하지 않고도 배척하는 것이 당연하다."는 입장을 견지하고 있었다. 이와 관련, 당시 그 학회 참석자였던 캐나다 리자이나 대학교 종교학과의 오강남 교수는 질의 시간을 통해 현대 한국 개신교계가 근본주의적 태도를 갖게 된 원인이 퇴계로 소급되는 것이 아닐까 하는 견해를 표명한 적이 있었다.* 사실, 이러한 근본주의적 태도는 퇴계를 기원으로 하는 것은 아니며, 전통 중국과 한국학계의 주류 시각이었다고 할 수 있다. 이러한 시각은 기원전 4세기 중국의 멍즈孟子 이래의 산물이었으며, 한국 역사상 가장 위대한 군주로 간주되어 온 세종(世宗, 1418-50)도 같은 입

---

* 이 발표문의 수정본은 김종명 2005:121-146을 통해 출판되었다.

장을 취하고 있었기 때문이다. 그러나 이러한 근본주의적 시각은 현대 사회에서 법적 근거도 이미 상실하고 있다. 일례로, 2006년 7월 국가인권위원회 주최로 「종교재단 학교의 교직원 채용 관행, 어떻게 볼 것인가?」란 주제로 개최된 토론회의 결과에 의하면, 특정 종교재단 학교가 교직원을 채용할 때, 특정 종교인으로 한정시키는 것은 헌법에 위배된다는 데 국내 헌법학자들은 동의하고 있는 것으로 나타났다(김종명 2007:21). 또한 이명박 정부의 친 개신교 정책은 정교분리라는 헌법의 기본 가치에 대한 중대한 도전이며, 합리와 이성으로 대변되는 근대성에 대한 포기 선언인 셈이다(이용중 2009:34).

따라서 종교 다원주의 사회인 현대에서는 다양한 종교적 가르침이 공존하는 길을 모색하는 것이 바람직하며, 따라서 자신이 믿는 종교만이 최고라는 근본주의적 인식을 극복할 필요가 있다. 예수, 석가모니, 공자 등의 옛 성자들도 이 점을 누누이 강조하였다. 예수의 삶에 대해 현각은 말한다:

> 예수님은 결코 종교나 교단을 만든 적이 없다. 그분은 "네가 옳다. 너만 진정한 제자다."라고 특정인을 감싼 적도 없다. 그분은 늘 매춘부나 범죄자와 같은 소외 받은 이들과 함께 하면서 "내침"이 아니라 "포용"의 삶과 정신을 증거하였다. 이 점이 예수님을 위대하게 만드는 대목이다. 예수님은 사랑과 자비를 보여주기 위해 오셨지만, 아주 소견이 좁은 이들은 이를 증오의 독트린으로 변질시킨다. 재미있는 것은 정작 개신교 종주국이라 할 미국엔 이런 사람들이 거의 없다는 것이다(현각 1999:9). **

석가모니 역시 사람들이 자신붓다의 가르침까지도 검토하고 성찰해야지, 단순히 자신에 대한 존경심 때문에 맹목적으로 받아들여서는 안 된다는 것을 항상 주장하였다(장-프랑수아. 마티유 1999:39). 공자의 경우도 그가 죽은 후 후세 사람들에 의하여 반^半신격화까지 되었지만, 공자에 대한 그러한 존경심은 그의 본래 의도를 곡해한 것이다. 공자는 분명히 선한 행동이나 도덕적 행동에 대한 기준도 시간과 장소에 따라서 달라질 수 있다는 견지에서 어떤 절대적 진리의 존재를 믿지 않았다. 또한 어떤 절대적 진리가 있다고 해도, 그것에 대한 우리들의 지식은 상대적일 수밖에 없다고 믿었다(황필호 1999:286). 성인의 말씀을 공부한 현자들도 같은 견해를 보이고 있었다.

중국 송대의 유학자 장상잉은 자신의 『후파론』을 통하여 들은 말과 읽은 글 자체에 묶이지 말 것을 주장하였다:

향나무로 만든 단 앞에 모인 3천명의 사람들 가운데서 공자의 가르침을 이해한 사람은 안연 한 사람뿐이었으나, [그도 공자와는] 한 칸의 차이가 있었다. [석가모니가 가르침을 펴던] 영산에 모인 수많은 사람들 중 깨달음을 얻은 이는 가섭 한 명뿐이었다. 하물며 성인과는 수천 년이나 떨어져 있는데, 그 풍모에 대해 듣고 그 가르침을 기록한 책을 읽어서 모두 성인의 경지에 이르려 하는 것은 또한 어렵지 않은가?[17]

조선 초기의 대표적 학승 기화도 참으로 중요한 것은 가르침을 담은 글에

** 1980년대 후반 내가 미국 유학 생활 중 만났던 미국인 동료학생들 중에도 기독교 신자들이 있었다. 그러나, 현각의 지적처럼 그들에게서는 타종교에 대한 배타성을 거의 발견할 수 없었다. 반면, 대학원 기숙사에서 같이 생활했던 다수의 개신교 신자 한국 유학생들의 태도는 아주 달라, 대단히 배타적인 태도를 취하였다.

있는 것이 아니라 그 내용임을 강조하면서, 그 출처는 중요하지 않음을 역
설하였다:

> 책이란 도를 싣는 도구며, 가르침을 위한 방편이다. 그 책을 보면 그 도를
> 따를 만한가 따를 만하지 않은가를 안다.··· 그[책 속의] 도가 따를 만하다면
> ··· 어찌 내가 배운 것이 아니라 하여 그것을 없앨 수 있겠는가?[18]

따라서, 옛 성인들은 자신의 가르침만 따를 것을 강요하지도 않았으며,
후대의 뛰어난 지식인들도 말과 글에 묶여 가르침의 참 뜻을 놓쳐서는 안
된다는 것을 강조하였음을 알 수 있다. 그리고, 현대의 지식인 수행승 현각
도 중요한 것은 개신교냐 불교냐의 문제가 아니라 그 가르침임을 강조하고
있다:

> 사람들은 어떻게 가톨릭 신자에서 불교신자가, 그것도 수행자가 됐느냐고
> 묻는다. 그럴 때마다 난 자신에게 묻는다. "나는 불교로 개종했는가?" 개신
> 교나 가톨릭이라는 하나의 종교적 관점에서 보면 나는 분명히 개종한 셈이
> 다. 하지만 난 그렇게 생각한 적이 없다. 참선을 하고 경전을 읽으면서 더
> 가까이 예수님 가르침에 다가가고 있다는 느낌을 받는다(현각 1999:9).

그러므로, 중요한 것은 "모든 종교와 철학에는 동일한 가치가 있다는 점
을 인정하는 시각"(정의채 1999:14)에서 불교의 가르침을 이해하려는 열린 마음
일 것이다. 폴 니터 교수도 배타적 우월성을 주장하는 종교는 반드시 폭력
과 연결되기 때문에, 자신의 종교만을 최고의 종교라고 주장하는 것은 위험

하며, 진보적 기독교인들이 보수적 기독교인들의 잘못된 행동을 지적해야
한다(엄태규 2011)고 주장하였다.

모든 신학 사조들은 특정한 시대의 지배문화의 정치적 영향 아래 형성되
어 온 인간적 산물이다(신은희 2007:16). 오늘날 한국 기독교의 근본주의는 기
독교 본래 정신에서 이탈되어 있으며, 현대 신학과의 접맥에도 실패하였다
(신은희 2007:17). 따라서 근본주의적 신앙관을 가진 한국 정치계 개신교 인사
들의 인식 전환도 필요하다. 현재의 이명박 대통령과는 달리, 미국의 41대
대통령 조지 부시[George Herbert Walker Bush, 1989-93]는 재임 중 이라크의 쿠웨이
트 침공을 빌미로 이라크와 전쟁을 벌였는데, 당시 전장을 둘러보면서 기독
교 병사들의 예배에 참석해 줄 것을 요청받았지만, "미국의 군대는 기독교
의 군대가 아니다. 비록 내 종교가 기독교이긴 하지만, 헌법을 수호해야 하
는 대통령이 특정한 종교 행사에 참가하는 것은 옳지 않다."고 하였다(박광서
2004:60; 박광서 2008:180-181). 부시 전 대통령의 이러한 종교적 태도는 공사公私를
제대로 구분하지 못하는 한국의 일부 개신교도 정치인들에게 좋은 본보기
가 된다.

2) 불교의 성격 이해

기존의 개신교계에서처럼 불교를 종교적 측면이나 철학적 측면의 한 가
지 방면에서만 파악하려 하는 것은 옳지 않다. 특히, 불교를 종교의 틀로서
만 보려는 견해는 서양에서 중세 이후 개신교를 철학 및 과학과 적대시하여
종교에만 국한시킨 버릇에 기인한다(심재룡 1997:14). 불교는 깨달음의 철학이
며, 해탈의 종교로서 철학과 종교의 양 요소를 다 가지고 있을 뿐 아니라, 이

두 영역은 서로 밀접한 관련을 맺고 있다(Raynolds and Hellisey 1989: 7). 현대의 종교는 윤리적 요인을 포함하는 개념으로 더욱 넓게 정의되고도 있다. 이런 점에서는 불교도 종교로 간주되고 있으며(Eliade, vol. 11, 1993:283), 세계 윤리학계도 현대 윤리의 대안으로 불교의 상황 윤리를 받아들이고 있다(길희성 2000:51-72; Kewon 1996:127).

한국 불교도의 상당수가 기복신앙적 측면에서 불교를 받아들이고 있는 것이 한국 불교계의 현실임은 부정하기 힘들다. 한국의 개신교계가 불교를 기복종교로 간주하고 있는 배경도 이러한 현실 인식을 바탕으로 하고 있는 것으로 보인다.* 그러나, 이러한 시각은 또 다른 형태의 "주자적 불교 이해관"에서 크게 벗어나지 않은 것이다. 지난 500년 간 한국인의 삶을 규정한 성리학의 집대성자 주시(朱熹, 1130-1200)는 이하론夷夏論적 전제 위에서 자신이 살던 당시 중국 승려들의 비행을 근거로 "불교는 사회악"이란 틀 아래 배불론을 전개하였으며, 그의 배불론은 조선 시대 억불 정책의 이론적 기반이 되었다. 그러나, 그의 불교 이론, 불교 경전 내용 등에 대한 비판은 논리성·구체성·체계성을 결하고 있었다(김종명 1999b:12; 윤영해 2000). 이러한 전통은 퇴계退溪 이황(李滉, 1501-1570)에게로 이어졌으며, 그는 조선 배불론의 종착점이기도 하였다(김종명 2005:121-146). 그러나 이들처럼, '모르면서 배척하는 태도'는 바람직하지 않은 것이다.

---

* 그러나, 기복신앙 강조는 불교에만 국한된 것은 아니다. [기독교를 포함한] 한국 종교 일반의 문제이기 때문이다. 복을 비는 것 자체가 나쁘지는 않으나 한국 종교인들의 경우 복을 받으려는 열의는 앞서나 복을 지으려는 노력이 적으며, 또한 이기적인 복을 지으려는 것이 문제점으로 나타나고 있다(윤원철 1999:52).

　　장상잉은 중국 배불론의 근거를 제공한 한위(韓愈, 767-824)를 다음과 같이
비판하였다:

　　　선사 따띠엔이 한위에게 "그대의 학문과 지식을 헤아려보면 불교학자들인
　　　진晉의 포투청佛圖澄이나 야오친姚秦의 로시羅什, 혹은 샤오량蕭梁의 빠오즈
　　　꿍寶志公에 비교할 만하다고 생각하는가?"라고 물었다. 한위가 "그렇지 못
　　　하다"고 하였다. 따띠엔이 "그대가 그들보다 밝지 않은데도 그들이 따르고
　　　섬기는 일을 비난하는 이유가 무엇인가?" 하니 한위가 아무 말도 하지 못하
　　　였다.[19]

　　그리고, 장상잉은 다른 전통을 대하는 바람직한 자세를 제시하면서 당시
의 사람들은 그렇지 못함을 안타깝게 여기고 있었다:

　　　나는 전부터 불교를 배척하려면 불서를 읽고 그 이치를 분명하게 파악한 후
　　　우리 유교의 내용과 불교의 견해가 맞지 않는 부분을 따진 후 의심을 끊고
　　　의혹을 판별하고서야 그것을 배척할 수 있는 것이라고 일렀다.[20]

　　장상잉의 이러한 태도는 바람직한 것으로 보이며, 현대의 종교인들도 귀
감으로 삼을 만하다. 또한, 중요한 것은 가르침이지, 그 가르침을 편 사람이
나 그 가르침을 따르는 사람들이 아니다. 이와 관련, 장상잉은 다음과 같이
주장하였다:

　　　지금의 수많은 승려들 중 옛 사람 석가모니를 본받은 자는 거의 한 사람도

없다. 그러나, 그것이 어찌 불교의 잘못이겠는가? 그 사람들의 죄인 것이다.[21]

조선시대의 유학자들이 승려들의 타락을 이유로 배불의 당연성을 주장하자, 기화도 장상잉과 같은 논지의 주장을 전개하였다:

> 공자의 문하에 있던 삼천 명의 제자들 중 철인의 칭호를 받은 사람들은 10여명뿐이었으며, 여래 문하의 바다같이 많이 모인 사람들 중 뛰어난 사람들도 10인을 넘지 않았다. 하물며 지금 성인이 돌아가신 지는 오래 되었고, 사람들의 근기는 약해졌는데, 어찌 사람들 각자에게서 가섭의 맑은 행동과 아난의 박식함을 바랄 수 있겠는가? 공자와 안회가 돌아가신 지 천년이 지난 지금 안연과 민자건 같은 분들이 있다는 말은 들은 적이 없다. 대저, 승려가 승려됨은 오덕을 갖추고, 육화를 닦은 후에야 바야흐로 그 이름을 칭하게 되는 것이다. 그러나, 이름과 실제가 서로 부합되는 자는 대개 얻기가 어렵다. 숲에는 재목이 되지 못할 나무들도 있고, 밭에는 열매를 맺지 못할 벼도 있다. … 어찌 실수가 있다 하여 그 가르침까지 없애겠는가?[22]

사람이 아니라 가르침이 중요하다는 시각은 객관적 타당성을 확보할 수 있는 견해다. 따라서, 현대 한국의 개신교계도 앞에서 논의된 서양의 지식인들 및 장상잉과 기화 같은 과거의 동양 지식인들의 불교에 대한 접근 태도를 바탕으로 불교를 이해할 필요가 있을 것이다.

3) 인류 구원론으로서의 종교

한국에서 종교 다원주의가 가능하려면 한국의 종교들이 민족주의적 성격을 가지는 것이 필요하다(강돈구 1994:411; 류성민 1994:115-117)는 견해가 제기되고 있다. 그러나, 인간적인 선善의 전망에 대한 고찰과 인간적인 선에 대한 주장을 더욱 명확하게 하지 않은 채 종교적 다원주의를 논하는 것은 무의미하며(데이빗 트레이시 1999:295), 진정한 종교는 인간을 자유롭게 하는 것(차옥숭 1994:510)이란 점에서, 개신교든 불교든 제일의적 과제는 인간 이해에 목표를 두고(김재영 1994:171), 구원론으로서의 역할을 담당하는 데 두어져야 할 것이다. 그리고, 이 목적을 더욱 효과적으로 달성하기 위해서는 상호 참여와 협동을 통해 서로를 보다 풍요롭게 하려는 자세(김영태 1994:144)가 필요할 것이다. "다른 이들을 착취하지 않고 자신이 살 수 있는 방법을 모색하기 위해 승려가 되었다."(로버트 버스웰 1999:9)는 버스웰*과 "혼자만의 안일을 위해 살지 않고 다른 사람들이 모두 고통에서 벗어나 행복하게 살게 되기를 빌고 또 빈다."(현각 1999:9)는 현각의 인생관과 인간관은 한국의 개신교계와 불교계 사이의 종교 갈등 해소를 위한 지침들이 될 수 있지 않을까? 역사상 종교

---

* 버스웰은 1970년대에 태국과 홍콩에서 승려 생활을 한 후 한국의 송광사에서 5년간 선승으로서의 삶을 살았다. 그 후 학계로 돌아가 중국 및 한국불교 전문가로서 미국 UCLA의 아시아언어문화학과(Department of Asian Languages and Cultures)의 학장직, 한국학연구소(Center for Korean Studies) 소장직 및 Association for Asian Studies 회장직을 역임하였다. 현재 UCLA 특훈교수(Distinguished Professor)로서, 불교학연구소 (Center for Buddhist Studies) 소장직과 동국대학교불교학술원 원장직에 있다. 그의 학문적 업적에 대해서는 김종명 2008:114-130 참조.

내 혹은 종교 간의 갈등도 사소한 부분에서 비롯된 경우가 많았다.** 그러므로, 개신교계와 불교계도 서로 간의 이해를 바탕으로 예수와 석가모니가 가르치고자 한 참뜻을 되새기고 그것에 따른 실천적 삶의 길을 모색하는 데 서로의 힘을 모으는 것이 서로의 삶과 평화를 위한 길이 될 것이다.

4) 법규 제정

앞에서 살펴본 것과 같이, 현대 한국에는 특정 종교에 의한 다른 종교 폄훼 현상이 지속적으로 나타나고 있고, 일부 종교인들은 헌법까지 위반하고 있는데도 불구하고, 종교계 관련 법조차 없다(신은희 2007:13). 그러나 우리와 여러 모로 가까운 일본과 미국의 예는 이와 다르다. 일본은 이미 1951년에 종교법인법을 제정하였는데, 1995년 옴진리교에 대해 반공공성을 이유로 해산 명령을 내린 사례는 일본의 종교법인법에 근거한 판결이었다. 미국의 경우, 연방 차원의 종교 관련법은 존재하지 않지만, 각 주별로 관련 법률을 제정하여 시행하고 있으며, 종교계로 하여금 공익성 검사도 받게 하고 있다 (「종교법인법, 왜 제정되어야만 하는가?」 2007:25-28). 또한 전 국민의 80% 가량이 가톨릭 신자인 멕시코에서도 모든 공직자들이 공식적인 종교 행사에 참여하는 것을 아예 법으로 금지하고 있다(박광서 2004:60-61). 최근 유럽인권법원도 공립학교 내의 십자가는 학생들의 종교 자유를 침해하는 것으로 판결하고, 원고에

** 한 예로, 인도에서의 불교학파들이 분열하게 된 동기는 적은 량의 소금을 소지하는 것이 계율에 위배되는가 혹은 위배되지 않는가 하는 등과 같은 사소한 계율에 대한 해석 차이 때문이었다(정성본 1993:707).

게 그로 인한 정신적 피해 배상까지 지시하였다(임태규 2009).

자본주의 사회의 한국종교계도 성숙한 시민 종교 활동의 장으로 기능케 하기 위한 법적 시스템 확립은 필수적이다. 특히 종교법인법은 "종교법인의 설립, 등기, 운영, 해산 등에 관한 제반사항"을 법률로 규정하는 것인데, 이 법은 종교에 대한 건전한 시민의식의 반영이므로 반드시 제정되어야 한다(신은희 2007:13-18). 또한 자신의 신앙만을 강조하는 것은 욕망의 폭력적 주입에 다름 아니기 때문에, 타자 억압적 욕망도 제도나 법으로 제한되어야 한다(이찬수 2009:73). 국가인권위원회는 2006년 「종교재단 학교의 교직원 채용 관행, 어떻게 볼 것인가」를 주제로 토론회를 개최하였다(배희정 2006). 이 토론회의 참가자들은 종립대학이 특정 종교인에 한해 채용의 자격을 부여하는 것은 위헌이라는 주장을 제기하였다. 당시 지정토론자로 나섰던 필자는 종합대학교는 객관적이고 보편타당한 학문적 진리 교육을 목표로 하기 때문에 더 이상 특정 종교의 이념 등이 학문의 목표가 될 수 없음을 지적하였다. 그리고 2007년 9월 21일 만해 NGO 교육센터에서 종교법인법제정추진시민연대 주최로 「바람직한 종교법인법의 방향」이라는 주제로 세미나가 개최되어 종교법인법 제정의 필요성도 논의되었다.

종교법인법의 기본적 방향은 진리의 다양성을 인정하고, 평화의 종교문화를 정착시킬 수 있어야 하며(신은희 2007:18), 정부는 헌법 정신에 부합하여 정치와 종교의 분리에 대한 명확한 규정을 종교법인법에 명시하여야 한다. 또한 종교단체가 정치단체에 기부하는 행위도 법적으로 규제해야 하며, 정치권 역시 종교계에 어떠한 명목으로도 혜택을 주지 말아야 한다. 종교인의 정치 참여 범위도 그 한계를 명확히 해야 한다. 이렇게 될 경우, 정치인이 종교계의 눈치를 보는 관행이 없어질 것이며, 종교인들이 정치계에 영향력을 행사하려는 경향도 없어질 것이다(「종교법인법 제정을 촉구하며」 2007:9-12). 그러나 법적 체계화는 여전히 숙제로 남아 있다.

5. 맺음말

한국의 종교 간 대화 운동은 자유주의적 개신교도들에 의해 주도되어 왔으나, 한국의 종교 상황 개선에는 별 기여를 하지 못했으며, 한국 개신교의 주류를 이루는 보수적 개신교계는 불교계에 대해 가해자적 입장에 서 왔다. 전형적인 다종교 국가인 한국의 경우에도 개신교계에 의한 훼불 사건은 여전히 무시할 수 없는 상태에 있다. 필자는 이 글을 통하여 개신교 측에 의한 훼불 사태가 먼저 종식된 후에라야 두 종교 전통 간의 갈등 해소도 가능할 것이라고 보았다. 이를 위해 먼저 개신교 측에 의한 훼불 현황을 살펴보았다. 그리고, 현대 한국에서 일어나고 있는 다양한 형태의 훼불 사건은 개신교계의 반불교관에 뿌리를 두고 있다는 전제 아래 반불교관 형성의 원인과 영향을 검토하였다. 그 내용으로는 개신교를 한국에 전파한 서양 선교사들의 불교관과 그 영향 아래서 편성된 한국의 교과 과정 및 정부 정책의 한 단면을 검토하였다. 마지막으로 두 종교 간의 갈등 해소를 위한 대안으로서는 개신교계의 근본주의적 인식 극복과 불교의 성격에 대한 올바른 이해가 필요하며, 더불어 사는 삶을 위한 종교의 본래적 의미에 충실한 종교관의 확립과 함께, 종교법인법 등의 법적 제도화의 중요성이 무엇보다 시급함을 강조하였다.

참고문헌

  - 종교 간 갈등 해소 : 전제와 대안

1. 일차 자료

기화(己和) 撰, 『顯正論』, 『韓國佛敎全書』 제7책 조선시대편, 1986; 서울: 동국대학교 출판부,
       1990: 217a-225c.

서울대학교 종교문제연구소 편, 『종교다원주의와 종교윤리』, 서울: 집문당, 1994.

장쉬앙잉(張商英) 述, 『護法論』, T(大正新修大藏經) 2114, 52, 638a-646b (東京: 大正一切經刊
       行會, 昭和2년[1928]); 昭和15년[1941]).

2. 이차 자료

강돈구, 「한국 무교회운동의 종교사적 의의」, 『종교다원주의와 종교윤리』, 411-439쪽.

《경향신문》, 「이희호 여사 특정 종교 편향」, 1999년 11월 22일.

공종원, 「법보시론: 불교인의 고위공직 소외」, 《법보신문》 2000년 4월 26일, 3면.

곽균열, 「하나의 가정과 추리」, 2008 종교자유정책연구원 심포지엄 '08 종교자유와 정교분리
       의 현주소, 만해NGO교육센터, 2008, 7, 8:38-47쪽.

길희성, 「현대 윤리학의 위기와 상호의존의 윤리」, 『서강인문논총』 제11집(2000):51-72쪽.

김기현, 「사립학교 종교교육과 종교의 자유 침해에 대하여 - 강의석군 손해배상 소송 중심으
       로-」, 2008 종교자유정책연구원, 앞의 심포지엄, 8:71-120쪽.

김영모, 『한국 지배층 연구』, 서울: 일조각, 1982쪽.

김영태, 「존힉의 종교다원주의 철학의 기초」, 『종교다원주의와 종교윤리』, 121-147쪽.

김유정, 「교수 임용 시 '기독교인' 자격 제한은 고용 차별」, 《교수신문》, 2008년 01월 21일.

김응철, 「기획1 한국불교, 여기에 문제 있다: 포교와 신행, 구태를 벗어라」, 『불교평론』
       42(2010년 봄 제12권 제1호):293-315쪽.

김재경, 「한국불교 이것부터 고칩시다-훼불 무대책」, 《현대불교》 불기2543년 (서기 1999년)
       10월 13일, 1면.

김재영, 「존힉의 종교다원주의 철학연구」, 『종교다원주의와 종교윤리』, 149-171쪽.

김종명, 「만해대상 수상자론 포교부문 / 로버트 버스웰론, 미주한국불교의 정립자」, 『유심』
       33(2008 여름):114-130쪽.

김종명, 「국내 불교학 연구의 방향」, 『철학사상』 제11호(2000. 12):111-170쪽.

――――, 「더불어 사는 삶을 위하여: 그 동양철학적 모색」, 황필홍 외 지음. 『새로운 공동체를
       찾아서』, 서울: 도서출판 한맥, 1997, 115-147쪽.

――――, 「불교쟁론: 주자의 불교비판」상 · 하, 《법보신문》 불기 2543년(1999) 10월 13일, 12면;

10월 20일, 12면.

———, 「신은희 교수의 발표문 -종교법인법과 종교철학적 성찰- 논평」, 종교법인법 제정 세미나 바람직한 종교법인법의 방향, 만해NGO교육센터, 2007. 9. 21:19-21쪽.

———, 「퇴계의 불교관 -평가와 의의-」, 『宗敎硏究』 第41輯(2005):121-146쪽.

———, 「한국철학계의 동향과 특성」, 『철학사상』 제35호(2010.02):379-420쪽.

김종서, 「개신교와의 대화: 타종교의 입장」, 『종교다원주의와 종교윤리』, 229-242쪽.

김현태, 「개신교, 국민혈세로 선교 활동」, 《법보신문》 2010년 7월 22일.

대한불교조계종 포교원, 종교편향대책위원회, 『종교편향백서』, 2000.

데이빗 트레이시, 「인간복제와 대중세계: 선을 위한 직관적 행위의 옹호」, 스티븐 제이 굴드 외 지음, 『클론 and 클론』, 이한음 옮김. 서울: 그린비, 1999, 287-302쪽.

「동화사 땅 밟기」, http://news.khan.co.kr/kh news/khan art view.html?artid=201010271428251&code=940100(2010. 10. 27 검색)

로버트 버스웰 지음, 『파란 눈 스님의 한국선 수행기』, 김종명 옮김. 서울: 예문서원, 1999.

류성민, 「종교다원주의와 종교윤리」, 『종교다원주의와 종교윤리』, 1994, 99-119쪽.

『문교 40년사』, 서울: 문교부, 1988.

박광서, 「종교권력을 우려한다」, 한국기독자교수협의회 · 한국교수불자연합회, 『현대사회에서 종교권력, 무엇이 문제인가』, 서울: 동연, 2008, 167-195쪽.

———, 「종교적 오만이 걱정스럽다」, 『참여불교』, 2004 0708:59-66쪽.

박기련, 「금배지 달려면 종교 있어야」, 《불교신문》, 불기2544(서기 2000)년 4월 18일, 3면. 박문수, 「한국 종교의 정치세력화: 현실과 전망」, 09 '만해축전 학술 심포지엄 종교의 세력화로 인한 사회갈등 어떻게 풀것인가?, 만해 NGO 교육센터, 2009. 7, 8:9-42쪽.

배희정, 「종교재단 학교 교직원 채용, 이대로 좋은가?」, 《금강신문》, 2006년 07월 12일.

「봉은사 땅 밟기」, http://jubilii.egloos.com/10601941 (2010. 10. 27 검색).

「불교-군 또 종교편향 마찰」, 《한겨레》, 1999년 5월 24일.

새뮤얼 헌팅턴 지음, 이희재 옮김, 『문명의 충돌』, 서울: 김영사, 1997.

서울대학교 사범대학 1종도서 『도덕. 윤리』 연구 개발위원회, 『중학교 도덕 1』, 1995; 서울: 교육부, 1999.

손옥균 · 배병태, 「종교시설 투표소 헌법소원심판 청구 기자회견」, 종교자유정책연구원(www.kirf.or.kr), 2008. 2. 27

신은희, 「종교법인법과 종교철학적 성찰」, 종교법인법 제정 세미나 바람직한 종교법인법의 방향, 만해NGO교육센터, 2007. 9, 21:13-21쪽.

심재룡, 「한국 선불교의 특수성과 보편성」, 제3회 국제학술회의 (1997. 11. 20-21) 논문집, 『한국불교사상의 보편성과 특수성」: 3-15쪽.

안장현, 「모든 대법관이 하느님에 기도하는 이들이길, 황우여 '종교편향' 발언」, 《한겨레》, 2011년 01월 17일.

엄태규, 「폴 니터 교수 초청 종교 간의 대화 마당 성료」, 《불교신문》, 2011년 01월 05일.

──, 「개신교인 불교폄훼 부끄러운 행동」, 《불교신문》, 2011년 01월 05일.

윤남진, 「종교와 종교자유에 관한 법학자 의견조사 보고서」, 2008 종교자유정책연구원 심포지엄 08' 종교자유와 정교분리의 현주소, 만해NGO교육센터, 2008. 7. 8:146-177쪽.

윤영해, 『주자의 선불교 비판 연구』. 서울: 민족사, 2000.

윤원철, 「미래의 한국불교에 바란다」, 『불교저널』 제1권 제3호(1999. 10):52-53쪽.

윤이흠, 「종교다원주의에 대한 경험적 접근: 한국종교대화운동의 역사적 고찰을 통하여」, 『종교다원주의와 종교윤리』, 17-52쪽.

윤정호. 「정부·불교계 갈등 해법은… 각계 원로·전문가 진단」, 《조선일보》, 2008.9.4, 종합 A4면.

이용중, 「한국사회의 국가와 교회」, '09만해축전 학술 심포지엄 〈종교의 세력화로 인한 사회갈등 어떻게 풀 것인가?〉, 만해 NGO 교육센터, 2009. 7. 8:29-34쪽.

이원규, 「종교적 배타성과 종교성의 관계에 대한 경험적 연구」, 『종교다원주의와 종교윤리』, 173-205쪽.

──, 『종교와 이데올로기』, 서울: 민영사, 1991.

──, 『한국교회 무엇이 문제인가?』, 서울: 감리교신학대학교 출판부, 1998.

이진구, 「한국개신교와 종교권력」, 한국기독자교수협의회·한국교수불자연합회, 『현대사회에서 종교권력, 무엇이 문제인가』, 서울: 동연, 2008:131-166쪽.

이찬수, 「종교간 갈등, 극복될 수 있을까」, '09만해축전 학술 심포지엄-종교의 세력화로 인한 사회갈등 어떻게 풀 것인가?, 만해 NGO 교육센터, 2009. 7. 8:71-87쪽.

「일요스페셜: 만행卍行」, KBS 1, 1998년 11월 15일.

임연태. 「종교 편향, 대한민국에만 있는 고질병-한국 기독교의 불교폄훼일지」, 《불교평론》 37호(2008 겨울).

장-프랑수아 르벨. 마티유 리카르 공저, 『승려와 철학자』. 이용철 옮김, 서울: 창작시대, 1999.

전재성, 「일부 개신교인의 어리석음」, 《현대불교》, 1999년 8월 25일, 6면.

정성본, 『중국선종의 성립사 연구』, 1991; 서울: 민족사, 1993.

정성운, 「미종교학회 한국훼불에 관심」, 《현대불교》, 1999년 2월 10일.

──, 「훼불 부추기는 '하늘나라'」, 《현대불교》, 1998년 9월 16일.

정의채, 「새천년 이끌어 갈 철학은 아시아의 생명존중사상」, 《중앙일보》 1999년 8월 27일, 14면.

정진홍, 「종교다원문화의 인식을 위한 이론적 가설」, 『종교다원주의와 종교윤리』, 53-81쪽.

「종교법인법 제정을 촉구하며」, 종교법인법 제정 세미나 바람직한 종교법인법의 방향, 만해
　　　NGO교육센터, 2007. 9. 21:9-12쪽.

「종교법인법, 왜 제정되어야만 하는가?」, 종교법인법 제정 세미나 바람직한 종교법인법의 방
　　　향, 만해NGO교육센터, 2007. 9. 21:22-29쪽.

「종교별로 본 16대 의원 당선자」, 《법보신문》 2004년 4월 26일, 15면.

차옥숭, 「한국여성의 종교경험」, 『종교다원주의와 종교윤리』(1994):495-515쪽.

「창립선언문」, 종교법인법 제정 세미나 바람직한 종교법인법의 방향, 만해NGO교육센터,
　　　2007. 9. 21:7-8쪽.

최준식, 「한국의 종교, 그 존재 당위성의 여부 문제에 대하여」, 『종교연구』 제18집(1999년 가
　　　을):43-65쪽.

편집부 편, 『한국교회 100년 종합조사연구』, 서울: 한국기독교사회문제연구원, 1989.

한국기독자교수협의회 · 한국교수불자연합회 공저, 『현대사회에서 종교권력, 무엇이 문제인
　　　가』, 서울: 동연, 2008.

한기언, 『한국인의 교육철학』. 서울: 서울대학교 출판부, 1988.

허진민, 「종교시설 내 투표소 지정에 관한 헌법소원심판 청구의 당위성과 기본권 침해여부에
　　　대한 고찰」, 2008 종교자유정책연구원 심포지엄 08 종교자유와 정교분리의 현주소,
　　　만해NGO교육센터, 2008. 7. 8:7-37쪽.

현각, 「서울 돋보기 화계사의 불」, 《한겨레》, 1999년 9월 28일, 9면.

홍다영, 「모든 대법관은 개신교라야 한다?」, 《불교신문》, 2011년 01월 14일.

황필호, 「공자의 새로운 해석」, 『종교연구』 제17집(1999년 봄):275-292쪽.

황현실, 「이명박 시장의 '수도서울봉헌'」, 『참여불교』 2004 0708:48-50쪽.

"Cloud Path," Arirang TV, 1998년 5월 3일.

Eliade, Mircea. *The Encyclopedia of Religion*. 16 vols. 1987; New York: Macmillian Publishing
　　　Company, 1993.

Grayson, James Huntley. *Early Buddhism and Christianity in Korea*. Leiden: E. J. Brill, 1985.

Kewon, Damien. *Buddhism: A Very Short Introduction*. Oxford, New York: Oxford University
　　　Press, 1996.

Paik, Lak-Geoon George. *The History of Protestant Missions in Korea 1832-1910*. P'yongyang:
　　　Union Christian College Press, 1927; Seoul: Yonsei University Press, 1980.

Raynolds, Frank E. and Charles Hallisey. "Buddhist Religion, Culture, and Civilization." In Joseph
　　　M. Kitagawa and Mark D. Cummings (ed.), *Buddhism and Asian History*. 1987; reprint,
　　　New York: Macmillan Publishing Company, 1989, pp. 3-28.

주석

근본적 근본주의를 향하여 | **이찬수**

1 배국원, 『현대종교철학의 이해』, 서울: 동연출판사, 2000, 277쪽 참조.

2 이상의 내용은 한정선 엮음, 『현대와 후기 현대의 철학적 논쟁』, 서울: 서광사, 1991, 17-19쪽을 참조했음.

3 이상은 Roger Aubert, "Modernism", *Sacramentum Mundi: An Encyclopedia of Theology*, vol. ed. by Karl Rahner et al. London: Burns and Oates, 1968-1970의 요약임.

4 David O. Beale, *In Pursuit of Purity : American Fundamentalism Since 1850*, 김효성 옮김, 『근본주의의 역사』, 서울: 기독교문서선교회, 1994, 19쪽.

5 비일, 위의 책, 23쪽.

6 비일, 위의 책, 같은 쪽.

7 틸리히는 유한한 종교적 표현들을 절대시하는 자세, 궁극적이지 않은 것에 궁극적인 관심을 기울이는 자세를 "종교의 악마화"(demonization of religion)라고 표현하곤 한다.

8 Paul Tillich, *Systematic Theology*, vol. 1(Chicago: University of Chicago Press, 1967)(three vols. in one), p.3.

9 S.H.Pfuertner, *Fundamentalismus: Die Flucht ins Radikale*(Freiburg: Herder, 1991), S.99(임희숙, 『기독교 근본주의와 교육』, 서울: 동연출판사, 2010, 131쪽에서 재인용)

10 임희숙, 위의 책, 132-133쪽 참조.

11 한국 기독교 근본주의의 간략한 역사와 특징에 대해서는 배덕만, 『한국 개신교 근본주의』, 서울: 대장간, 2010, 2-3장 참조.

12 구체적인 내용은 이찬수, 『한국 그리스도교 비평』, 서울: 이화여대출판부, 2009, 31-67쪽, 112-137쪽, 267-275쪽 참조.

13 박형룡, 「근본주의」, 『신학지남』, 25권 1호(1960), 16쪽.

14 Marcus J. Borg, *The God We Never Knew*, 한인철 옮김, 『새로 만난 하느님』, 서울: 한국기독교연구소, 2001, 34-35쪽.

15 임희숙, 앞의 책, 146-150쪽; 159-163쪽 참조.

16 Dietrich Bohhoeffer, *Letters and Papers from Prison*, ed. Eberhard Bethge(New York: Macmillan, 1972), p.282.

17 마커스 보그, 앞의 책, 88-95쪽 참조.

18 Michael S. Schneider, *A Beginner's Guide to Constructing the Universe: The Mathematical Archetypes of Nature, Art, and Science*, 이충호 옮김, 『자연, 예술, 과학의 수학적 원형』 (서울: 경문사, 2007), 제1장(전체로서의 하나) 참조.

19 Paul Tillich, *Theology of Culture*, London: Oxford University Press, 1959, p.42

20 Tariq Ali, *The Clash of Fundamentalism*, 정철수 옮김, 『근본주의의 충돌』, 서울: 도서출판 미토, 2003, 11쪽.

근본주의와 종교 ｜ 이길용

1 이 부분에 대한 상세한 논의는 다음을 참조 바람. 이길용, 『종교학의 이해』, 한들출판사, 2007. 특별히 6장 '종교학의 목적과 한계' (93-107쪽).

2 Peter Kunzmann, *dtv-Atlas Philosophie*,(Deutscher Taschenbuch Verlag, 1991), p.181.

3 딜타이는 모두 세 개의 세계관을 언급한다. ① 자연주의(Naturalismus; 데모크리토스, 에피쿠로스, 포이어바흐, 콩트 등), ② 자유의 관념론(Idealismus der Freiheit; 플라톤, 아우구스티누스, 칸트, 피히테 등), ③ 객관적 관념론(Objektiver Idealismus; 헤라클레이토스, 브루노, 스피노자, 라이프니츠, 괴테, 셸링, 헤겔 등). 이에 대하여는 다음을 참고하라. Peter Kunzmann, *dtv-Atlas Philosophie*,(Deutscher Taschenbuch Verlag, 1991), pp.180-181.

4 이 부분에 대해서는 스마트의 대표적 이론서인 "Worldviews: Crosscultural Explorations of Human Beliefs" (N.Y.: Charles Schribner's Sons, 1983)의 제1장인 종교학과 세계관 분석에 대한 부분을 참조하라. 이 책은 한국어로도 번역되어 출간되었다. 강돈구 역, 『현대종교학』, 청년사, 1986; 김윤성 역, 『종교와 세계관』, 이학사, 2000.

5 류경희, 「힌두 근본주의: 현대 인도 종교의 보수화 경향」, 『종교 연구』 40(2005년 가을), 98쪽.

6 류경희, 위의 논문, 98쪽.

7 이 도표는 정성원, 「성리학적 근본주의: 조선 척사위정운동의 연구」, 서강대 대학원 사회학과 박사학위 제출 논문, 25쪽에서 인용.

8 금장태 · 유동식, 『한국종교사상사: 유교-기독교편』, 연세대학교 출판부, 1986, 176-177쪽.

9 김희정, 「한국 유교의 근본주의-조선유교의 이단론을 중심으로」, 『한국종교연구』
   2008, 제10집, 서강대 종교연구소, 9쪽.

10 전혜영, 『한국어에 반영된 유교 문화적 특성』, 『한국 문화와 한국인』, 사계절, 1998,
   국제한국학회, 240쪽.

기독교 근본주의의 정의와 미국과 한국의 기독교 근본주의 | 최대광

1 McGrath, Alister, *Modern Christian Thought,* (London: Blackwell Publishers, 1993), p. 230.

2 Bruce, Steve, Fundamentalism, (MA:Blackwell, 2000), pp. 10-11.

3 Marty E. Martin and Appleby R. Scott, *Fundamentalism and the State,*
   (Chicago:University of Chicago Press, 1993), p.3.

4 마샬 버만, 윤호병·이만식 옮김, 『현대성의 경험』, 서울:현대미학사, 2004, 72-73쪽.

5 Ibid., 69쪽.

6 Brouwer and Others, op.cit. p.264.

7 Giddens, Anthony, Introduction to Max Weber, The Protestant Ethic and the Spirit of
   Capitalism, (London: Unwin, 1904), p.xiv.

8 Brouwer and others op.cit., p.13.

9 *Ibid.*, p.15.

10 Anderson, Gerald H., "American Protestants in Pursuit of Mission: 1886~1986," in
    Bulletin of Missionary Research, Vol 12, (1988), 98 Quoting, Smylie, John Edward,
    "National Ethos and the Church" in Theology Today, 20. no. 3 (1963), p.314.

11 *Ibid.*.

12 Brouwer and others, *op.cit.*, p.23.

13 *Ibid.*, Quoting, Rifkin, Jeremy (with Ted Howard), *The Emerging Order: God in an
    Age of Scarcity,* (New York: Putnam, 1979), p.155.

14 Noll, Mark A., *A History of Christianity in the United States and Canada,* (Grand
    Rapids, Michigan: William B. Eerdmans Publishing Co., 1992), p.291.

15 Hulbert H.B, Confucianism in Korea in The Korean Repository, November, 1894,
    pp.403-404.

16 Vinton, C.C., Obstacles to Missionary Success in Korea in Missionary Review of the

World, December, 1894, p.841.

17 Griffis, William E., *A Modern Pioneer in Korea: The Life Story of Henry G. Appenzeller*, (New York: Fleming H. Revell Company, 1912), p.232.

18 *Ibid.*, p.224.

19 이원규, 「개신교 근본주의에 대한 종교사회학적 이해」, 『신학과 세계』, 1995년 봄 30호, 223-224쪽.

20 Brouwer and others, *op. cit.*, pp.45-46.

21 「한기총 대표회장, "기독교정책 제시해 대선후보 검증할 것"」, 『동아일보』, 2007년 2월 15일자 23면.

22 이억주, 「다원화사회, 기독교에 대한 도전과 응전」, 『신앙세계』 2008.9, 482호, 12쪽.

23 위의글, 14쪽.

24 위의글, 15쪽.

25 타리크 알리, 정철수 옮김, 『근본주의의 충돌』, 서울:미토, 2003, 279쪽.

26 위의책, 15쪽.

27 Philips, Kevin, *American Theocracy: the Perils and Politics of Radical Religion, Oil and Borrowed Money in the 21st Century*, (London: Penguin, 2006) p.viii~xv.

28 토마스 머튼, 오지영 옮김, 『새명상의 씨』, 가톨릭 출판사, 1999, 121쪽.

29 크리스 메르코글리아노, 공양희 역, 『두려움과 배움은 함께 춤출 수 없다』, 민들레, 2006, 126쪽.

30 위의책, 140쪽.

31 위의책, 141-142쪽.

32 위의책, 135쪽.

33 Fox, Matthew, *Creativity*, (New York, Penguin, 2002), pp.4-5.

근본주의와 정치 　|　유영근

1 Peter Singer, *The President of Good and Evil - The Ethics of George W. Bush*, (Dutton, 2004) 참고.

2 타리크 알리 지음, 정철수 옮김, 『근본주의의 충돌』(미토, 2003) 참고.

3 데이비슨 뢰어 지음, 정연복 옮김, 『아메리카, 파시즘 그리고 하나님』, 샨티, 2007.

4 고종석, 「도덕 허무주의는 더 나쁘다」, 『시사IN』 164호, 시사IN, 2010.

5 폴 슈메이커 지금, 조효제 옮김, 『진보와 보수의 12가지 이념』, 후마니타스, 2010, 210쪽.

6 Jimmy Cater, Our Endangered Values: America's Moral Crisis (Simon and Schuster: 2005) 참고.

7 데이비슨 뢰어, 앞의 책, 참고.

8 위의 책, 참고.

9 폴 슈메이커, 앞의 책, 208-209쪽.

10 Bob Woodward, *Bush at War*, (New York: Simon & Schuster, 2000), p.45, p.94

11 마이클 만 지음, 앞의 책, 277-278쪽.

12 김진숙, 「하버마스, 근본주의는 근대화 과정의 비이성적 산물」, 『교수신문』, 2001년 12월 13일자.

13 폴 슈메이커, 앞의 책, 737-738쪽.

14 안찬수, 「기독교 근본주의와 신보수주의」, 『인터넷신문 대자보』, 2001년 5월 1일자.

15 김진호, 「미국의 영으로 오셨네」, 『한겨레21』, 834호, 한겨레신문사, 2010.

16 이러한 근대주의에 대한 비판에는 1941년 American Council of Christian Church를 만든 Carl MacIntyre목사와 Moody Bible의 James M. Gray 목사등이 앞장섰다. 이 밖에도 근본주의적 기독교인들의 연합체로 The Children of God, The Local Church, The Fundamentalist Army, The Christian World Liberation Front 등이 있다.

17 임희숙, 기독교 근본주의와 교육, 동연출판사, 2010.

18 Roe v. Wade, 410 U.S. 113 (1973)

19 폴 슈메이커, 앞의 책, 389-390쪽.

20 위의 책, 539쪽.

21 위의 책, 737쪽.

22 위의 책, 637쪽.

전쟁과 기독교 근본주의 | 이은선

1 존 스튜어트 밀, 김형철 옮김, 『자유론』, 서광사 1992, 22쪽.

2 N. 베르쟈이에프, 이신 옮김, 『인간의 운명』, 현대사상총서, 1984, 247쪽.

3 새뮤얼 헌팅턴, 이희재 옮김, 『문명의 충돌』, 김영사, 1999.

4 마틴 리제브로트, 「근본주의와 종교의 부활」, 『신학사상』 2001, 112집 봄호, 121쪽.

5 임희숙, 「근본주의 연구의 최근 동향과 그 기독교교육적 함의」, 『신학사상』 2002, 111집 가을호, 225쪽.

6 한완상, 「아, 기독교인임이 부끄럽다」, http://www.seoprise.com, 유춘자 선생님이 이 자료를 소개해 주셨고, 좋은 참고가 되었다.

7 하랄트 뮐러, 이영희 옮김, 『문명의 공존』, 푸른숲, 2001, 31쪽.

8 N. 베르쟈이에프, 앞의 책, 246쪽.

9 위의 책, 184쪽.

10 위의 책, 117쪽.

11 위의 책, 57쪽.

12 임희숙, 앞의 논문, 224쪽.

13 H. Arendt, *The Origins of Totalitarianism*, A Harvest/HBJ Book, New York and London 1973. 이은선, 「한나 아렌트의 '인간의 조건'과 공공성에로의 교육」, 『교육철학』 제29집, 교육철학회 2003, 45-73쪽; 한나 아렌트, 『예루살렘의 아이히만』, 김선욱 옮김, 한길사, 2001.

14 존 스튜어트 밀, 위의 책, 59쪽.

15 위의 책, 58쪽.

16 이은선, 『한국 여성조직신학 탐구- 聖·性·誠의 여성신학』, 대한기독교서회. 2004, 193쪽.

17 위의 책, 89쪽.

현상학을 통한 '근본주의'에 대한 보다 더 '근본'적인 사유 | 김대식

1 E. Husserl, 이종훈 옮김, 『현상학의 이념』, 서광사, 1988, 82-83쪽.

2 Robert Nisbet, 강정인 옮김, 『보수주의』, 이후, 2007, 54-57쪽, 112쪽.

3 Marty Slaughter, "Levinas, mercy, and the Middle Ages", Marinos Diamantides, ed. *Levinas, Law, Politics*(Routledge-Cavendish, 2007), 49-52쪽.

4 이원규, 「근본주의에 대한 종교사회학적 고찰」, 『기독교사상』, 435호(1995/3), 10-20쪽.

5 김진석, 『폭력과 싸우고 근본주의와도 싸우기』, 나남출판사, 2003, 155-156쪽; 188쪽,

356쪽.

6 M. Heidegger, 이기상·강태성 옮김,『형이상학의 근본개념들; 세계-유한성-고독』, 까치, 2001, 565쪽.

7 이선관,「"현상학적으로 사유함"이란 무엇을 말하는가?」, 한국현상학회편,『현상학의 근원과 유역』, 철학과현실사, 1996, 14쪽.

8 이선관, 위의 글, 15쪽, 33쪽.

9 E. Husserl, 이종훈 옮김,『유럽학문의 위기와 선험적 현상학』, 한길사, 1997, 151-152쪽.

10 위의 책, 36쪽.

11 민문홍,「탈냉전시대와 근본주의적 이념들」,『기독교사상』, 435호(1995/3), 48-56쪽.

12 Tariq Ali, 정철수 옮김,『근본주의의 충돌-아메리코필리아와 옥시덴탈리즘을 넘어서』, 미토, 2003, 428쪽.

13 M. Riesebrodt, 유기쁨 옮김,「근본주의와 종교의 부활」,『신학사상』, 112집(2001/봄), 114-133쪽; 최근 국내에 번역되어 소개된 하비 콕스(H. Cox)의『종교의 미래』(김창락 올김, 서울: 문예출판사, 2010)라는 책에서도 근본주의자의 성서 문자주의, 교리적 태도 등을 문제로 삼고 이러한 것들이 종교간 대화의 걸림돌이 된다고 비판한다. 195쪽, 220쪽, 282-283쪽 참조.

14 Amartya Sen, 이상환 옮김,『정체성과 폭력』, 바이북스, 2009, 267쪽.

15 Terry Eagleton, 강주헌 옮김,『신을 옹호하다』, 모멘토, 2010, 151-152쪽.

16 M. Heidegger, 이기상 옮김,『진리의 본질에 관하여: 플라톤의 동굴의 비유와 테아이테토스』, 까치, 2004, 12쪽.

17 Maurice Merleau-Ponty, 오병남 옮김,『현상학과 예술』, 서광사, 1983, 56쪽.

18 M. Walzer, 박정순 옮김,「제4강연 다문화주의와 문화권리」, 김용환 외 옮김,『자유주의를 넘어서-자유주의의 한계와 그 보완의 과제』, 철학과현실사, 2001, 173-174쪽.

19 M. Walzer, 앞의 글, 180-181쪽.

20 민문홍, 앞의 글, 58쪽.

21 M. Heidegger, 이기상·강태성 옮김, 앞의 책, 567쪽.

22 Paul Ricoeur, 김웅권 옮김,『타자로서의 나』, 동문선, 2006, 427-429쪽.

23 James Rachels, 김성한 옮김,『동물에서 유래된 인간-다윈주의의 도덕적 함의』, 위의 책, 서울: 나남, 2009, 141쪽.

24 M. Heidegger, 이기상·강태성 옮김, 앞의 책, 586-587쪽.

25 박병상,『녹색의 상상력』, 달팽이, 2006, 245-246쪽.

26 김명식,『환경, 생명, 심의민주주의』, 범양사, 2002, 96-97쪽.

27 김명식, 위의 책, 234-244쪽.

28 M. Heidegger, 이기상 옮김, 앞의 책, 59쪽.

29 J. Hessen, 허재윤 옮김,『현대에 있어서 삶의 의미』, 이문출판사, 1984, 155쪽.

30 민문홍, 위의 글, 46-56쪽.

31 박종천,「한국교회의 에큐메니즘과 근본주의」,『기독교사상』, 435호(1995/3), 43쪽.

32 M. Riesebrodt, 앞의 글, 138쪽.

33 R. Rorty, *Philosophy and the Mirror of Nature*(Princeton, New Jersey: Princeton Univ. Press, 1979), 360-379(=번역본 387-401); 박지수 옮김,『철학과 자연의 거울』, 서울: 까치, 1998, 참조.

34 R. Rorty, 위의 책, 377쪽(=번역본 405-406쪽).

35 J. Hessen, 앞의 책, 156쪽.

36 M. Heidegger, 이기상 옮김, 앞의 책, 59쪽.

이슬람 근본주의와 한국 이슬람 　ㅣ　**박현도**

1 이 책 53쪽, 최대광, "기독교 근본주의의 정의와 미국과 한국의 기독교 근본주의" 글에서 인용. McGrath, Alister, *Modern Christian Thought* (London: Blackwell Publishers, 1993), p.230.

2 Martin R. Marty and R. Scott Appleby. eds. The Fundamentalism Project Series (Volume 1-5, Chicago: University of Chicago Press), *Fundamentalisms Observed*(Volume 1, 1991); *Fundamentalisms and Society* (Volume2,1993); *Fundamentalisms and the State* (Volume 3, 1993); *Accounting for Fundamentalisms: the Dynamic Character of Movements* (Volume 4, 1994); *Fundamentalisms Comprehended* (Volume5, 1995).

3 Seyyed Hossein Nasr, "Islam", in Arvind Sharma ed., *Our Religions: The Seven World Religions Introduced by Preeminent Scholars from Each Tradition* (NewYork: Harper Collins), p.516-517.

4 같은 책, 517-518쪽.

5 정수일,『이슬람 문명』, 창작과 비평사, 2002, 316쪽: "이 기회에 밝힐 것은 '근본주의' 와

'원리주의' 는 서로 다른 개념으로서 '이슬람 근본주의' 를 '이슬람 원리주의' 라고 하는 것은 잘못된 지칭이라는 점이다." Fundamentalism의 번역어로 국내 이슬람 학계에서는 원리주의라는 말을 더 많이 쓰는 듯하다. 원리주의라는 말을 쓰는 주요저서 두 개만 예로 들면 다음과 같다: 손주영, 『이슬람 사상의 형성과 발전』 중 제5장, 아카넷, 2000; 황병하, 『이슬람 사상의 이해』, 조선대학교 출판국, 1998.

6 정수일, 『이슬람 문명』, 316쪽.

7 같은 책, 317쪽.

8 같은 책, 318쪽. 구체적으로 적시하지는 않지만 정수일이 말하는 전투성 때문에 이슬람 근본주의를 운운하는 시카고대 연구논문은 필자가 각주 1에서 언급한 근본주의 연구 프로젝트를 지칭하는 것 같다.

9 서정길, 『마호멧 전기』, 열화당, 1983. 서구 무슬림의 마호멧관 (123-135), 비무슬림의 하디스에 대한 해명(181-187)을 보시오.

10 정수일, 『이슬람 문명』, 창작과 비평사, 2002.

11 http://www.koreaislam.org/data/data6.jsp

12 Henri Lammens의 대표적 작품은 다음과 같다: *Fatima et les filles de Mahomet: Notes critiques pour l'ēude de la Sira*, Roma: Sumptibus Ponificii Instituti Biblici, 1912; *La Mecque lā veille de l' hēire*, Beyrouth : Imprimerie catholique, 1924. 로댕송이 그에 대해 내린 평가를 보라: Maxime Rodinson, "Modern Studies on Muhammad," in Merlin L. Swartz, tr. & ed., *Studies on Islam* (Oxford: Oxford University Press, 1981), 26쪽.

13 Edward Said, *Orientalism*, New York: Random House, 1978.

14 http://www.koreaislam.org/data/data6.jsp

15 위와 같음.

16 깁 지음, 이희수 · 최준식 공역, 『이슬람』, 주류성, 1997. 역자 후기(211-213쪽)을 보라.

17 루이스 저, 이희수 옮김, 『중동의 역사』, 까치, 1998. 역자 후기(443-445쪽)를 보라.

18 http://www.koreaislam.org/data/data6.jsp

19 그리스 과학 지식을 무슬림들이 읽을 수 있도록 번역한 가장 대표적인 인물은 시리아 그리스도교 (경교) 신앙인 후나인 이븐 이스하끄 (Hunayn ibn Ishaq, 808-873)다.

20 E. K., "Naa looti: London Protest against Homosexual Executions in Iran," iranian.com, August 12, 2005.

http://www.iranian.com/BTW/2005/August/London/index.html

근본주의에 대한 양명학적 해석　│ **전병술**

1　리쩌허우(李澤厚) 지음, 임옥균 옮김, 『논어금독』, 북로드, 2006, 112-114쪽 참조.

2　『맹자』「藤文公下」.

3　『맹자』「盡心上」.

4　『맹자』「盡心上」.

5　『맹자』「騰文公下」.

6　『맹자』「盡心上」.

7　『장자』「齊物論」.

8　『장자』「齊物論」.

9　『한비자』「忠孝」.

10　『조선왕조실록』「정조 15년」 신해(1791) 10월 23일(갑자) : 권상연·윤지충의 처벌을 청한 글과 홍낙안이 채제공에게 보낸 편지

11　『조선왕조실록』「정조 19년」을묘(1795, 건륭 60) 7월 24일(계유).

12　『조선왕조실록』「정조 15년」신해(1791, 건륭 56) 11월 8일(기묘) : 윤지충과 권상연을 사형에 처하다

13　이지, 『續焚書』.

14　이지, 『焚書』.

15　라다크리슈난, 허우성, 『인도인의 인생관』, 44쪽에서 R. Burns의 말을 재인용.

종교 간 갈등 해소 : 전제와 대안　│ **김종명**

1　이 책의 한글 번역판은 새뮤얼 헌팅턴 1997 참조.

2　己和 撰, 「顯正論」, 『韓國佛敎全書』(이하 『한불』) 제7책 조선시대 편: 217a-225c.

3　1995년에 통계청에서 발표한 종교유형별 인구 분포도(http://www.nso.go.kr)도 이들 6대 종교를 중심으로 제시되고 있다.

4　http://jubilii.egloos.com/10601941

5　http://news.khan.co.kr/kh_news/khan_art_view.html?artid=201010271428251&code

6　종교관련 법령의 종류에 대해서는 「종교법인법, 왜 제정되어야만 하는가?」2007:22 참조.

7 「종교법인법, 왜 제정되어야만 하는가?」2007:22-23.

8 개신교가 한국사회에서 확고한 발판을 다지게 된 역사에 대해서는 이진구 2008:137-
139 참조.

9 교육부에서 간행한 『중학교 도덕 1』(1999) 교과서 "인물학습" 편에는 원효(62-65
쪽), 석가모니(65-68쪽), 일연(265-268쪽) 등이 포함되어 있다.

10 김응철 2010:306에서 재인용.

11 김응철 2010:306에서 재인용.

12 《한겨레신문》1999년 5월 24일;《경향신문》, 1999년 11월 22일 참조.

13 한국 개신교계의 대표적 단체인 한기총과 기독교계 뉴라이트를 비롯한 개신교계
의 정치적 활동에 대한 논의는 이진구 2008:156-164 참조.

14 「종교별로 본 16대 의원 당선자」,《법보신문》, 2000년 4월 26일 15면.

15 종교와 정치 권력과의 관계 연구에 대해서는 박문수 2009:10 참조.

16 역대 대통령/국가원수의 종교에 대해서는 이용중 2009:30 참조.

17 「護法論」T 2114.52.638a1-5: 杏壇三千之衆得夫子之道者 顔子一人而已 尙未達一間
靈山百萬徒衆 悟玄機者 迦葉一人而已 況望聖人數千載之間 聞其風讀其書 咸欲造
聖人之域 不亦難乎.

18 「현정론」, 『한불』 7, 224c9-12: 日書者 載道之具也 弘化之方也 見其書則知其道之可
遵不可遵…其道可遵… 則豈以非吾所習而可棄之也.

19 「후파론」, T 2114.52.638c12-18: 韓愈與大顚論議往復數千言 卒爲大顚一問日 公自
揣量學問知識 能如晉之佛圖澄乎 能如姚秦之羅什乎 能如蕭梁之寶誌乎 愈日吾如
斯人則不如矣 大顚日公不如彼明矣 而彼之所從事者 子以爲非何也 愈不能加答.

20 「후파론」, T 2114.52.638b17-20: 故余嘗謂 欲排其敎 則當盡讀其書深求其理 摭其不
合吾儒者 與學佛之見 折疑辨惑 而後排之可也.

21 「후파론」, T 2114.52.639a7-9: 今之浮圖 雖千百中無一能髣髴古人者 豈佛法之罪也
其人之罪.

22 『현정론』, 『한불』 7:224b18-c5: 孔門三千 稱哲人者 十人而已 如來會海 稱第一者 亦
不過十人而已 況今去聖愈遠 根機微劣 安得使人人 如迦葉之淨行 阿難之多聞乎 孔
顔之後 千載之下 如顔淵閔子褰者 亦未之聞也 夫僧之爲僧 具五德修六和然後 方稱
其名也 然名實相符者 蓋難其人矣 林有不在之木 田有不實之木… 豈得因其失而廢
其法也.

찾아보기

[ㄱ]

땅 밟기 27, 227
땅의 소리 202

[ㄹ]

라망스 184
러시아 138
러일전쟁 89
레비나스E. Levinas 152
레이건 73, 110
레이첼즈 164
로아지Alfred Loisy 18
루소 17
루터 17
리제브로트 169
리처드 로티R. Rorty 169

[ㅁ]

마녀 사냥 109
마르틴 하이데거M. Heidegger 154
마샬 버만 58
마음공부 203
마테오 리치 206
마틴 부버 32
마호멧 전기 183
막스 베버 60
매튜 폭스 76
맹자 198, 215
메를로-퐁티M. Merleau-Ponty 160
몸의 시원성 163
몸의 존재론 163
무례한 자들의 크리스마스 89

무속 66
무슬림 180, 181, 186
무슬림 연맹 45
무슬림형제단 180, 191
무아적無我的 중심들 34
무오류성 137
무함마드 180, 181, 183
묵자墨子 198
문명의 공존 137
문명의 충돌과 세계질서의 재편 221
문명의 충돌 134, 137
문자주의 108, 128
문화 전쟁 120, 127
문화적 가치 120
문화적 근본주의 135, 150
미국 56, 62, 85, 96, 106, 110, 112, 116,
    119, 121
미국 개신교인들 175
미국 사회 86
미국 종교학회 243
미국식 근본주의 25
미션 109
미신 26, 89
민족종교 48
민족주의 63
민주주의 132
민주화 94
민중신학자 91

[ㅂ]

박은식 48
박정신 88

[ㅇ]

[기타]

저자소개

이찬수

서강대학교 화학과를 졸업하고, 동 대학원 종교학과에서 불교학과 신학으로 각각 석사학위를, 불교와 기독교를 비교하는 논문으로 박사학위를 취득했다. 한국종교교육학회와 한국죽음학회 이사, 한국종교인평화회의 출판위원장으로 활동하며, 강남대 교수, 종교문화연구원장, 대화문화아카데미 연구위원으로 일하고 있다. 저서로 『불교와 그리스도교, 깊이에서 만나다』, 『생각나야 생각하지』, 『인간은 신의 암호』, 『한국 그리스도교 비평』, 『일본정신』 등이 있고, 역서로 『절대, 그 이후』, 『지옥의 역사』, 『불교와 그리스도교를 잇다』, 『하느님은 많은 이름을 가졌다』, 『화엄철학』 외 다수가 있다.

이길용

서울신학대학교 신학과와 서강대 종교학과 학부와 대학원을 마친 후 독일 마부륵(Marburg)대학교 철학부 석사과정(종교학, 철학, 사회학 전공)을 거쳐 신학부에서 종교학으로 박사학위(Dr. theol.)를 받았다. 지금은 서울신학대학교 『기독교 문화』 담당 교수로 일하고 있다. 지은 책으로는 『종교학의 이해』, 『고대 팔레스타인의 종교세계』, 『똥을 밥으로』 등이 있고, 공저로는 『동서 종교의 만남과 그 미래』, 『사람의 종교, 종교의 사람』, 『한국신학 이것이다』, 『대화를 넘어 서로 배움으로』 등이 있다.

최대광

감신대를 졸업한 뒤, 미국 Pacific school of religion에서 신학석사와 문학석사학위를, 영국 Lancaster 대학교에서 종교학으로 박사학위를 취득했다. 현재 정동제일교회 부목사, 감신대 강사로 있으면서, 종교문화연구원 연구위원으로도 활동하고 있다. 「도시에서의 영성생활」, 「기독교의 귀신론」, 「교회와 권력」, 「뉴에이지즘과 종교」 등 다수의 논문을 발표했고, 기독교 영성과 종교문화에 지속적인 관심을 기울이고 있다.

황용연

서울대학교 물리학과와 한신대 대학원 신학과를 졸업하고, 성공회대학교 신학과 박사과정을 수료했다. 현재 미국의 Graduate Theological Union 박사과정에 재학 중이다. 한백교회 부목사와 이웃사랑교회 임시목사, 한국기독학생회총연맹(KSCF) 대학부장, 제3시대 그리스도교 연구소 기획위원으로 일했다. 저서로『죽은 민중의 시대, 안병무를 다시 본다』
(공저),『아부 그라이브에서 김선일까지』(공저) 등이 있다.

유영근

연세대학교 사회학과를 졸업하고 동 대학원 정치학과에서 석사학위를 받았다. 이
후 미국 뉴욕 소재 New School for Social Research에서 정치학을 공부하였으며 (M.A.) City
University of New York School of Law 를 졸업하고 (J.D.) 미국 변호사 자격을 취득하였다. 한
국지역정책연구원, Law Office of Diane Lee/ Park, Weinstein & Caporrino, LLP 등에서 근무하였
으며 현재 대화문화아카데미 기획연구실장으로 일하고 있다. 역서로「남과 여, 은폐된 성적
계약」(원제: The Sexual Contract, 지은이: Carol Pateman) 이 있다.

이은선

세종대학교 교육학과 교수로 재직하고 있다. '한국' '여성' '종교인' 의 시각으로
'유교' 와 '기독교' , '페미니즘' 과 '교육' 의 문제를 통합적으로 살피는 일을 주로 하고 있다.
한국여성신학회 회장과 여신학자협의회 공동대표를 역임했으며, 현재 한국유교학회 부회장
과 한나 아렌트학회, 한국교육철학학회 이사를 맡고 있다. 저서로는『한국 교육철학의 새지
평-聖·性·誠의 통합학문적 탐구』(2000),『한국 여성조직신학 탐구-聖·性·誠의 여성신학
(2004)』,『잃어버린 초월을 찾아서-한국 유교의 종교적 성찰과 여성주의』(2009),『한나 아렌트
와 세계사랑』(2009, 공저) 등이 있다.

김대식

서울신학대학교 신학과(B.A.)와 서강대학교 대학원 종교학과를 졸업(M.A.)한 후
대구가톨릭대학교 대학원 종교학과(신학 및 종교학 전공)에서 환경과 영성을 연구하여 전헌
호 신부로부터 박사학위(Ph.D.)를 사사했다. 지금은 성공회대학교, 가톨릭대학교 문화영성
대학원, 대구가톨릭대학교 대학원 종교학과 강사 및 대구가톨릭대학교 가톨릭사상연구소 연
구원, 종교문화연구원 연구위원으로 있다. 저서로는『환경철학의 이념』(공저),『환경과 생태
영성』,『중생: 생명의 빛으로 나아가라』,『아름다움이 우리를 구원할까: 영성과 신학적 미학』,
『환경문제와 그리스도교 영성』,『함석헌의 종교인식과 생태철학』,『지중해학성서해석방법이
란 무엇인가』(공저),『길을 묻다, 간디와 함석헌』 등이 있다.

박현도

　　　　Institute of Islamic Studies에서 이슬람학으로 석사학위를 받고 박사과정을 수료했다. 석사 논문은 「무함마드의 종교체험 전승」, 박사논문은 「중국 무슬림의 무함마드 전기에 관한 연구」다. 현재 명지대 중동문제 연구소 책임연구원, 종교문화연구원 연구위원, 한국종교인평화회의 종교간대화위원, 종교평화국제사업단 발간 영문계간지 *Religion & Peace* 편집장으로 일하고 있다. 저서로는 『사람의 종교, 종교의 사람』(공저), 『실크로드의 역사와 문화』(공저), 『신문이 보이고 뉴스가 들리는 재미있는 종교 이야기』(공저) 등이 있다. 《월간조선》, 《시사인》 등 일반시사 매체에 중동과 이슬람에 관한 글을 기고했으며, 2004년부터 격월간지 《공동선》의 '이슬람 영성의 세계' 칼럼을 고정 집필 중이다.

전병술

　　　　건국대학교 철학과를 졸업하고, 동 대학원에서 주자학 관련 논문으로 석사학위를, 타이완 중국문화대학 철학연구소에서 양명학 관련 논문으로 박사학위를 취득했다. 건국대학교 학술연구교수를 지냈다. 저서로 『한국인의 웰다잉 가이드라인』(공저), 『생태문화와 철학』(공저) 이 있고, 역서로 『죽음 그 마지막 성장』 등이 있다. 주요 논문으로 「니체와 이탁오」, 「전습록의 심리학적 독법」, 「리더십 관점에서 본 맹자와 순자」, 「양명학과 심리학의 만남과 소통」외 다수가 있다.

김종명

　　　　한국학중앙연구원 한국학대학원 부교수로 재직 중이다. 서울대학교에서 학·석사(유가공학) 학위를 받은 후, 연세대학교에서 석사과정(한국학)을 수료하였으며, UCLA에서 석·박사학위(한국불교학)를 받았다. 국제한국사학회 편집위원장, 동아시아불교문화학회 부회장, 한국연구재단 심사위원, Journal of North East Asian History(동북아역사재단) 편집위원으로 활동하고 있다. 저서로 『한국중세의 불교의례』, 『한국의 세계불교유산』이 있으며, 공저로 『논쟁으로 보는 불교철학』, 『퇴옹 성철의 깨달음과 수행』, 『세종: 리더십의 형성과 전개』, Makers of Modern Korean Buddhism, Buddhism Introducing the Buddhist Experience, Tradition and Tradition Theories, Korea and Globalization 등이 있다. 역서로는 『파란 눈 스님의 한국선 수행기』가 있다.

종교 근본주의

등 록 1994.7.1 제1-1071
1쇄 발행 2011년 6월 10일

지은이 이찬수 이길용 최대광 황용연 유영근
         이은선 김대식 박현도 전병술 김종명
펴낸이 박길수
편집인 소경희
마케팅 김문선
디자인 이주향
펴낸곳 도서출판 모시는사람들
         110-775 서울시 종로구 경운동 88번지 수운회관 1207호
전 화 02-735-7173, 02-737-7173 / 팩스 02-730-7173

출 력 삼영그래픽스(02-2277-1694)
인 쇄 ㈜상지P&B(031-955-3636)
배 본 문화유통북스(031-937-6100)
홈페이지 http://blog.naver.com/donghak21

값은 뒤표지에 있습니다.
ISBN 978-89-90699-92-3

이 도서의 국립중앙도서관 출판시도서목록(CIP)은 e-CIP 홈페이지
(http://www.nl.go.kr/ecip)에서 이용하실 수 있습니다.
(CIP제어번호: 2011002109)